本书由贵阳孔学堂文化传播中心编
本书获贵州省孔学堂发展基金会资助

阳明学研究年鉴 2021

YANGMING STUDIES YEARBOOK

肖立斌 曾顺岗 谢群洋——主编

孔學堂書局

本书获贵州省孔学堂发展基金会资助

图书在版编目(CIP)数据

阳明学研究年鉴. 2021 / 肖立斌, 曾顺岗, 谢群洋主编. 一 贵阳 : 孔学堂书局, 2022.12
ISBN 978-7-80770-390-7

I. ①阳… II. ①肖… ②曾… ③谢… III. ①王守仁(1472-1528)－哲学思想－研究－2021－年鉴 IV. ①B248.25-54

中国版本图书馆CIP数据核字(2022)第203524号

阳明学研究年鉴（2021）

主　编：肖立斌　曾顺岗　谢群洋
YANGMINGXUE YANJIU NIANJIAN (2021)

责任编辑：杨翌琳　禹晓妍
责任校对：陈　真
书籍设计：张　莹
责任印制：张　莹
出　　品：贵州日报当代融媒体集团
出版发行：孔学堂书局
地　　址：贵阳市乌当区大坡路26号
　　　　　贵阳市花溪区孔学堂中华文化国际研修园1号楼
印　　制：贵阳精彩数字印刷有限公司
开　　本：787mm×1092mm 1/16
字　　数：334千字
印　　张：23
版　　次：2022年12月第1版
印　　次：2022年12月第1次
书　　号：ISBN 978-7-80770-390-7
定　　价：98.00元

本书编委会

序

由于历史的机缘，贵州有着丰富的阳明文化资源。1508年，明代大儒王阳明遭到贬谪，来到贵州。他在修文龙场悟出了“知行合一”，开创了儒学发展的新境界，成就了中国思想史上的一座高峰。“知行合一”是王阳明以贵州为平台对世界做出的一次巨大文化贡献，也成为今天贵州人增强文化自信可以充分利用的文化资源。2014年3月7日，习近平总书记在全国“两会”期间参加贵州代表团审议时曾殷切寄语：“今天，我们不仅要坚定‘三个自信’，也要大力弘扬优秀传统文化，去其糟粕、留其精华，增强文化自信。明朝时，王守仁曾经在贵州参学悟道，贵州在这方面还是很有优势的，希望在这方面继续深入探索。”

作为弘扬和传承中华优秀传统文化的一个新兴综合体，贵阳孔学堂是贵州省弘扬阳明文化的重镇。近年来，孔学堂坚持“创造性转化、创新性发展”的文化方针，整合国内外各种资源，聚集知名专家学者，修建了“阳明文化馆”，成立了“阳明心学与当代社会心态研究院”，多次开展以“弘扬阳明文化”为主题的公益讲座、课题招标、学术论坛、戏剧会演、书法展陈、漫画征集等活动，责无旁贷地承担起传承、弘扬阳明文化精神的重担，努力构建贵阳孔学堂、修文阳明洞、贵阳阳明祠“三足鼎筑”的贵阳“精神大厦”，产生了较大的学术影响，取得了良好的社会效益。

随着对中华优秀传统文化的挖掘、整理、阐释、传播和推广，阳明学的国内外影响力与日俱增。近年来，阳明学已成为显学，阳明学研究蓬勃发展，相关研究成果蔚为大观，相关学术会议不断召开。国内外涌现出许多研究阳明学的机构及刊物，诸如韩国阳明学会的《阳明学》，日本阳明学会的《姚江》，国内的《王学研究》《阳明学刊》《阳明学研究》《阳明学研究新论》以及中国台湾的《鹅湖》等。鉴于此，贵阳孔学堂文化传播中心从2017年开始，每年组织有关专家学者编撰出版一部《阳明学研究年鉴》，为学界同仁和热心公众了解、探讨、从事阳明学研究提供参考和借鉴。当然，这只是一个开始。我们希望通过《阳明学研究年鉴》的编撰出版，及时评介国内外阳明学研究的学术动态和学术前沿，系统梳理阳明学的历史内涵和时代价值，进一步推动阳明学的研究和传播，共同服务于“以文化人”的时代任务。

是为序。

徐圻

2018年5月1日

目　录

拾贰 阳明学学术会议综述

拾叁 附录：2021年度阳明学研究文献目录

壹

中国大陆阳明学研究期刊文献综述

2021年度中国大陆地区的阳明学研究依旧保持热度不减，这不仅体现在研究成果的数量上，也体现在成果研究的广度和深度上。据不完全统计，2021年度在中国大陆地区发表的以王阳明为主题的期刊、硕博论文、会议、报纸成果多达六百余篇。总体而言，这些研究成果，涉及的议题主要有：王阳明思想研究、阳明学文献整理与研究、阳明学与地域阳明学派、阳明学与佛道思想、阳明学与文学及文艺学研究、阳明学诠释研究、阳明学比较研究、阳明学与域外文化、阳明学与宋明理学及儒学、阳明学的现当代研究、阳明学的当代价值研究、阳明学研究的回顾与前瞻等。兹依主题分类，择其要者，对2021年度中国大陆地区阳明学研究所取得的成果，做简要的总结归纳：

一、王阳明思想研究

关于王阳明思想的研究，是整个阳明学研究的原点和基础，一直以来都是阳明学研究领域的重点和热点议题。本年度，学界对这一议题继续展开了深入的研究，取得了丰硕的成果。从研究内容来看，这些成果大致可分为三大类：一是对王阳明思想的整体性把握和研究；二是对王阳明思想中的重要概念、命题的深化研究，如王阳明思想中“天理”“道体”“格物”等重要概念以及“心即理”、“良知”说、“知行合一”论等核心命题的进一步阐释，突出思想原点的再诠释；三是对王阳明思想多维诠释的研究，包括工夫论、理欲观、社会治理思想、教育思想、易学思想、抗疫思想、管理思想、中医哲学思想、身体观等，突出新向度的展开。

在王阳明思想的整体性研究方面，杨国荣论析了阳明心学的多重向度及其理论意蕴，指出：作为一种创造性的思想体系，王阳明的心学包含多重方面。在形而上之维，心学提出了“意之所在便是物”，其中蕴含着通过人自身与对象的相互作用以形成意义世界的理论取向。这一进路既不同于对超验存在的思辨观照，也有别于对外在世界的抽象构造，其主要特点在于联系人自身的存在以理解现实世界。心学的视域不仅体现于心与物之关系，而且展开于本体与工夫之辩。一方面，本体从本然走向明觉，离不开后天的工夫，另一方面，工夫不能从无开始，其展开过程需要从内在根据出发，后者即表现为本体。和本体与工夫的讨论相联系的，是王阳明对“事”的注重。从总的方面看，王阳明对“事”的理解包含二重性，即一方面，他表现出以心说“事”的趋向，另一方面，他又将“事”看作是人的现实活动，并以参与多样之“事”为成就自我的前提。王阳明所理解的自我，不是封闭的存在，而是承担着社会责任并具有开放性，与之相关，王阳明提出了“万物一体”说，其中包含“仁道高于权利”以及人性平等的观念，后者构成了对正义作扩展性理解的前提。①

路磊探讨了王阳明的学术思想与政治诉求，指出：阳明的学术思想具有重良知、轻礼法的倾向，其坚守“致君行道”的士大夫精神，试图通过端正君主的志向，实现国泰民安的目的。在个人生活及政治活动中，王阳明时有“桀骜不驯”的表现，这反映了他力求把握忠孝的实质，反对恪守繁文缛节和表里不一做法的性格特征。王阳明晚年得子，并取名“正聪”，而“聪”字犯嘉靖帝名讳，却仍然使用，这显示了王阳明对于传统礼仪“桀骜不驯”的态度，这种态度是其礼仪思想的外在流露；王阳明督抚两广期间，突袭断藤峡、破八寨，不俟命竟归，正是这种礼仪思想与政治诉求的现实表达。②

严飞在整体的视域下论述了王阳明的“心学”思想，指出：“心即理”这一命题起源于陆九渊，然其在王阳明这里得到深化和外延，成了“心学”思想的基础。其后，王阳明以“心即理”为核心，继而提出了“知行合一”和“致良知”等命题，使得其哲学并不是孤立的片段，而

①杨国荣：《心学的多重向度及其理论意蕴》，《船山学刊》2021年第2期。

②路磊：《从王阳明为子取名看其学术思想与政治诉求》，《上饶师范学院学报》2021年第4期。

“致良知”实际上在后期涵盖了王阳明的整个学说包括其“心即理”“知行合一”，同时也是一种深化。这些向外扩展的纬度构成了王阳明整个的心学思想框架。文章也指出，王阳明哲学蕴含着整体的视域观，其哲学思想从未割裂主观与外部世界的融合，主体与客体、心与物不存在脱离的任意一方，意所关涉的必及事物，而事物无意识的参与便是隐而未显，意与事物是相互关联的而非脱离。①

在王阳明思想中的重要概念、命题的研究上，本年度出现了大量成果，进一步深化和拓展了阳明学的研究。

在王阳明思想的重要概念的研究上，卢盈华探讨了天理在王阳明哲学中的定位，指出：不同于朱子理学对天理与自然之理连贯性的认可，王阳明认为二者没有本质的关联。在阳明心学中，理即天理，亦即道德价值之理，它透过一个客观的价值级序呈现出来。天理与良知的关系是关联式一元论的相互预设与确立，而不是化约式一元论的化天理为良知。二者的互生，在于道德情感活动中显现的“引导与指向”的交互作用。良知是心在时间中具体的有序活动，亦是对道德价值的明察，此是从内容上讲。天理是心的活动之秩序，及其所透显的道德价值，此是从形式上讲。天理引导良知的自发活动，良知亦指向和充实天理。卢氏认为，在王阳明哲学中，并不存在一个从“以天理说心体”到“以良知说心体”的转变。此外，天理的道德价值意涵也引申出道德规范意涵，对它的探索展示了心学开出规范伦理学的可能性。被奠基的道德原则反过来亦可以协助唤醒良知，或约束遮蔽良知的无序感受。②

胡水君研究了阳明学中的“道体”，指出：道体是阳明学的核心。王阳明的著述对道体作了前所未有的充分阐述。从道体角度，王阳明将孔子、孟子、颜回视为明得道体的圣人，也将儒学理解为关于道体以及让人

①严飞：《在整体的视域下论王阳明的“心学”思想》，《汉字文化》2021年第2期。

②卢盈华：《天理在王阳明哲学中的定位》，《南京社会科学》2021年第8期。

觉察道体的学问。道体作为心之本体，人皆具备，不同于人的意识，始终普遍存在，但在现代知识论中受到忽视。胡氏认为，将阳明学中的道体置于现代语境中审视，现代哲学有待重建本体论，现代社会世俗体系的构建也需补充道体这一知识论前提，由此形成“道体—德性/理性—自由/民主/市场/法治/道德体系”的复合知识和实践结构。而这一结构的意义则在于，人在自由和物质供给受到现代政治、经济和法治体系充分保障的同时，有更好的条件和更大的可能去觉知践履道体，展开道德实践。①

王进文在知行合一视角下，考察了王阳明论“恶”之缘起及去“恶”工夫问题。认为：阳明学说以“心即理”“致良知”为核心论题，强调知行合一，具有鲜明的实践性格。但是，它也必须面对从心所生发出来的恶以及去恶的问题。阳明所言之恶，不能归咎于外在的“习”或“物”的浸染干扰，而是源于人心私意私欲的遮蔽。是心之所发之意偏离良知，即私意遮隔本心，呈现为“躯壳起念”或“分别善恶”。其根源则在于将知行二分，导致心之发用背离良知本体。就其本质而言，恶作为一种状态，并不具有本体论意义，仅具有现象学意义。恶由意念所起，在知行合一的框架中，阳明主张致良知即去恶，通过立志克己以“诚其意”，以使人无蔽于私意私欲。王氏指出，阳明的全部生命历程存在着由强调“意之所在”的存理去欲到重视“明觉感应”良知心体本身的彰显的去恶路径的转变，但“有”“无”之间即体即用的关系是一以贯之的。去恶之依据不在外物，而在于人心本身。此心光明，则诸恶自然复返，是阳明对善之价值的肯认与坚持。②

郝绥涛探讨了阳明之“格物”的内在意蕴，并凸显了“格物”在阳明心学中的重要地位，指出：在“格物”的诠释上，王阳明解“格”为正，正其不正以归于正；解“物”为事，皆从心上说。“格”作为工夫论，即

---

①胡水君：《阳明学中的道体》，《学术探索》2021年第3期。

②王进文：《此心光明，则诸恶潜消——知行合一视角下的阳明“恶”论疏义与展开》，《孔学堂》2021年第2期。

正、诚、致；“物”作为实践对象，指“心”“意”“知”。“格其心之物”对应“正心”；“格其意之物”对应“诚意”；“格其知之物”对应“致知”。“格物”合起便是正心、诚意、致知，从心本体上言，则“格物、致知、诚意、正心”皆是一事。王阳明“格物”的理论建构蕴涵着阳明心学的标志性特征，这显示出“我”作为实践主体在实践过程当中的地位和作用，肯定了人的自主与自信的精神，促进了社会思想的解放。[①]吴益生对王阳明“格物”理论中关于“物”的界定进行了探讨，指出：心物关系以及对物的界定是王阳明“格物”理论的基础性问题，王阳明对格物问题思考的突破，在某种程度上是建立在对“物”这一范畴所采取不同于朱子的意向性设定的处理上的。阳明格物工夫的意向性摄取则是建立在“意之所在即为物”与“明觉之感应谓之物”两种对“物”的解释上。二者有层次之别，但都把“物”纳入了与心、知、意等与主体活动密切相关的视域，使“物”不再是与主体隔离的纯粹对象化的孤立实在，而成为境域之中显发出来的活物，具有直接的可意会和可体验性，从而使“物”与“心”呈现为一价值结构。这突破了传统的物即事物双指的主流界定，其格物工夫也由此与朱子学明显地区别开来。王阳明也正是基于对心物结构的微妙处理，“格物”“致知”等传统命题，在其哲学体系中才获得不同于传统而具有超凡魅力的重新解读。由此，阳明心学大厦的哲学根基才得以夯实。[②]

在王阳明思想重要命题的研究上，学界主要研究了“心即理”、“良知”说、“知行合一”论等命题。“心即理”是阳明心学的核心命题之一，向来为学者所重视。本年度，李承贵深入研究了王阳明“心即理”命题，他先是分析了“心即理”在王阳明心学中的地位和效应，认为：在王阳明心学中，“心即理”是“知行合一”“致良知”“万物一体”等观念

①郝绥涛：《心、意、知：王阳明“格物”之内在意蕴》，《西安航空学院学报》2021年第4期。

②吴益生：《物不孤起　与心相即——对王阳明心物观中“物”的探讨》，《中共宁波市委党校学报》2021年第6期。

的逻辑起点，同时，“心即理”亦规定着王阳明对其他学思、事为的判断和处理，从而表现出在心学系统中的全面而绝对主宰力。他从解经之方法、工夫之圆成、才学之成就、能力之神化四个方面考察了“心即理”的效应，并特别关注此“效应”的意识形态特性。指出“心即理”的意识形态特性进一步证明了其在阳明心学体系中的绝对核心地位，同时亦为检讨中国传统哲学的意识形态现象给我们以启发，从而深化我们对中国传统哲学特质的认知。[①]其后，李承贵对王阳明“心即理”命题的本来意蕴进行了思考和阐发，指出：“心即理”是王阳明对主体与善体关系的深刻觉悟，这种觉悟一方面表现为将“心”“理”的复杂关系以结构形态多向度地加以呈现，另一方面表现为对具有善性的主体（心）之力量的全面开发，认为只有“心”才能真正疏通“心”“理”的关系而实现“心即理”。在“心纯乎理”的过程中，“心”通过各种工夫清除私欲的遮蔽，重新与“理”融为一体。因此，“心即理”的过程，本质上是人超越自我回归本我的过程。但这种超越与回归的实现，全靠“心”的主宰和运行。作者认为这便是王阳明“心即理”的奥义。[②]

李禹阶基于认识论的“心”“理”关系，对阳明心学的“心即理”进行了探究，指出：阳明心学“心即理”及“心外无理”“心外无物”命题，并不是将“心”上升到与“理”为一的本体论高度，而仍是在认识论范围内探讨“心”“理”关系，其目的是希望通过将“心”的认知能力分离为能上达“天理”之善源与下至普通人“日用之知”的路径，强调对“天理”认知的简明性。它是阳明心学通过吸取禅宗“直指本心”的认识论方法，而以“心即理”命题，将“悟”道主体与被“悟”对象更好地联系在一起，使士、农、工、商能够更加简捷地“明道”“悟理”，由此从另一角度开启儒家由“未发”到“已发”的上达“圣贤”的修养路径，本

①李承贵：《“心即理”的效应——兼及“心即理”的意识形态特性》，《社会科学研究》2021年第3期。

②李承贵：《“心即理”的奥义》，《社会科学战线》2021年第10期。

质上是从道德修养及儒学传播角度对朱熹理学“格物致知”认识论“支离破碎”弊病的修正。[①]王海鹏对“心即理”这一哲学范畴的内涵进行了阐述，并从学术、道德、政治三个具方面论述了“心即理”的具体文化价值。[②]

良知说是王阳明思想体系的核心内容。沈顺福、曾燚就王阳明的良知之本质内涵进行了研究，指出：王阳明用良知概念解释天理，天理即良知，从而将外在之物理转换为内有之心理。作为天理的良知是一切道德认识与判断的终极性标准，也是行为的终极性根据。合乎良知的行为不仅明，而且灵。良知是超越的实体，即良知超越于经验，因而无生死、无动静。良知是虚、无，无法用形而下的存在，比如气来直接描述形而上的、超越的良知。故，良知非气。良知无法产生感应等气质活动。同时，良知本身并不能直接活动，也不是感应的直接主体。良知必须借助于气质或气质之心而活动。它是气质感应活动的间接主体，内在地主导着感应活动并因此成为合法活动的基础。情、意都是气质活动，而良知非气，所以，良知不是情感或意识。[③]吕本修从王阳明自身思想的发展过程揭示了“致良知”这一命题的形成，进而分析了其实质内涵及道德价值。吕氏指出：“致良知”是王阳明晚年论学的宗旨，也是王阳明对自己心学思想最简易的概括。“致良知”思想的提出是王阳明自身思想演变的必然结果，但也经历了艰辛的心路历程。“致良知”来源于《大学》中的“致知”与《孟子》中的“良知”概念的结合，王阳明赋予它更丰富的内涵，即良知是天理、良知是是非之心、良知统摄有无动静，致良知就是去除人欲之蔽，推致吾性之良知于事事物物，使万事万物都统摄于良知之下，就是依良知而行。王阳明的“致良知”思想彰显了道德的价值，确立了道德主体的地

①李禹阶：《论阳明心学的“心即理”与“心”非“理”——基于认识论的“心”“理”关系再思考》，《重庆师范大学学报（社会科学版）》2021年第4期。

②王海鹏：《王阳明“心即理”哲学内涵及文化价值》，《今古文创》2021年第2期。

③沈顺福、曾燚：《论王阳明的良知观》，《社会科学研究》2021年第5期。

位，同时也弘扬了知行合一精神，具有重要的道德价值。[①]陈清春、刘科迪从情感感受视域出发，结合“天理”“性”“心”等核心概念对王阳明“良知”说进行了分析，指出：从本体论的角度来看，作为情感感受的良知有其发用与流行的一面；从工夫论的角度来看，良知亦体现了主体的道德实践能力。情感感受的良知是主体当下的情感呈现，不是仅指“四端”，而是从人的所有感受上来说的，由此王阳明哲学实现了由“四端”到“七情”的扩展，这也是王阳明哲学在情感感受领域的重大贡献所在。[②]

除以上命题之外，“无善无恶”说和“万物一体”思想也为部分学者所研究。傅锡洪从体用论、工夫论与境界论研究了王阳明的“无善无恶”思想，指出：在阳明那里，无善无恶既可表示无善恶可言，也可表示好善恶恶但却无所刻意、执着。前一含义涉及体用论，后一含义涉及工夫论与境界论。就体用论而言，阳明认为无论物还是心之本体原本都无善恶可言，只有心之本体发动以后才有善恶可言，这反映了他离用无体、即用言体的主张。就工夫论和境界论而言，无善无恶就是不作好恶，就是自然好善恶恶，指意念完全出于良知而无所刻意、执着；与之相对，有善有恶就是作好恶，就是勉然好善恶恶，指意念部分出于良知而仍然有所刻意、执着。傅氏认为，阳明提出有善有恶和无善无恶，主要是为了给学者分别指点出由勉然好善恶恶工夫达到道德境界和由自然好善恶恶工夫达到天地境界的为学进路。[③]张明娜分析了王阳明“万物一体”哲学思想的要义及当代启示，指出：王阳明“万物一体”的哲学思想以“仁”为根基，其思想要义主要包括生生之道、克私去蔽和解民倒悬。其“万物一体”哲学思想中的心怀万物的生命境界、生存与共的生命意识以及和谐共生的生态理念等内容对于全球“人类命运共同体”的构建以及生态文明建设等都具有重要

①吕本修：《王阳明“致良知”思想及其道德价值》，《湖南师范大学社会科学学报》2021年第1期。

②陈清春、刘科迪：《情感感受视域下王阳明“良知”思想研究》，《山西高等学校社会科学学报》2021年第8期。

③傅锡洪：《从体用论、工夫论与境界论看王阳明的“无善无恶”说》，《湖北大学学报（哲学社会科学版）》2021年第6期。

的现实意义。[①]

对王阳明思想进行多维度诠释和阐发，既可以再现王阳明思想的丰富性和多向度，也为王阳明思想注入了现实性和生命力。钟纯、李寄、马寄、田雨可、文碧方等学者集中就王阳明的工夫论进行了阐发，钟纯研究了王阳明“简易”工夫论，指出：阳明心学是简易之学，其核心与重点是简易工夫。王阳明的简易工夫论由“作功”“立教”“为学”三个面向构成。从“作功”上言，阳明不像宋儒那样强调“存天理，灭人欲”，也非外求于事物之理，而是在人欲上做减法，让固有天理良知显现，只要简易工夫熟透，便可直悟本体。从“立教”上言，阳明在传承与发展“圣人之学”时，注重教规、教法、教闻等简易原则。从“为学”上言，阳明认为圣门本旨是“简易”之学，呈现良知的最好方式是“以心解经”、不拘泥经典的简易工夫实践。[②]李寄、马寄沿着阳明为学历程，详细解析了其如何逐步从“静”中用功转向“动”中用功，认为：龙场悟道，阳明由“静”中用功优入圣域。龙场悟道后，阳明又两度以“静”相教。然而，由于“静坐”易滑向佛老，阳明对“静坐”开始持警惕的态度。基于此，阳明主张“事上磨”。“事上磨”意味着阳明工夫开始从“静”转向“动”。南赣剿匪期间，阳明的“动”中用功有了进一步的发展。经历宸濠、忠泰之变，阳明体悟到本然“心体”明确为知是知非的“良知”。在知是知非“良知”的指引下，“动”中用功得到升华，形成一整套“动”中用功之工夫体系，即“致良知”。“致良知”工夫体系的构建意味着阳明实现了对既往儒门“静”中用功的彻底翻转，首次将工夫着力点完全置于“动”。[③]田雨可、文碧方考察了王阳明的工夫论，并强调了“致良知”学说对其工夫论重要性，认为：王阳明早期工夫论思想存在困境，即在“致

①张明娜：《王阳明“万物一体”哲学思想的要义及当代启示》，《开封文化艺术职业学院学报》2021年第5期。

②钟纯：《王阳明“简易”工夫论发微》，《周易研究》2021年第2期。

③李寄、马寄：《从“静”中用功转向“动”中用功——王阳明工夫之转向》，《贵阳学院学报（社会科学版）》2021年第5期。

良知”提出前，王阳明以“诚意格物”为学问宗旨。“诚意格物”是针对意念的工夫，而对意念用功必须先分清意念的善恶，否则便无法存善念去恶（私）念；要分清善恶，就要先体认天理，否则善恶就失去了绝对性；要体认天理，还须先去除私欲，否则就可能认欲为理。要去除私欲，又须先分清意念的善恶，否则便无法去恶（私）。如此，工夫论也就陷入了一个死循环，这表明此时王阳明的工夫论思想尚不圆熟。直到“致良知”学说提出，阳明凭借“致良知”学说通过严格区分良知与意念，最终解决了这个困境。①

在王阳明的理欲观研究方面，彭传华、张鹏伟对王阳明理欲之辨作了讨论，认为以往的阳明心学研究虽有关注到阳明的理欲之辨，但总体将之纳入朱王印合处谈，未能揭示阳明理欲之辨的独特面相。文章指出：王阳明将宋儒具有道统意味的天理人欲论内化为工夫修养的方法，对其进行了不同于朱子的新解释，将客体维度的天理诠释为主体维度的纯乎天理之心，将李延平（朱熹的老师）涵养未发的超越体证转化为未发已发相统一的内在体证，这是阳明理欲之辨的特色之所在。王阳明“存天理，去人欲”的工夫修养方法，是宋明新儒学在吸收了佛道二氏精神的基础上，在工大修养论上的融会贯通。其追求圣贤人格的理想境界指向，是儒学的一贯底色，也是中华文化精神的精髓之所在。文章认为，阳明理欲观的内在精神创造性地转化到现代社会中，可发挥其独特的现代价值。②

在王阳明的民族思想研究方面，张明、伍国苇等通过探析王阳明在贵州的一系列事件，指出王阳明在贵州时开始对少数民族与土司治理问题进行思考和探索，逐步形成了“夷夏平等”的民族观，并将此民族观运用于当时贵州重大事件的处理上，进而积累了较为成熟的“贵州经验”，对贵州产生了良好影响。认为王阳明“夷夏平等”的民族观和“贵州经验”为

①田雨可、文碧方：《从“诚意格物”到“致良知”：王阳明工夫论的困境与突破》，《山东青年政治学院学报》2021年第3期。

②彭传华、张鹏伟：《王阳明理欲之辨探微》，《湖南社会科学》2021年第4期。

少数民族、土司问题、边疆治理留下了有益的经验，至今仍然具有重要学术价值和现实借鉴意义。①蒲艳芳通过对王阳明与贵州少数民族交往的研究，阐述了王阳明民族教化思想的初步形成与实践。指出：王阳明来到贵州之后，在与当地少数民族交往中真切感受到当地少数民族的质朴和热情，由衷发出了“夷之民，方若未琢之璞，未绳之木”的感慨，并进而形成了“人性之善，天下无不可化之人”的民族教化思想。而其在贵州的两劝安贵荣和建立龙冈书院、执教文明书院等活动，则充分实践了他的民族教化思想，这对贵州地区的安定和教育事业的发展起到了极为重要的作用。②

在王阳明社会治理思想的研究方面，胡发贵以奏设崇义县为例，考察了王阳明“调摄为主”的柔性治理思想，指出：阳明奏设崇义县的本质是倡导一种柔性的治理，推崇仁爱为务的德治，其内容包括重视乡约的规束和注重动情喻理的感化两个部分。阳明的社会治理是尚文治而后武力，即所谓先德后刑，力主以仁心仁术待民。从理论逻辑上看，阳明“良知—性善”论，为其剿匪和社会治理的“调治”方略提供了内在价值依据。“调摄为主”是阳明社会治理实践中重民性、顺民意的必然结果，也是他审时度势、实事求是的务实选择。从理论层面观察，其间深深浸润了阳明深厚的“心学”哲思。“调摄为主”策略是阳明“良知”说在社会实践中的成功运用，不仅造就了阳明“文治武功”的“新三不朽”煌煌业绩，也创造性地发展了儒家政治思想中推崇“善教”的深厚传统。③杨国庆、吕文龙研究了王阳明乡治思想及其对社会工作本土化的启示，指出：王阳明在秉持乡约精神（教化）的基础上根据社会实际需求适时建立了由保甲、乡约和社学等方案构成的乡治系统，这一乡治系统表明他的乡治思想具有明显的系统性和以实际需求为导向的独特性。而这种独特性为当代中国社会工作

①张明、伍国苇、张寒梅：《“贵州经验”：论王阳明民族观的形成与实践》，《教育文化论坛》2021年第1期。

②蒲艳芳：《王阳明民族教化思想的初步形成与实践研究》，《今古文创》2021年第3期。

③胡发贵：《论王阳明“调摄为主”的柔性治理思想——以奏设崇义县为例》，《中原文化研究》2021年第2期。

本土化提供了有益启示。[①]

在王阳明教育思想的研究方面，李福龙探究了王阳明“务本”德育思想，指出：阳明心学蕴含着丰富的“务本”德育思想，其内容包括以“心”为本的德育总根基，以实际行动为准的德育评判，以人为中心的德育原则，以自然教育为基的德育方法，以孝敬父母为起点的德育目标的实现途径等五个部分。[②]鲁龙胜从教育目的、对象、内容和特点等方面研究了王阳明的教育思想，指出：阳明心学是一门教人做“圣人”的教育学，以“学知”和“困知”之人为教育对象。“学知”之人在世上罕见，因而 “困知”之人是阳明心学的主要受众。“困知”之人由于“私意”的遮蔽，无法遵循作为“性”的“良知”的指引，他们的“心”总是处于被“私意”干扰的状态。因此，阳明提出“致良知”的教育内容，要求“困知”之人随时随事不间断地“致良知”。以“致良知”来帮助人们成圣的阳明心学，呈现出教即学的根本特点，消解了教育学中的主体性问题，能对现代教育体系的完善以及教育学的建构带来有益的启示。[③]王宇遥对王阳明的儿童教育观作了探讨，指出：王阳明的儿童教育观是其“致良知”思想的逻辑延伸与自然阐发，认为“致良知”作为其儿童教育观的核心，高度弘扬了儿童的主体地位和价值，强调“发明本心”“自家解化”“知行合一”，有利于实现儿童自我的道德教育及道德修养，直至今天仍具有重要的借鉴意义。[④]

在王阳明易学思想的研究方面，钟纯以体用范畴为解释框架，对阳明易学思想中的核心命题“良知即是易”作出了哲学上的新诠释，指出：“良知即是易”作为王阳明“良知”思想体系中的重要命题，在理论渊源

①杨国庆、吕文龙：《王阳明乡治思想的独特系统性及其对社会工作本土化的启示》，《社会福利（理论版）》2021年第1期。

②李福龙：《王阳明“务本”德育思想体系探究》，《哈尔滨学院学报》2021年第3期。

③鲁龙胜：《作为成圣实践的教与学：王阳明的教育思想研究》，《贵阳学院学报（社会科学版）》2021年第5期。

④王宇遥：《“致良知”：王阳明儿童教育观的逻辑起点》，《湖南科技学院学报》2021年第3期。

上，“良知即是易”的提出与王阳明谪居龙场研读《周易》的经历有密切联系，是心学吸收易学本体思维的逻辑起点。在体用关系上，王阳明借助易学本体思维，从“体用一源”“心体发用”“体无用有”等方面建构起以“良知即是易”的体用论，既是对《周易》的解释，又是对宋明以来易学问题的阐发，从而对王门易学的发展产生了很大影响。①卢祥运探讨了王阳明的易学思想与心学的关系，认为：王阳明从方法论层面上对《周易》的借鉴和取用主要在“阴阳合一”和“体立用行”两方面，这两方面对其整个心学体系建构至关重要。卢氏认为，正是“阴阳合一”的思维方式，促成了王阳明在心和理、知与行之间达到了贯通合一，为他的“心即理”说和“知行合一”说奠定了方法论基础。而“体立用行”之道也为其“致良知”学说订立了基调，它为“致良知”体系从理论上提供了十分明了顺畅的逻辑理路。“致良知”的过程即是体立而用行的过程。王阳明正是通过领悟和运用“阴阳合一”和“体立用行”之道，构建了他的心学体系，最终实现了“精义致用，利用崇德”的为学、弘道、崇德的济世理想。②

袁田田、罗春洪探讨了王阳明在江西庐陵时期的抗疫思想，从调息静坐、未病先防的身体向度，万物一体、疾病相扶的道德教化，酌补顾虚、疏民逐秽的医疗救治，疫后蠲免、恒产恒心的社会治理四个视域，总结了阳明未病先防、既病防染的抗疫思想与破解鬼神司疫以定民心的内在理路。指出：阳明创造性地从恒产恒心的角度，注意到抗疫标本兼治的症结所在，抗疫时首选布医施粮而非直接发放钱银，加强了社会抵御疫情之抗压性，避免了赈济政策异化、对象错位的运行悖论，是一种能裨益于今日应对新冠肺炎等传染病的重要经验。③

徐仪明论述了王阳明的中医哲学思想，指出：王阳明一生罹患多种顽

①钟纯：《论王阳明“良知即是易”中的体用关系》，《理论月刊》2021年第2期。

②卢祥运：《王阳明“玩易”对其心学建构提供的方法论启示》，《贵阳学院学报（社会科学版）》2021年第4期。

③袁田田、罗春洪：《从鬼神司疫到祛除疫鬼：王阳明庐陵抗疫思想的四个维度》，《南昌师范学院学报》2021年第1期。

疾，饱受疾患煎熬。他的功业和著述正是在与疾病的顽强抗争中实现的，因此，王阳明对生命真谛的体认不能不与中医养生学密切关联。阳明在其授徒讲学的过程中，常以议论医药的方式作为比喻，阐发自己的见解，从中既可以略窥其医药学思想，更能够甚为清晰地洞悉其心学思想的底蕴。①

周海春、徐艳萍论述了王阳明的立志说，指出：立志说既是王阳明最初的教法，也是他“三教”变化过程中的相对不变之教。在王阳明提出“知行合一”“致良知”等学说以后，立志说不但没有被放弃，而且还得以进一步丰富和发展。认为在王阳明的思想中，立志是一个包含本根、功夫、结果三合一的问题，相应地，立志也包含无志、志不真切、意必等难题。王阳明不断重申立志，就是因为如果不能破解立志的难题，立志说难以发挥促使人们立志的功效。“致良知”理论则有助于解决立志的疑难，每个人都有良知，都能“致良知”，立志不过是“致良知”，“致良知”规定了立志的本质。立志说和“致良知”的有机结合，使得成圣这一问题有了较为坚实的理论支持，也体现了王阳明延续儒家道统的努力。②

吕本修对于王阳明的道德修养思想进行了探索，指出：从初学到成圣，王阳明经过了独特的心路历程，也形成了自己的圣人观，这是其道德修养思想的目标；他的心性论则构成了其道德修养思想的理论基础；省察克治、事上磨练、知行合一等则构成了其道德修养思想的主要路径与方法。③

伯洁探析了王阳明的管理思想，指出：王阳明的管理哲学是以道德理性为核心的最高追求，将知识理性涵摄在道德理性之下，在实践中实现人的道德主体的完善，这种思想对纠正现时代的企业管理之弊病有非常重要的意义。伯氏认为王阳明管理思想与企业管理理念拥有很多契合点，并从王阳明的诚意管理思想与企业信用管理、王阳明的人才管理思想与企业人

①徐仪明：《试论王阳明的中医哲学思想》，《贵阳学院学报（社会科学版）》2021年第5期。

②周海春、徐艳萍：《成圣的不变之教：王阳明的立志说》，《湖北大学学报（哲学社会科学版）》2021第6期。

③吕本修：《王阳明道德修养思想探析》，《理论学刊》2021年第3期。

力资源管理、王阳明官员管理思想与企业的领导管理等三个方面探讨了王阳明管理思想在企业管理中的应用，表明了王阳明管理思想的价值。①

喻中研究了王阳明法理学的核心命题“德本法末”，指出：王阳明立足于《大学》开篇规定的“明明德、亲民、止于至善”，把德作为建构文明秩序、完善国家治理的主要依据。与此同时，他也注意到“礼、乐、刑、政之法”对于治国理政的意义。德与法，构成了二元并立的规范结构。而就德与法之间的关系，王阳明认为，德是治国理政之“本”，即德治为本；法是治国理政之“末”，即法治为末。王阳明的这种“德本法末”的构想，既渊源于古老的“明德慎罚”，同时也构成了当代中国强调法治与德治相结合的思想资源。②

张俊义、张艳清就王阳明心学身体观及其启示展开了研究，指出王阳明心学身体观的内涵有：人是天地之心，心为身之主宰；从位置上说，心为大头脑处；从功能上说，心为主宰处；心身合一是知行合一的基础；心为身主，知是行的主意，旨在克除恶念；身为心用，行为知之成，真知必能行；身为基础，心为超越。阳明心学身体观启示我们医学目的即“致良知”，以医学手段维护人的生命健康，使其光芒绽放。③

二、阳明学文献整理与研究

文献整理与研究是思想研究的基石，阳明学文献的整理与研究在阳明学研究领域无疑具有基础性的意义，一直为学界所高度重视和关注。

陈立胜探讨了王阳明《节庵方公墓表》，并对《墓表》中的“四民异业而同道”的观点进行了辨析，提出了不同于余英时的新见解。指出：王阳明《节庵方公墓表》因提供了所谓“弃儒就贾”的典型以及“四民异业而同道”论而被视为“新儒家社会思想史上一篇划时代的文献”，然而

①伯洁：《王阳明的管理思想探析》，《贵阳学院学报（社会科学版）》2021年第1期。

②喻中：《德本法末：王阳明法理学的核心命题》，《贵州社会科学》2021年第1期。

③张俊义、张艳清：《论王阳明心学身体观及其启示》，《医学与哲学》2021年第9期。

《墓表》实则是一“乌龙”之作，墓表主人公“未尝一日从商”。《墓表》的写作时间既非传统所系的嘉靖四年，亦非当今学者认定的正德五年，而是正德十一年，故称其为“晚年定见”并不确切。实际上，斥许衡“学者以治生为先”之说为“误人”，这是阳明一以贯之的立场。阳明“四民异业而同道”论固然是以儒学宗师身份对商人社会价值给予了明确肯定，却未放弃“士阶层”的精英意识，他对纵欲逐利与攀比嫉妒现象的批判是对“工商精神气质”（所谓“资本主义人之心性”）蔓延化现象的不满。阳明“四民异业而同道”论的精神实质是以“生人之道”贞定工商文化。[①]

王学伟、杨德俊通过爬梳历史文献，对王阳明《卧马冢记》中的“怀来王公”作了考证，并论述了其人与王阳明之间的“交集”，指出：王阳明在贵阳所作《卧马冢记》一文，从其内容来看，是受“都宪怀来王公实”所托而作，不过，遍查包括明嘉靖年间所修的《贵州通志》，均未见有名为“王实”的“都宪”（即都御史），造成了今人的误解。而明代贵州地方文献和明代其他文献的记载表明，王阳明《卧马冢记》中的“都宪怀来王公实”，实际上应是“都宪怀来王公质”。之所以出现这种错误，应是二字的繁体字形较为相近所致。王阳明初到贵州，曾与王质发生了一场冲突，经提学副使毛科调停，二人冰释前嫌，并有一定交往，而正德三年（1508）王阳明撰写的《卧马冢记》便是二人交往的证明。[②]

杨永涛对王阳明《重修山阴县学记》的主旨进行了探讨，认为这篇文章的核心是揭示圣人之学是心学而非禅学，其中较为详明地阐述了圣人之学何谓心学（涉及人心道心，尽心与达道等命题）、心学与禅学的关系等阳明学内部的重大学术问题，透露着对朱子之学支离的批判，也透露着心学愈发兴盛的气势。杨指出：在文中，王阳明从孟子“尽心知性”“存心

①陈立胜：《王阳明“四民异业而同道”新解——兼论〈节庵方公墓表〉问世的一段因缘》，《哲学研究》2021年第3期。

②王学伟、杨德俊：《王阳明〈卧马冢记〉“怀来王公”考》，《贵州文史丛刊》2021年第1期。

养性”处出发，阐微表幽。上序象山心学，凝练《尚书》“十六字心传”的“精一”思想为道统、学统的接续做出重要理论铺设，点明了圣贤之学即是心学，“精一”而为则彰显道心，道心显发而无不中和达道，圣贤之教莫过于此。而世俗学人把心学同为禅学，则是不明心学“以天地万物为一体”的仁心仁道，更不明孟子“尽心”说的责任伦理维度。①

潘玉爱以《传习录》为中心，探讨了王阳明的教育思想，并与当代教育进行了对话，指出：阳明《传习录》的模式是阳明与弟子之间的学与教，是一种对话的学习模式。其认为从《传习录》可看到王阳明教学的论述，一方面可探讨其教学目的和内容，另一方面以时今所流行的教育理论相参、检视，可由他的教育方法与内容再延伸与多元智力理论相互讨论，为现今教育提供不同教育的意义与价值，也就是，一方面从王阳明的教育内容观照现今教学理论，另一方面在“知行合一”的原则下，寻找一种培养认知和行动和谐的生命主体的教育思维。②

周梅清对20世纪80年代出土的《左江道修复王文成公敷文书院碑》作了文献学的考察，指出：《左江道修复王文成公敷文书院碑》镌刻于明万历年间，由陈希美撰文，陈纪和许僴立石，主要记录了重修敷文书院的缘由和修缮后书院的规模，颂扬王阳明的良知之学及招抚之功，敷文书院的重修对邕城理学传扬具有重要作用。周氏同时也比较了清代志书、民国志书对该碑文的收录情况，指出：清代有两套史志收录有碑文内容，它们的收录内容大致相同，仅存在错字、漏字或别字之异，与现存的碑文内容出入较大；民国志书对碑文的收录与现存碑文内容最为接近，包括了落款，但错字、漏字、漏句的现象不少。③

方志远基于庙堂文献和社会舆论文献研究了后世对王阳明的评价情

①杨永涛：《王阳明〈重修山阴县学记〉主旨揭橥》，《名作欣赏》2021年第18期。

②潘玉爱：《王阳明与当代教育的对话——以〈传习录〉为例》，《贵阳学院学报（社会科学版）》2021年第4期。

③周梅清：《〈左江道修复王文成公敷文书院碑〉内容及其考释》，《河池学院学报》2021年第2期。

况，指出：后人对王阳明的“盖棺定论”是由明入清，几次三番，经历了一个长达两百年的过程，经历了从有保留地承认其事功、全盘否定其学术，斥为“邪说”，到全面赞扬其气节、文章、功业，从祀孔庙，再到一面褒扬其事功与学术的相互激发，赞叹其“危疑之际，神明愈定，智虑无遗”，一面批评“矜其创获，标异儒先”。整个过程既贯穿着庙堂和舆论之间、庙堂和舆论的各种力量之间的争议和博弈，也揭示出不同时代的现实需要和价值取向。①

刘恒武、陈名扬以席书致王阳明系列书简为中心对王阳明在贵阳文明书院讲学的史实进行了考辨，指出：先学有关王阳明贵阳讲学的这一段史实语焉不详，且互有龃龉。《元山文选》所收席书致王阳明系列书简和《送别阳明王先生序》述及王阳明在贵阳文明书院讲学的历史细节，这批文札可证：正德三年（1508）夏至正德四年（1509）四月这一时段内阳明曾一度应毛科之邀讲学于贵阳文明书院；正德四年（1509）闰九月至同年十二月，阳明受席书邀请再度莅文明书院执教；文明书院是席书与王阳明相识相知的主要平台，两人在对“举业之学”的态度及《春秋》宗旨之理解等方面有颇多契合，在文明书院讲学期间王阳明还与席书就朱陆异同之辨、知行合一等论题进行了思想交流。在文明书院向诸生授业及与席书思想交流的过程中，阳明自身的学问体系也得到了延展与升华，黔、蜀两地也由此成为王学的派衍名区。因此，二者认为：“贵阳讲学”与“龙场悟道”密不可分，在阳明心学形成史上具有极为重要的地位。②

三、阳明学与地域阳明学派

阳明学在发展、传播的过程中存在着“地域性”形态，呈现出一定的地域特色，考察和研究阳明学的地域分布、传播发展，发掘其地域特色，

①方志远：《盖棺未必论定：王阳明评价中的庙堂和舆论》，《清华大学学报（哲学社会科学版）》2021年第2期。

②刘恒武、陈名扬：《王阳明文明书院讲学史实考辨——以席书致王阳明系列书简为中心》，《浙江社会科学》2021年第7期。

是阳明学研究深化和拓展的题中应有之义。

张明通过文献碑记的整理研究，论述了明代阳明心学在黔南地区的传播及其影响，指出：自明代中期开始，通过王阳明、阳明弟子和贬谪黔南的王门学者的活动和弘扬，阳明心学在黔南地区得以传播，一百余年间，以都匀为中心的黔南地区崛起成为黔中王门的"五大重镇"之一。而以阳明心学为主流的儒家文化促进了黔南教育文化的发展，使黔南成为贵州儒学文化最发达的少数民族地区之一。①

张山梁通过研读《王阳明与福建》一书指出：《王阳明与福建》一书的出版，对于福建省挖掘、传承、弘扬阳明地域文化具有积极意义，有力推动了福建阳明学的发展，促进了"首届东南阳明学高峰论坛"在福州召开，然而书中却存在一些瑕疵。张氏就该书中的平和建县时的县域及县名之由来，王阳明与平和县衙、城隍庙等的关系，朝廷改命王阳明"提督军务"的时间，王阳明在漳州作战过程中的若干具体史实，平和县城隍庙奉祀的神灵身份及其级别，王阳明从漳南班师返赣行至汀州的时间，平和县儒学建成时间，平和建县时社学的情况，王阳明是否在上杭屯兵52天，林希元等闽中人士是否为阳明门人或后学等十处的疑问，进行了逐一辨析商榷，提出了自己的观点，并认为编著地域文化书籍应该重视地域特色，强调田野考察、实地访谈的必要性。②而在另外一篇文章中，张氏探讨了阳明学与明代福建南靖县治的问题，指出南靖是王阳明过化之地、阳明心学的传播地，并从王阳明在靖邑治乱，革弊补益；其门生胡希周、后学陈宗愈担任南靖知县，顺应民心，广施仁政；后学李材、黄浩在当地传播心学，教化民众等三个方面，阐述了王阳明及其门生、后学在南靖经济、社会、文化等方面发展中的贡献。③

①张明：《明代阳明心学在黔南地区的传播及其影响》，《赣南师范大学学报》2021年第4期。

②张山梁：《力争毫厘间 万里或可勉——〈王阳明与福建〉值得商榷的若干问题》，《闽台文化研究》2021年第2期。

③张山梁：《阳明学与明代南靖县治》，《福建史志》2021年第5期。

陈海斌从社会教化的视角，分析了王阳明巡抚南赣时期的一些措施和活动对地方社会秩序的重建及其影响，指出：王阳明巡抚南赣，为彻底剿灭盗贼和寇乱，“破心中贼”，采取“格心”的战略措施，通过订立《南赣乡约》、兴举社学、建书院讲学施教，利用“致良知”学说唤起人们心中的良知，引导民众向善，以达到教化地方社会的目的。这些举措有别于军事征剿，而专门注重从民心教化、风俗移易等方面入手，重新整齐民心、风俗。这不仅破山中贼，而且还将民众“心中贼”击破，消除为盗的欲念。这些举措有力地重整了地方社会的秩序，同时也改良了社会风气，促进了地方社会的文教建设。[①]李晓方、陈劲松探讨了江西阳明文化的理论创新与开发利用，指出：江西是成就王阳明学术与事功最重要的地域，在阳明文化的形成与发展中具有重要地位，具有传承正、遗存多、分布广、影响深等特点。本文认为：江西阳明文化的创新性发展，要坚持以马克思主义为指导、以服务需求为导向、以学术创新为基础；江西阳明文化的创造性转化，可与廉政文化建设、公共文化建设、文化旅游产业发展相结合。而在江西阳明文化资源的开发与利用上，要处理好学术研究与开发利用、省域内外阳明文化、省内阳明文化与其他特色文化、传承弘扬与走向国际等之间的关系问题。[②]

倪福东探究了阳明学中的浙学精神，即以阳明学中“亲民”“心即理”“知行合一”等思想主张为线索，分析了这些思想中所蕴含的“平民精神、求真务实、讲求功利、实践理性追求、独立自主、包容开放”浙学精神。[③]

四、阳明学与佛道思想

阳明学与佛道二教的关系问题，一直以来都是阳明学研究领域的重要

①陈海斌：《王阳明与南赣地方社会秩序的重建》，《赣南师范大学学报》2021年第2期。

②李晓方、陈劲松：《江西阳明文化的理论创新与开发利用》，《赣南师范大学学报》2021年第2期。

③倪福东：《论阳明学中的浙学精神》，《大众文艺》2021年第11期。

议题之一。本年度，大陆学界对这一议题作了进一步的探讨，相关研究主要集中在阳明学与佛老“二氏之学”关系上。陈力祥、汪美玲立足于王阳明与禅共有之“本心”，从阳明融佛入儒思想缘由之发掘、路径之澄明、旨趣之探赜三方面分析了阳明融佛入儒的内在逻辑，指出：阳明融佛入儒之缘由是社会沉沦需求道德重塑，理学僵化需要儒学突围；阳明融佛入儒之路径是以“本心”作为儒学和佛学的接榫点，大量吸收和借鉴佛教“即心即佛”的心性论、“动静结合”的工夫论以及“圆融无碍”的境界论，从而形成了一个兼具“自明性”“真切性”“圆融性”的“本心”；阳明融佛入儒之旨趣是为了挺立个人的道德价值，恢复社会的公序良俗以及维护儒学大中至正、彻上彻下之大道地位。①杜国华考察了王阳明从“二氏之学”到“龙场悟道”的早期思想转向，指出：早期王阳明以佛老之学为圣人之学，并“陷溺”其中求索“成圣之路”，这是王阳明为学过程中的一个重要阶段。经历了“阳明洞证悟”，王阳明开始认识到佛老之学违人情、遗物理的理论缺陷，对佛老之学产生了怀疑，从而转向儒家思想探索成圣之法。但此时期王阳明仍然对佛老“二氏之学”且信且疑，至“龙场彻悟”，才解决了对佛老之学的困惑，完成了从理本论到心本论的转向，找到了一条完全内求于心的成圣进路，实现了形上本体与形下日用的贯通，达到了在情感和伦理生活中超越的精神境界，这为他建立融合儒、释、道三家学说的心学体系奠定了基础。②

五、阳明学与文学及文艺学研究

王阳明不仅是哲学家、思想家，同时也是文学家，在文学及文艺学领域取得了非凡成就。从文学及文艺学的视角观照阳明学，不仅可以丰富阳明学的意涵，也为阳明学研究的深化和拓展提供了重要视角。本年度，有

①陈力祥、汪美玲：《王阳明融佛入儒思想再探》，《阜阳师范大学学报（社会科学版）》2021年第4期。

②杜国华：《王阳明早期思想的转向探寻——从“二氏之学”到“龙场悟道”》，《西部学刊》2021年第7期。

关研究主要集中在王阳明的文学思想、诗文和书法艺术上。

在王阳明的文学思想方面，主要有贾庆军和武道房的研究成果。贾庆军、时秀娟梳理了阳明文学思想，并阐释了阳明“文以明道”和文学境界论，指出：在王阳明看来，所有的文字记载和表达均为载道之文，包括歌咏性情之文（相当于现在的文学），其不过是以歌咏性情的方式来体现道。文以明道，自然文学境界取决于体悟道的深度。对道的体悟程度不同，其合道的方式也不同，境界也不一样。总体而言，阳明文学境界分为三个层次：当阳明处于天人两分的思想阶段时，其文学的表现形式是天人分离的；当阳明天人合一的思想成熟时，其文学作品体现了天人、心物的和谐与统一；当阳明到达良知宇宙阶段时，其文学作品体现天地境界所特有的“狂”和“乐”。当阳明处于第一阶段的时候，其文学思想和作品与西方的功利主义文学观是相似的，都是主客体分离、心物分离的结果。当阳明进入第二、三个阶段后，超越了主客体的对立和分离，实现了有机统一。这时阳明的文学境界就超出了西方文论中所说的功利主义，达到天人合一的天地境界或良知宇宙境界。[①]武道房探讨了王阳明心学本体论与其文学思想的关系问题，指出：本体论是阳明心学的核心，王阳明全部的文学思想均是从其本体论延伸而来。在文学发生论上，王阳明主张诗文要从心本体中自然流出，这种文学观主客一体，成为性灵一派的文学思想；在文学情感论上，王阳明以本体为统摄，肯定“七情”在文学作品中的流行；在文学创作方法论上，王阳明认为其本体之学，是作家建构最佳创作心态的前提，也可以使文学言语有序，自成法度。[②]周关洪分析了阳明后学徐渭书法中蕴含的精神，指出徐渭以阳明心学指导自己的文化艺术实践，使他脱离传统文人的思想观念，追求真情本色，崇尚个性解放，反对复古傍人，于书法上取得了巨大成就。周氏从“修心写真，由我主张”“率性写

①贾庆军、时秀娟：《王阳明“文以明道”与文学境界论再探》，《宁波大学学报（人文科学版）》2021年第3期。

②武道房：《心学本体论与王阳明的文学思想》，《文学评论》2021年第4期。

神，狂中生韵”“侠客散圣，有明一人”等三个方面论述了徐渭书法中所蕴含的精神，认为，徐渭开启了新理异态、群芳争艳、个性鲜明的晚明新书风，深深地影响了明朝后期、清代乃至今天的书法审美嬗变，在中国艺术史上留下了浓墨重彩的一页。[①]

在王阳明诗文研究上，简东梳理了王阳明在南赣时期的文学活动历程，品析了此时期所作的诗文，并探讨了诗文中所蕴含的精神世界。指出：王阳明在南赣期间所写的诗歌是后人探寻、追悟、阐释阳明精神世界的重要载体和渠道，这些诗歌颇富性灵意趣，充分体现出了王阳明文学创作独特的艺术特征和审美气韵，其中蕴含着两种思想倾向与情怀，一是忧国忧民、兼济苍生的志士情怀，二是对超越世俗以及山水田园之趣、归安林泉的隐士情怀。[②]黄黎星、李菁聚焦于王阳明诗作中涉及易学的内容，对其中的内涵理趣进行了阐释，指出：王阳明诗作中，颇有涉及易学的内容，有记述其读《易》经历与感受者，有化用《易》辞为典故入诗者，而更多的是以“心学”思想观照《易》书和易学，宏观把握，随机点化，注重盈虚消息、大化流衍的奥旨，别具特色。[③]夏颖婕对王阳明诗歌中“鹤”的意象作了探微，指出：王阳明诗歌中的鹤意象对前代诗歌中的鹤意象有所承继，又在鹤意象的使用中融入了自身的人生经历与内心体悟，使得诗作中的“鹤”意象具备了其独有的特性。在《王阳明全集》所存六百多首诗中，其中写到“鹤”共二十八处，其意象可分为情义形象、神仙形象、隐逸形象和困士形象等。从用法上来看，王阳明诗歌中的“鹤”，有时作为比兴寄托的辅助性意象，有时作为用典的潜意象，有时作为独立的审美对象，有时作为诗人用以自喻的一个情感载体。阳明诗中的“鹤”意象与阳明的内心体悟紧密相连，同时也是其追求心物合一心学思想的体现。[④]

①周关洪：《强心铁骨　似狂实真——王阳明心学影响下的徐渭书法浅谈》，《书法赏评》2021年第1期。

②简东：《王阳明南赣文学活动述论》，《赣南师范大学学报》2021年第4期。

③黄黎星、李菁：《王阳明诗作的易学理趣》，《泉州师范学院学报》2021年第4期。

④夏颖婕：《王阳明诗歌中“鹤”的意象探微》，《名作欣赏》2021年第8期。

在王阳明的书法艺术研究上，杨晓慧从“道艺合一”的视域探讨了王阳明的书法艺术观，指出：王阳明“道艺合一”的书法艺术观是以其独特的心学思想为理论基础的，而他将自身所体悟之道又通过“游于艺”的生活方式表现出来，其书法艺术创作活动体现了“道艺合一”的审美境界，融汇了主体的个人性情与书法技艺，以道统摄书法艺术创作，由书法艺术创作臻于道。同时，王阳明视书法艺术为成德达道的修养工夫，由此可实现人生境界的不断超拔。王阳明的书法艺术实践寄寓着追求个性解放的自由精神，具有突破明代前期流行的馆阁体书法风尚的反潮流意识，对明代中后期浪漫主义书法艺术风尚的形成与发展产生了重要影响。[①]江蓝天通过研究王阳明不同时期的书法作品，论述了王阳明的书法创作与其心学的关系，指出：随着其心学体系的不断完善，王阳明书法作品的风格也从亦步亦趋遵守古法（早期阶段：1506年以前）过渡到融心入笔、尚意抒情（中期阶段：1507—1522年），最后又进入从心所欲不逾矩的境界（晚期阶段：1523—1529年）。[②]

除以上之外，孔哲、汪洋在文章学视阈下探析了影视剧《王阳明》中的王阳明散文风貌，指出：王阳明散文的艺术风貌因其哲学中的“简易直截”“万物一体”“自信良知”等特色而奠定，以王阳明哲学的体用为序，从博大昌达到圣贤气象、从自信良知到浩然之气、从万物一体到爱国仁民等三方面对王阳明的散文进行了考察，并评析了影视剧《王阳明》的创作。[③]印盛园对王阳明的两套散曲的内容和特点进行了研究，指出：王阳明以曲抒写个人生活，针砭时弊，其散曲呈现出锐利的情感倾向，在明中期曲坛中有着特殊的地位。王阳明的散曲《南仙吕入双调·步步娇·归隐》主要是对朝廷奸宦乃至皇上的抨击批判，表露出作者对黑暗朝廷的愤懑不

①杨晓慧：《“道艺合一”视域下的王阳明书法艺术观探赜》，《人文天下》2021年第5期。

②江蓝天：《良知心迹——论王阳明心学影响下的书法创作》，《西泠艺丛》2021年第9期。

③孔哲、汪洋：《〈王阳明〉：文章学视阈下王阳明散文风貌的荧屏投射》，《电影评介》2021年第14期。

平；散曲《南仙吕·甘州歌·恬退》的创作应早于《归隐》，表现出其有建功立业之志却遭受打击，流露出其归隐乡间的志趣与旷达的胸襟。从这两套散曲，可以发现王阳明散曲创作的一些特点：一是在内容上，王阳明散曲不写青楼歌舞，而是反映社会现实与乡野生活，他的散曲较为完整地体现了他的一段人生经历与心路历程；二是在主题上，具有鲜明的政治倾向，敢于讽时刺世，甚至敢于指责皇帝；三是在艺术特色上，在早期的散曲创作上，王阳明喜爱用典，而后期散曲遣词用字更加自然朴素，浑融一体，语言也多口语。①

六、阳明学诠释研究

诠释学作为方法论，为解读古典文本提供了新的视角，因而受到现代学界的高度关注和重视。将诠释学引入阳明学研究中，具体呈现为两个方向：一是阳明学本身对经典的诠释，二是对阳明学的现代再诠释。本年度大陆学界的阳明学诠释研究，主要集中在王阳明对《大学》和《中庸》的诠释上。

傅锡洪探讨了王阳明对《大学》的诠释与其“四句教”之间的对应关系，指出：在阳明那里，存在两种《大学》诠释，即无法做正心工夫的《大学》诠释和可以做正心工夫的《大学》诠释。也存在两种四句教，即平时教人所用的四句教和天泉证道时作为教人定本、学问宗旨的四句教，并且四句教与《大学》诠释之间具有一一对应关系，其对应关系不容错位，即平时教人所用的四句教对应于以心之未发实体解释心的《大学》诠释，而天泉证道时确立的作为定本的四句教则对应于以心的完善状态解释心的《大学》诠释。除此之外，定本四句教与《大学》诠释存在一个重要差别，即它承认无善无恶代表的正心工夫可以是天分极高者的工夫入路，而不仅仅是一般人达到道德境界以后的工夫。傅氏认为：只有理解这样

①印盛园：《王阳明散曲初探》，《南阳理工学院学报》2021年第5期。

的一一对应关系以及差别，才能对阳明的《大学》诠释以及四句教获得全面、准确的理解。[①]汪乃兵探析了王阳明对《大学》中的“正心”“诚意”“致知”“格物”等范畴的诠释，指出：王阳明从《大学》文本出发，以心学的立场重新诠释“心意知物”的内涵及其相互关系，提出了心外无物和格物即格心的心物关系论，将“物”强调为主体意识参与的意义之物，以“心外无物”突出“心”对于意义世界的作用，更在于强调人们道德实践过程中心体的作用，从而实现了对《大学》心物关系的扬弃。[②]

许家星深入研究了王阳明对《中庸》首章的诠释及其意义，指出：学界历来颇重阳明《大学》之学，对其《中庸》学则相对忽略。实则阳明的《中庸》诠释富于创新而含义深刻，它翻转了被朱子判为“多说无形影”的《中庸》的明道特质，将《中庸》与作为“为学纲目”的《大学》等同观之，断《中庸》“为诚之者而作，修道之事也”。并进一步创造性地拈出《中庸》首章与《大学》全书的关系，以为“子思括《大学》一书之义，为《中庸》首章”，并将此理念落实于《大学古本旁释》中。阳明又据于其良知学，从本体与工夫的关系出发，重新审视戒慎恐惧与不睹不闻，突出两者在良知中的一体贯通；反对朱子戒惧与慎独的未发已发二分说，主张两者为一，皆是已发工夫；以戒惧为敬畏，提出戒惧与洒落乃工夫与境界关系，两者并非对立。阳明既以良知为人人所同具的未发之中，又以为“不可谓未发之中，常人俱有”，此看似矛盾之说，乃是居于本体与工夫不同视角之故，体现了阳明的体用一源论。阳明还讨论了中和与天理及气的关系，强调“天理亦自有个中和”的属性。未发已发之中和问题于阳明具有重要意义，涉及阳明思想中的体用论、心性论、工夫境界论等重要论题，实为阳明《中庸》学的点睛之处。许认为：深入探究阳明《中庸》首章的哲理意涵，必有助于推动阳明学、宋明理学及《中庸》诠释学

①傅锡洪：《两种〈大学〉诠释，两种“四句教”》，《云南大学学报（社会科学版）》2021年第6期。

②汪乃兵：《王阳明对〈大学〉心物关系的扬弃》，《贵阳学院学报（社会科学版）》2021年第1期。

的发展。[①]李家奇研究了王阳明对《中庸》首句的解读，指出：王阳明以其自身所独有的心学体系，分别对“天命之谓性”“率性之谓道”“修道之谓教”展开了诠释。王阳明对于“天命之谓性”的诠释主要是从他的“心即理”展开；对于“率性之谓道”的诠释主要体现在他的工夫论上，即良知与致良知的学说上；对于“修道之谓教”的诠释主要体现在他的“作亲民”和“四句教”的“教化论”思想上。这种诠释把《中庸》的首句有效地衔接为一个整体，一体圆融。这不仅体现了阳明心学融会贯通的特点，也表现了以《中庸》、阳明心学为代表的儒家学说上下贯通的特点，对于后世学者研究阳明学乃至整个儒家学说具有重要的学术意义。[②]

李春强论析了王阳明对《论语》“博文约礼”的诠解衍变，指出：阳明先生围绕“博文约礼”展开的诠解，与其建构良知心学的过程同步展开，体现为前后两大阶段、多层面渐次展开。第一阶段，“博约—精一—诚意”工夫系统的初步生成。在心体统摄下，博文乃约礼之工夫。“博文即是惟精，约礼即是惟一”，“博约”之功即是“精一”之功。博约之功即是“诚意”之工夫。第二阶段，“悦之深”境界的最终达成。“圣人之学，惟是致此良知而已。”文与礼的体用一源，使得博约分别作为本体、工夫一体两面之关系得以确立。经“有无”之辨“进至于悦之深”境界，“博约—格物以致其良知”同一性关系得以确立。王阳明主动将“博文约礼”与“致良知”融摄为一，不仅助益于自家宗旨的道统型塑，而且也显示其从未间断对圣贤境界的索求。[③]

除以上研究成果之外，陆永胜探讨了阳明学在当代不同语境的诠释问题，指出：王阳明“良知”思想的新向度诠释是新时代文化自信建设的重要价值观念资源之一，道德、价值与信仰是当代文化语境中王阳明良知

---

①许家星：《阳明〈中庸〉首章诠释及其意义》，《复旦学报（社会科学版）》2021年第1期。

②李家奇：《王阳明对〈中庸〉首句的诠释研究》，《贵阳学院学报（社会科学版）》2021年第2期。

③李春强：《从“诚意”工夫到“悦之深”境界的跃迁——王阳明“博文约礼”诠解衍变论析》，《南京师范大学文学院学报》2021年第2期。

图式的三重向度，三者各有侧重地分别呈现于学术、政治和生活话语语境中而又相互关联，构成了当代文化以阳明学为视阈的内在认知结构。道德向度的良知作为一种道德理性是理想之善和现实之善的统一，也是对人的本质的确证，其中内含着价值确认；良知的价值属性以道德属性为基础，表现为道德向度的“善”“恶”向价值向度的“好”“坏”与“是（对）”“非（错）”的转化；良知的信仰向度基于对人之德性与价值的肯定，追求超越层面的自我实现，并在“幸福感”上找到道德满足与价值关怀、个体追求与社会认同的交汇点。当代文化语境中良知意蕴的新阐释，是对传统文化创新性发展的体现，有助于新时代的文化建设。[①]

七、阳明学比较研究

因为阳明学本身是在关系中创建和存在的，因而比较研究对于开阔视野、拓展阳明学研究的范围和空间具有不可替代的独特价值。比较研究既是阳明学研究的重要方法，也是阳明学研究的重要论域。通过比较研究，阳明学的内涵和特征得以更加清晰的呈现。本年度大陆学界对阳明学的比较研究，大致有四个向度：一是阳明学与朱子学的比较，二是心学内部的比较，三是阳明学与西方文化的比较，四是阳明学与域外文化的比较。

阳明学与朱子学的比较一直是阳明学比较研究的重点，本年度这一方面的研究热度不减。乐爱国比较了朱子和阳明在义利问题上的异同，指出：王阳明讲“良知只在声色货利上用功”与朱熹讲“仁义未尝不利”多有一致之处，即二者都不排斥“利”，并且都反对“利心”，因而不同于陈亮讲霸术和叶适对董仲舒所言“正其谊不谋其利，明其道不计其功”的批评；朱熹赞同学者因“衣食不足”而经商，王阳明承认“治生亦是讲学中事”，都不完全反对学者“治生”，并且对学者经商作了不同程度的限

①陆永胜：《道德·价值·信仰——当代文化语境中王阳明良知图式的三重向度》，《江苏行政学院学报》2021年第3期。

制。二人也存在着差别，即朱熹讲“仁义未尝不利”，又讲“不求利而自无不利”“求利未得而害已随之”，明显是不赞同主动追求利；而王阳明讲“良知只在声色货利上用功”，认为“能致得良知，则声色货利之交，无非天则流行”，明显是赞同在致得良知的前提下，对声色货利的追求，并不反对主动求利。尤其是，王阳明还明确讲“使在我果无功利之心，虽钱谷兵甲，搬柴运水，何往而非实学”，又讲“果能于此处调停得心体无累，虽终日做买卖，不害其为圣为贤”，讲“四民异业而同道”，对工商多有肯定，较朱熹只是讲“仁义未尝不利”，又不赞同主动追求利，有了一定的发展。[①]在另一篇文章中，乐氏比较了王阳明“乐是心之本体”与朱熹“唯仁故能乐”之异同，认为：王阳明与朱熹对于心性本体有不同的说法，因而王阳明“乐是心之本体”与朱熹“唯仁故能乐”二者有所差异。朱熹“唯仁故能乐”，讲的是先有道而后有乐，道与乐是分离的，而王阳明“乐是心之本体”，讲的是本体与乐的同一，但就“孔颜之乐”而言，朱子、阳明都讲乐来自心性本体，而且在工夫上，都强调去除人欲，朱子讲“私欲克尽故乐”，把“孔颜之乐”与“克己复礼为仁”联系起来，要求“存天理，灭人欲”，阳明则讲“去人欲，存天理”而回复“吾性本体之乐”，二者是一致的。因此，王阳明讲“乐是心之本体”，实际上是对朱熹讲“唯仁故能乐”的发挥。阳明后学泰州学派也讲“乐是心之本体”，并与百姓日用结合起来，讲百姓之乐，重视社会生活中的喜怒哀乐，则进一步发挥了阳明对于“孔颜之乐”的解读。[②]

郭美华、陈昱哲以《大学》的政治哲学解读为中心，论述了朱熹和王阳明的不同诠释及二者对个体道德与普遍政治秩序的一体化和缺失，指出：在孔子之后，道德与政治的一体化倾向成为儒家哲学的一个显著特

①乐爱国：《王阳明“良知只在声色货利上用功”之内涵——兼与朱熹“仁义未尝不利”比较》，《江西社会科学》2021年第3期。

②乐爱国：《王阳明“乐是心之本体”与朱熹“唯仁故能乐”之比较》，《贵阳学院学报（社会科学版）》2021年第4期。

征，道德政治一体化意义上的内圣外王在《大学》中体现得尤其充分。《大学》的本质在于，将个体性道德与普遍性政治秩序视为本质一贯或本质一体之物，以“教”为中心，以修德—修身为手段，实现了教化—道德—政治的一体化。朱熹以天理为中心，将教化—道德—政治的一体化理解为普遍本质于个体道德与普遍政治的贯穿与一致；王阳明则以仁心感通为基础，将教化—道德—政治的一体化理解为个体道德与普遍政治甚至天地万物的浑然整体。尽管阳明克服了朱熹进路中道德个体向政治整体跨越的认知间断，以及教化—道德—政治一体化生存的起点或根源问题，但究其根本，二者一样恪守着个体道德与政治秩序的一体性，缺失了世界及其秩序的自在性与自然性，人类社会自身的自在性，他者的差异性和道德、教化与政治的彼此分界、相对独立，最终使得隐逸生存的可能性完全丧失。①陈代湘、李恩润比较了朱熹与王阳明对《大学》“亲民”诠释的不同，探讨了《大学》“新民、亲民”内涵的共通性，指出：朱熹与王阳明二人对同一字“亲”的不同解读折射出二人迥异的哲学理论和价值判断，同时也成了阳明对朱子学理论辩的关捩。阳明通过对朱子格物说、知行观、心与理关系的甄别展开了对朱子“新民”说的诘难，认为朱子以“新”言“亲”将导致他新自新的紧张、教民养民的失衡和格物诚意的抵牾。文章认为，阳明基于哲学建构的需要或自觉或不自觉地曲解、误读朱子，忽略了“亲民”与“新民”理论内部的共通性、交互性和一致性。②

王春梅从王阳明和朱熹对“子入太庙，每事问”的不同解释出发，探寻了阳明与朱子二人所理解的“天理”的不同，指出：朱熹和王阳明都认为孔子知“天理”，然而，他们二人对“子入太庙，每事问”却做出了不同的解释，即朱熹认为孔子是“知而问”，王阳明则认为孔子是“不知而问”。王阳明、朱熹二人之所以对同一件事做出了不同的解释，根源在

①郭美华、陈昱哲：《个体道德与普遍政治秩序的一体化及其缺失——〈大学〉的政治哲学解读》，《周易研究》2021年第1期。

②陈代湘、李恩润：《朱熹与王阳明诠释〈大学〉“新民、亲民”内涵的共通性》，《船山学刊》2021年第1期。

于二人对“天理”的理解不同，即朱熹理解的“天理”是事理、具体的礼节，王阳明理解的“天理”则是性理，性理并不是具体的礼节，而是形成和判断具体礼节的本源和标准。王氏认为朱子与阳明二人对“天理”的理解都存在一定的问题，朱子的理解会析心与理为二，导致道德无力，阳明的理解有局限于性理、局限于道德本源而忽视事理的倾向，如果落实不够，就会导致荡之于玄虚或参之于情识。①李洪卫比较研究了王阳明和朱熹的性气论和教化论，指出：在性气论上，王阳明从性、气一元立论，方法则是追寻自己的良知，依循良知行动即可，其核心是性与气、心与气的一体而不是二元，这与朱熹从性、气二元立论的性气论有巨大差异。在教育方式上，阳明是让儿童身心条茂畅达，歌、乐之欢畅，以乐习为上；音乐要从心中发出，做到精神宣畅，心气和平；具体到个体是各随分限，相机教化，愚者可教，贤者可成。而朱子强调理气对立，因此，除德性修养还有刑罚并重，以圣人规定为则。②

在心学内部的比较方面，马寄、陆永胜以王阳明的《稽山书院尊经阁记》和湛甘泉的《广德州儒学新建尊经阁记》为中心，分析了二者的经学诠释观之异同，揭示了明代心学的两种不同的经学诠释图式，指出：《稽山书院尊经阁记》《广德州儒学新建尊经阁记》分别撰于阳明、甘泉晚年，代表了阳明、甘泉各自晚年的经学诠释体系。阳明、甘泉同为明中叶心学大师，然二人心学思想体系并不一致，这直接导致二人经学诠释体系在大同之下有大异。其大同在于尊经即尊“心”，同属心学经学诠释；其大异在于二人经学诠释有着不同路径，即阳明经学诠释主旨是“六经之实则具于吾心”，六经只是本然“心体”之记籍，故六经文本在其经学诠释体系中处于可有可无的地位，而甘泉经学诠释主旨是“六经觉我者也”，唯有借助六经，方能发明本然之“心体”，故六经文本在其经学诠释体系

①王春梅：《朱熹、王阳明对天理的理解——从二人对“子入太庙，每事问”的解释来看》，《学术探索》2021年第3期。

②李洪卫：《阳明论变化气质及其教化论——兼及阳明与朱子教化方式的比较》，《国际儒学》2021年第3期。

中处于不可或缺的地位。文章认为：阳明、甘泉不同的心学经学诠释展现了明代两种不同的心学诠释图式，而相对于理学经学诠释，心学经学诠释有其独特的价值，即一是经所处的地位有所下降，二是经的诠释性格趋于明洁。[①]

在阳明学与西方文化的比较方面，卢盈华通过比较马克斯·舍勒与王阳明的思想，揭示了以王阳明为代表的儒家心学与舍勒现象学存在更紧密的亲和性，并指出：舍勒展示了情感与价值如何是先天的，价值级序在偏好行为中被给予，而价值呈现于价值级序中，在价值感受中被给予。透过心的本原活动，价值与感受相互预设并建立彼此。由此，有序的感受与无序的感受得到了区分。与舍勒思想类似，儒家心学肯定了这样的意向性结构：一方面是与天理对应的价值观（级序）与精神价值，另一方面是与本心良知对应的爱、偏好、价值感受。因此，在舍勒现象学视域下，一些王阳明的术语，如心、意、良知、物，及其与四句教的关联，能够得到更清晰的阐明。[②]帅萌比较了王阳明与海德格尔有关“良知”的理解，指出：王阳明的“良知论”与海德格尔的“良知呼唤”代表着对“良知”这一概念的两种不同理解方式，且在各自的哲学体系中，“良知”所处的地位和重要性都不同。王阳明的良知观念来源于孟子，是最高哲学范畴，是道德性本体，并通过知行合一实现“致良知”的目的。海德格尔的“良知”是一种“呼唤”，是对自然人本身的召唤，它的主要作用是将人的自身唤起进而打开“此在”，进入到各种可能性的通道。人是否有“良知”也更多的是反映思想上的差异。海德格尔哲学出于对现代危机的反思，主张回归人性本真状态；而王阳明之“良知”论的建立更是为恢复人的良知本性，重振理学精神，解决社会矛盾。整体看来，在二者的哲学体系中，“良知”所蕴含的道德性意味不同，两人对于“良知”的作用与重要性判定也有差

①马寄、陆永胜：《明代心学经学诠释观的两种图式——以王阳明、湛甘泉为中心》，《学术研究》2021年第10期。

②卢盈华：《马克斯·舍勒与王阳明思想中先天的价值与感受》，《齐鲁学刊》2021年第4期。

异，但是王阳明与海德格尔都是从生存、体悟的视角来探寻“良知”，就二者的共同旨归而言，均体现了对人性的深切关怀。[①]游柱然、胡英姿基于本体论和认识论的视角，对王阳明与杜威德育思想进行了比较研究，指出：一方面，王阳明与杜威在诸如良知与经验、致良知与工具主义等概念上差异明显；另一方面，两者在德育相关哲学内涵上又惊人相似，即都主张道德认知的主客一元、身心合一，反对知行分离；均强调人的主体精神，以人的体验感受为中心，反对绝对主义、权威主义；都注重情感与想象的作用及德育过程中的审美经验。文章认为：王阳明与杜威两人在德育方法上的独到之处如王阳明的直觉顿悟和杜威的科学探究，以及他们有关控制人欲望中的消极因素或利用其积极因素来推进道德学习的思路，对当前德育实践和教育改革均有较高的启迪意义。[②]易倩怡梳理了王阳明心学与普罗提诺灵魂学说，并对二者进行了对比研究，分析了二者之间的相似之处，指出：王阳明与普罗提诺是不同世纪不同地域的哲学家，他们的学说不谋而合都包含着“心”与“灵魂”的研究，都有一种神秘主义的色彩。阳明心学与西方宗教思想也有接近之处，而普罗提诺作为西方天主教哲学的起源，他们的学说有相似之处，如重视人的主体作用，用道德净化内心，讲求人人平等，追求人与自然和谐共生，否定全盘接收等。[③]索乐琪比较了马基雅维利与王阳明道德观的异同，指出：王阳明与马基雅维利共同认可现实中道德的践行与理想状态存在较大差距，其共通点有两点，一是对现实与理想差异的认可，二是对道德规范不可盲目遵守的认可。二人也存在诸多差异，主要为：王阳明认为道德规范可因事而异，马基雅维利认为道德规范不能变通；王阳明认为道德规范应该，且可能被彻底接受遵守，马基雅维利认为道德规范不能也不可能被全部遵守；王阳明认为道德

①帅萌：《王阳明与海德格尔“良知”比较》，《西部学刊》2021年第7期。

②游柱然、胡英姿：《王阳明与杜威德育思想比较研究：基于本体论和认识论的视角》，《绍兴文理学院学报（人文社会科学）》2021年第2期。

③易倩怡：《阳明心学与普罗提诺灵魂学说对比研究》，《经济研究导刊》2021年第2期。

观念是存在于个人内心的，马基雅维利认为道德观念是与外在道德规范相等同，不合人趋利避害本性的；王阳明认为道德自身具备意义，即可以为个人带来精神境界的提升，应在无人知晓时同样秉持，而马基雅维利认为道德自身不具意义，且不加以良好运用，不能带来外在利益，美德必须经他人认可才有存在价值。①

在阳明学与域外文化的比较方面，井上厚史、胡嘉明等以《大学》和《中庸》中重要概念的“诚”为切入点，围绕“天即理”“理”的能动性以及“心学”等概念，对朝鲜“退溪学”创始人李退溪和王阳明的思想中关于“诚”的解释之异同进行了分析比较，考察了二者思想的相同和相近之处，指出：李退溪对阳明心学是持批判态度的，但在心性论、工夫论等方面，也能看到两者有着密切联系之处。李退溪与王阳明都主张理的能动性，不过，对退溪来说最重要的“敬”，阳明在格物穷理与诚敬论中都完全予以了否定。另外，重视“诚”（诚意）的阳明将向“天”与“圣人”接近的可能极大化，提倡“满街都是圣人”。对此，重视居“敬”的退溪将向天与圣人接近的可能极小化，但主张“天人合一之妙”，两者的差异初看起来正好相反，实际上，都是以程明道的气一元论与程伊川的“一人之心即天地之心”为共同的基础，两者对心的理解非常接近。②

此外，吴光、张宏敏将共产党人的“心学”与阳明心学进行了比较，指出党性教育是共产党人修身养性的必修课，也是共产党人的“心学”，认为：王阳明及传统儒家“为天地立心，为生民立命，为往圣继绝学，为万世开太平”的“初心”，与共产党人“为中国人民谋幸福，为中华民族谋复兴”的“初心”有异曲同工之妙；王阳明生命历程的“百死千难”与共产党百年奋斗历程的“艰苦卓绝”、阳明心学的“明德亲民”与共产党

①索乐琪：《马基雅维利与王阳明道德观异同比较研究》，《今古文创》2021年第40期。

②[日]井上厚史：《李退溪的“诚”与王阳明的“诚”——以二人思想之异同为中心》，胡嘉明、孟红译，《贵州文史丛刊》2021年第2期。

人的“一切以人民为中心”有相当程度的契合性。①

八、阳明学与域外文化

阳明学在域外特别是日本、朝鲜半岛、西方世界的传播与影响，也是本年度阳明学研究的重要内容。欧阳祯人、张旭研究了日本当代著名的阳明学家冈田武彦对王阳明《大学》思想的诠释与发展，即分析了冈田武彦对王阳明《大学》观内在嬗变的理解、检讨与反思，并探究了冈田武彦基于王阳明《大学》观所做出的思想开拓，指出：冈田认为学问头脑的转变促成了王明阳《大学》观的思想变迁，但这与《大学》本旨是否相合却值得商榷。王阳明《大学》思想与冈田武彦晚年的身学说、“共生”理念之间存在着内在逻辑联系，“致知”说对冈田“致身”说的提出具有启迪意义，而“万物一体之仁”则为“共生理念”提供了思想资源。②欧阳祯人、陈微论述了日本近现代著名学者山井涌的阳明学研究，指出：山井涌细致分辨了阳明学与理、气哲学的内在关系，凸显了阳明心学以心统摄、涵化理与气的独特性；用哲学分析的方法解读了阳明学的核心命题，揭示出阳明学思想的多义性与整体性特征；提出“经世学风说”，讨论“空疏说”，力图在思想史脉络中梳理阳明学与清学的关系，并重新评判阳明学的价值。二者认为：山井涌结合哲学分析方法与思想史研究方法，从哲学形态、思想特征、明清思想转变三方面呈现了阳明学的面貌，其阳明学研究具有重要意义。③申绪璐对19世纪日本儒者佐藤一斋及其心学思想进行了探讨，通过研究佐藤一斋的生平、朱陆调和论以及心之思想，认为佐藤一斋是一位阳明学者，其根本思想为阳明学，指出：首先，佐藤一斋对于自己晚王阳明300年出生的巧合有清楚的认识并特别撰文纪念；其次，佐藤一斋的《言志四录》中强调朱陆调和，在官方学问为朱子学的江户社

①吴光、张宏敏：《论共产党人的“心学”：一个阳明学的视角》，《贵阳学院学报（社会科学版）》2021年第3期。

②欧阳祯人、张旭：《冈田武彦对王阳明〈大学〉观的阐释与发展》，《孔子研究》2021年第3期。

③欧阳祯人、陈微：《论山井涌的阳明学研究》，《周易研究》2021年第3期。

会背景中，为陆九渊、王阳明的心学思想辩护，表明了其心学倾向；再次，佐藤一斋提出心即天、心之灵光、天心流注等说法，表明其思想与阳明学一致。认为虽然佐藤一斋不是激进的阳明学者，但其基本观念和思想无不源于心学，而由于佐藤一斋长期主持幕府最高学府昌平坂学问所，对于江户后期儒学思想的发展具有重要影响，因此，可以说他推动了阳明学在江户社会的中兴。[①]李亚结合史学和思想史学的方法，考察了梁启超对近代日本阳明学的诠释和借鉴，具体从梁启超诠释阳明学与维新精神的内在联系、诠释的思想来源、以及诠释对梁启超利用阳明学“新民”产生的具体影响等三个方面进行了研究，指出流亡日本后的梁启超在明治阳明学的启发下，开始主张阳明学“支流超渡东海，遂成日本维新之治”，并以“尚武”和“至诚”为关键词诠释了这一观点。李氏认为：梁启超受到井上哲次郎为代表的明治阳明学和中国传统阳明学素养的双重影响，开始利用阳明学培养具有“尚武”精神的“至诚”爱国的“新民”。梁启超在借鉴近代日本阳明学的经验时，无论在对阳明学“成日本维新之治”的诠释方面，还是利用阳明学培养中国“新民”的思想路径方面都富有“主体性”。[②]

李伟分析了朝鲜性理学“栗谷”学派的创始人李栗谷对王阳明“心学”思想的融合发展，认为：李栗谷思想兼容并取，不墨守所谓的正统性理学，细究其理论学说，可以看出其对王阳明“心学”有深入研究和融合继承的痕迹，具有极其丰富的“心学”内涵。李指出：李栗谷思想中的“道本于心”“至善与中”及“知行并进”等理论，与王阳明“心学”理论体系中的“心即理”“致良知”及“知行合一”思想相当契合，具有十分明显的融合与传承王阳明“心学”之特征。李栗谷在继承发展朱子学的同时也在主动吸收王阳明“心学”的思想成果，使得其理论学说更加丰盈

①申绪璐:《佐藤一斋及其心学思想》,《孔学堂》2021年第2期。

②李亚:《梁启超对日本阳明学的诠释和借鉴》,《贵州文史丛刊》2021年第3期。

饱满，也为后期王阳明“心学”思想的广泛传播奠定了一个坚实的基础。[①]

石丽荣从译介传播、哲学思想、理论研究三个层面梳理了阳明学在西方学界的传播轨迹，指出：在译介传播方面，阳明学在西方宗教思想的影响下被翻译成诸多版本；在哲学思想方面，“致良知”“知行合一”等概念的争论显示出西方学界对阳明学日渐深入的思考与认识趋势；在理论视角方面，从比较哲学、现象学、历史学等视角多维度、立体化审视阳明学思想，逐渐提高了阳明学的研究水平。阳明学在西方的译介、思想与理论研究显示了它在英语语言文化语境下内在张力与思想活力。[②]吴文南研究了王阳明《传习录》中的哲学术语英译情况，即以“传习录”“心即理”“道心”“知行合一”“格物”和“致良知”这几个中国哲学术语文化负载词为例，对亨克、陈荣捷和艾文贺的《传习录》的英译进行了比较分析，探究了不同译者的英译侧重点和取舍，以及直译、意译、音译和评注各种翻译策略的动态选择，指出：《传习录》的英译过程也是阳明学在英语世界的阐释、传播和接受的过程，而这种英译比较分析，则有助于更好地理解中国哲学术语的内蕴，有助于更好地推动阳明心学的对外翻译、传播和研究。[③]潘松、文炳以亨克对阳明学的译介与诠释为中心，探讨了阳明学在美国的早期传播，指出：在早期的美国来华传教士与外交官对王阳明思想的零星翻译和介绍之后，美国学者亨克编译的《王阳明的哲学》发挥了承前启后的重要作用，使得美国的阳明心学研究逐渐向专业化和学术化的方向发展；但是学界对亨克译本存在不少批评和争论。有批评亨克对“良知”“心”等王阳明思想中核心概念的翻译把握不准的，有批评他没有统一翻译“体”“用”、误译“工夫”的，而从这些批评中，可探知阳明心学在美国传播中面临着的术语选择和哲学阐释方面的困难。也有文

①李伟：《李栗谷对王阳明“心学”思想之融合性传承》，《宁波大学学报（人文科学版）》2021年第2期。

②石丽荣：《阳明学在西方的译介、思想与理论研究》，《内蒙古师范大学学报（哲学社会科学版）》2021年第2期。

③吴文南：《王阳明〈传习录〉中的哲学术语英译研究》，《龙岩学院学报》2021年第4期。

持亨克的翻译的，认为其开拓了西方了解中国哲学的新局面，瑕不掩瑜，从这种评价中，可探知其在推动阳明心学海外传播过程中的开拓性价值之所在。[①]美国夏威夷大学资深教授成中英先生论述了自20世纪五六十年代以来北美阳明学的发展，指出了陈荣捷在译介阳明学上的贡献与不足，尤其是在翻译和把握阳明学基本概念中存在的问题。认为北美学者通过中西和古今的比较来理解阳明思想，能够带来新意。阳明学在北美不仅是传播与发展，还有中西比较视域下义理的澄清问题，在中西会通的基础上，成中英先生就如何在英语世界来把握“心”“良知”“气”“心即理”，以及阳明学和朱子学在北美发展的关系问题，成圣与学以成人的联系和差异问题进行了分析。[②]杨春蕾、科布杰夫论述了阳明学在俄罗斯不同社会意识形态下的传播轨迹和认识流变，指出：王阳明和阳明学从苏联“走到”俄罗斯，在不同社会意识形态转换的历史维度中，历经贬损和赞誉，经历了从斯大林时期“大恐怖”环境下的“代表反动势力的极端主观唯心主义”，至赫鲁晓夫“解冻”时期的“中国哲学家的杰出代表”，到70年代末“冰消雪融”时期的“主观自然主义和主观唯物主义之争”，和苏联解体后“百花齐放”时期的“主观自然主义”的定论。[③]

除以上学者的研究之外，黄勇通过借鉴阳明的洞见，探讨了当代西方学者索萨（Ernest Sosa）的“完好之知”，指出：索萨讨论了两个关于知识本性和知识价值的柏拉图问题，但知识不仅还涉及索萨所没有讨论的第三个柏拉图问题，而且离开了这第三个柏拉图问题，索萨所讨论的前两个柏拉图问题也不能得到真正的解决。这第三个柏拉图问题即知识的影响问题，即一个人的知识是否具有内在驱动作用。索萨没有讨论这个问题，而由索萨所讲的认知能力所产生的完好适切的道德信念并不具有道德上的动

①潘松、文炳：《阳明学在美国的早期传播：论亨克对阳明学的译介与诠释》，《浙江学刊》2021年第2期。

②［美］成中英、潘松：《成中英先生谈阳明学在北美》，《吉林师范大学学报（人文社会科学版）》2021年第1期。

③杨春蕾、［俄］科布杰夫：《阳明学在俄罗斯不同社会意识形态下的传播轨迹——从主观唯心主义到主观自然主义的认知流变》，《浙江学刊》2021年第2期。

力。索萨意义上的知者并不具有完好之知，因为他的知识并没有引发他做出相应的行动。黄氏认为，在解决第三个柏拉图问题上，王阳明的良知说具有巨大的借鉴意义，值得我们（包括索萨）注意。①

九、阳明学与宋明理学及儒学

将阳明学置于整个宋明理学乃至中国儒学发展史的视域进行研究，可以从不同角度共同展示阳明学的思想内容和理论特质。胡水君从儒家学脉的角度审视了王阳明及其学说，指出：理解王阳明，关键不在于其世俗功业，而在于其人对道的觉悟，以及其学说对道体的阐释。阳明学，重新开启孔孟学说的心性要旨，在根本上是关于道体的学问，其内容皆可从孔孟和儒家经典那里找到渊源，是地道的儒学。王阳明从道或圣的角度看待孔孟，也从道的角度理解和阐释儒家经典，认定儒学是关于道体并让人觉知道体的学问。基于道的立场审视，可看到从尧舜，到周文，到孔孟，到周程，再到陆王的传承以及由此形成的道的系统。这是中国文化的主流，也是儒释道三家共通的根本所在。处在这样一个道的系统中的王阳明，是中国历史上罕有的实见道体之人，也是道的实践者和传承者。胡氏认为在21世纪，只有这样一种道的文明在中国，在亚洲，在东方，乃至在全球重新兴起，才可以说“王阳明的世纪”真正到来了。②蔡杰围绕朱熹与湖湘学派工夫论论争，考察了元明以来儒者，尤其是王阳明对“察识”与“涵养”工夫先后问题的消化与处理，指出：胡宏确立湖湘学派“先察识后存养”的工夫进路，朱熹则批评其缺少一段未发涵养工夫，两派互讥流于释家。而张栻在与朱熹的辩论当中，对两派进行了调和与综合，促使“涵养—察识—存养”三段工夫的处理方案得以确立。对于湖湘学派与朱子学派的工夫论争，元明两代的儒者基本只是以自己的方式，作出对察识涵养工夫的

①黄勇、崔雅琴：《索萨的“完好之知”还不完好？——王阳明的良知与第三个柏拉图问题》，《华东师范大学学报（哲学社会科学版）》2021年第5期。

②胡水君：《儒家学脉中的王阳明》，《学术界》2021年第3期。

理解，引入知行概念，对察识涵养工夫进行定性，提出“察识属知，扩充属行”。而知行概念的引进，为阳明心学对上述问题的解决提供了理论铺垫。随着时代发展，知行的概念范畴发生变化，明儒的“知”出现本体化的倾向，而宋儒的“知”则统统归于明儒的“行”的范畴之中。在“体用一源”的理论基础上，王阳明提出“知行合一”与“未发已发合一”的观点，将宋儒支离的“涵养—察识—存养”三段工夫进行融合与消解，并统合于“致良知”的目的之中。从而，识仁与为仁成为一体，未发已发之工夫进路的反向问题也得到了解决。[①]王凯、成积春从制度与文化视角切入，对晚明阳明心学的“狂禅化”历程及其动因等相关问题进行了探究，论述了专制制度下儒家的突围与失落，指出：明初，宰相制度废除，皇权空前加强，由此导致制度变迁的停滞与僵化。在明代专制制度下，文化内卷，儒家文化的革命精神遭到了扼杀，彻底沦为专制统治的工具。而阳明心学及其狂禅化进路则是一场儒家文化的自我革命，是儒家革命真精神的体现，然而这却是专制制度不能容忍的，后来其向民间社会发展，希望通过“下行路线”，即依靠民间社会资源的支持来与专制制度支持的程朱理学争夺文化权力，这在专制权力支配的传统社会也是无法实现的。二者认为：阳明心学及其后学的文化革命过于空谈心性，并没有处理好儒家义利之辩等问题，且矫枉过正，最终流于泛道德主义的空谈。[②]

吴祖松围绕明代中后期儒学面对的“四句教”争论问题，探讨了明代大儒、阳明好友湛甘泉的回应，指出：湛甘泉多次对王阳明“四句教”及相关内容予以回应并作出了系统性改写，形成了“甘泉四句”。吴氏认为：湛甘泉、王阳明虽然都肯定了心体的无滞性，但甘泉更坚持心体的实有性、至善性和持续发用性，对“四句教”容易引起本体虚空化、价值虚

①蔡杰：《以知统行，察养合一——“察识”“涵养”工夫论争的突破与统合》，《吉林师范大学学报（人文社会科学版）》2021年第1期。

②王凯、成积春：《儒家的突围与失落：阳明心学之发生及其狂禅化问题探究——以制度与文化为视角》，《学术探索》2021年第8期。

无化及流入佛老等风险有高度警觉。甘泉的改写避免了对首句的误读及歧义的发生，维护了儒家的立场，但对人向上一机的激励和诱导作用弱化了。阳明着重从理上讲“知善知恶”是良知的性能，而甘泉强调良知本有不代表良知现成，良知的自然发用在现实层面不一定能充分实现，必须要有“达”的工夫，“知善知恶”一路扩充就是“达”也就是“致”，所以甘泉合讲后两句，替阳明补上了“致良知”的宗旨，彰显了本体与工夫合一之义。另外，甘泉反对阳明释“格物”为“正念头”，认为“格物”是一切工夫，落实于意心身家国天下，并非“为善去恶”所能涵盖，而第三句“心之神”的提出指明了道德实践的依据和动力，建立起与前两句的内在联系。“甘泉四句”实为一个义理浑沦的理论体系。[①]张亦辰以《当下绎》为中心，研究了东林党人顾宪成对阳明学良知当下论的改造，指出：在阳明学理论中，良知当下呈现须以良知当下存在为本体论预设，这一预设指明良知是心体本有而现成存在的。东林党人顾宪成敏锐地意识到“当下”问题的重要性，故特意撰述《当下绎》，对当下论既有基本认同，也注意到这一理论由于过分强调本体的当下性、现成性而有脱略工夫的危险。他运用朱子学心性二分的思维模式，提出了“性矩”说，以性体取代良知心体的地位，对“合下”性体与“当下”工夫作了区隔，认为当下工夫须置于合下性体的前提下，以此减弱当下的本体义而强化当下的工夫义。顾宪成重建了以性体为宗的“性宗”思想，为明清之际由王学向朱学复归的思想转向埋下了伏笔。[②]黄黎星、唐君涵探析了明代名宦吴文华与王阳明心学的关系，指出：吴文华生活的时代，恰是王阳明心学传播、盛行的时代，而从其著作《济美堂集》的相关文章中也能看出吴文华崇敬程朱的理学传统，但亦敬仰王阳明其人，服膺王阳明心学，对王阳明心学进行了阐释和彰扬。吴文华与刘津、许孚远等阳明学传人交往颇多，而在

①吴祖松：《论“甘泉四句”——湛甘泉对王阳明“四句教”的改造》，《哲学研究》2021年第6期。

②张亦辰：《顾宪成对阳明学良知当下论的改造——以〈当下绎〉为中心》，《中国哲学史》2021年第4期。

其论学阐理的几篇文章中，吴文华对王阳明心学进行了融通与阐发，如将孔孟之语、程子之解与王阳明心学相融通、对“人人自有良心”奥义的阐发、对“君子矜而不争”的思辨阐释等，这都体现了吴文华对王阳明心学的赞同与彰扬。[①]

郑泽绵以“诚意”为中心，揭示了从朱子到阳明的哲学史过渡的内在逻辑，提出了一种新的从理学到心学的哲学史叙事方式，指出：朱子与阳明最大的分歧不在于理的来源是在内还是在外，而在于如何确证自己的道德信念为真，如何确认自己的道德动机是纯粹而无自欺的，即“诚意”问题。朱子学与阳明学虽然对立，但是共同属于整个宋明理学的“古大陆”，其中心并非朱子的“格物”，亦非王阳明的“致良知”，而是“诚意”问题，它才是促进朱子与王阳明思想发展的真正核心。因此，对于从朱子学向阳明学的哲学史转化，传统的叙事方式便存在很大问题。传统叙事常以阳明的“格竹子”故事为核心，围绕朱子与阳明的“格物”训释之别展开。这个叙事过于片面化、简单化了双方的思想，且容易引起误解。而以“诚意”为中心来考察，以意念真诚的达成途径、自欺的发生机制等论题为核心，可以揭示朱子晚年修改《大学》“诚意章”注的哲学史意义，而王阳明的“知行合一”是对朱子“诚意”问题的回应，其“致良知”是对该问题的最终解决。这种新的“诚意叙事”揭示了从朱子到王阳明之哲学史过渡的内在逻辑，不仅能兼容传统的“格物叙事”，还能凸显朱子与王阳明的核心关切，更具有解释效力。[②]邱维平、徐涓从王阳明对朱子本人、朱子学和训诂、记诵、词章和功利等“四学”的态度层面，剖析了朱王之间的思想渊源问题，指出：王阳明心学乃是对朱子理学推陈出新的结果，阳明对朱子及其学说的态度并非是单纯地尊崇或批判，而是较为复杂，充满张力的。对朱子，王阳明心怀感恩与敬佩之情，但又对其进行

①黄黎星、唐君涵：《明代名宦吴文华与王阳明心学关系探析》，《闽江学院学报》2021年第3期。

②郑泽绵：《从朱熹的“诚意”难题到王阳明的“知行合一”——重构从理学到心学的哲学史叙事》，《哲学动态》2021年第2期。

了去圣化的评价与定位；对朱子学，王阳明并不否认自身学说与其之间的承续性，但在探索圣人之路的过程中，他最终与朱子学分道扬镳，逐步构建起自己的心学思想体系；对训诂、记诵、词章和功利之学等“四学”泛滥之危机，王阳明作了严厉批判，认为虽然不能将责任直接归之于朱子，但亦反复申明危机的根源来自“学术之不明”，而朱子学“言之太详、析之太精”等弊病正是导致学术不明的原因之一。大体上，王阳明对朱子学说的态度，经历了从“照着讲”到“接着讲”乃至最终“自己讲”的过程，形成了独具特色的良知学说。①吴仲煜通过分析朱熹和王阳明对“格物致知”的不同注解，探讨了程朱理学与陆王心学之间的分歧。②

除此之外，赵嫦以王阳明、张载造化思想为例，论述了传统哲学中的“造化”之实在性，指出：在王阳明看来，“良知是造化的精灵”，“造化”以神、以化予良知，良知是造化之根上开出的精灵之花，造化“生生与灵觉”的实在使良知虚性下落，良知心体中“气”的面向反证了造化的实然；张载之“造化”，以“易”道义理的引取，其天地之心、太虚大化的主宰性意象，因“先识造化”的创生次序及入德之途将生生之“易”的神性拉近，正向凸显了其“气”象直接性的实在。王阳明、张载“造化”思想超越性地分别反补与加深了各自心、气本体的原有指向，即良知气向、气之实向，以此，本体义上的造化之实有，亦得以彰显。③

十、阳明学的现当代研究

以现代思想家和现代性的视角研究阳明学，是阳明学研究的重要维度，可以凸显阳明学的现代价值和对现代思想的影响，促进阳明学的创造性转化和创新性发展，具有重要的意义。秦晋楠研究了瑞士现象学家耿宁

①邱维平、徐涓：《王阳明论朱子、朱子学与“四学”》，《福建江夏学院学报》2021年第3期。

②吴仲煜：《浅析程朱理学与陆王心学之分歧》，《文学教育（下）》2021年第2期。

③赵嫦：《论“造化”的实在性——以王阳明、张载造化思想为例》，《贵阳学院学报（社会科学版）》2021年第5期。

（Iso Kern）对王阳明“良知”概念的分析，认为：耿宁通过“自知”“道德自身意识”对良知的诠释在展示出了创造性的同时，也揭示着阳明良知学说与耿宁现象学背景下的道德学说之间微妙又深刻的裂隙。通过对耿宁道德自身意识理论的分析，秦氏指出了耿宁的诠释与阳明的良知学说之间存在着的三方面差异，具体体现在耿宁对自然、本体和本能三个概念的诠释之上，而这些差异则揭示了耿宁的诠释与阳明学对道德问题的两点方向性不同，即耿宁的诠释独有的特色：由道德呈报主体；自然的非道德性、反道德性。[①]路传颂就王阳明“良知”概念的解读问题，向郁振华、黄勇二人提出了商榷，指出：近年来，受到分析哲学家吉尔伯特·赖尔区分命题知识（knowing-that）和能力知识（knowing-how）的启发，郁振华等学者用能力知识概念解释王阳明的良知，而黄勇则将良知与能力知识置于当代元伦理学领域关于动机的休谟主义和反休谟主义之争的视野下，认为良知既非命题知识，也非能力知识，而是包含两者但又有别于两者的动力之知。路认为，二人的解释都违背了王阳明“知行合一”的宗旨，都认为道德命题知识不具有实践能动性，而王阳明的“良知”具有实践性，因此“良知”不是命题知识。二人分别把王阳明的“良知”诠释为能力之知和动力之知，但如此一来，“知而不行”就只是一种认知缺陷，而不是道德缺陷，即只具有道德命题知识，而没有实践性道德知识；要做到“知行合一”，道德主体要在命题知识的基础上“别立个心”以获得实践性道德知识。道德能力之知与道德动力之知的概念也抹杀了信念与知识的分别，因此许多能够用“道德信念”解释的道德现象，是道德能力之知和道德动力之知难以解释的。[②]

马寄、毕天航以“乙丑之悟”为主线，对陈白沙、王阳明之间的关系进行了检讨，对束景南《阳明大传：“心”的救赎之路》中的白沙、阳

①秦晋楠：《再论阳明学中良知的道德自身意识问题——以耿宁对王阳明“三个良知概念”的划分为中心》，《道德与文明》2021年第5期。

②路传颂：《良知既非能力之知亦非动力之知——与郁振华、黄勇商榷》，《文史哲》2021年第6期。

明一脉相承的观点提出了异议，指出：束景南的白沙、阳明一脉相承观点是建基于其新见“乙丑之悟”之上的，然而，束氏的“乙丑之悟”之说存在着三个罅漏，致使白沙、阳明一脉相承的关系存在疑问，其次，依据乙丑年及此前一段时间阳明话语，阳明思想是回归儒家，而非白沙心学。最后，束氏所论证的乙丑年阳明接受了白沙“心法”——“默坐澄心，体认天理”，也存在问题，因为“默坐澄心，体认天理”并非白沙“心法”。①

赵连越以解读牟宗三的“良知坎陷”与王阳明的“心外无物”为中心，论述了牟宗三对王阳明《传习录》“南镇看花”章的现代诠释，指出：牟宗三对阳明学的诠释是现代性的，又是忠实客观的，他虽未直接用“良知坎陷”解决阳明“南镇看花”中所遗留的心外如何无物之难题，但是“良知自持其自己可观物之实相，良知坎陷其自己而可观物之现象”之思想客观地回答了现象物如何不离吾之良知而存在的问题，且牟先生的诠释紧扣孔孟“道德实践”之实践哲学体系，不离儒家所言良知本心纵贯创生万物之大传统，如此可还儒家“超越之本心”与阳明“心外无物”以客观面貌。赵氏在“照着讲”牟宗三“良知坎陷”之思想上有所扩充，以“良知坎陷”为纲骨讨论了“心外无物”：先是讨论了“心外无物”中“心”之本意，客观地还原了阳明“心外无物”之“心”的本来面目；其次，疏解了“岩中花树”等现象界之存在物之存在性的问题，客观地还原了阳明“心外无物”之“物”的本来面目；最后，分析了牟宗三“良知坎陷”理论本身，从而沟通“心”与“物”两者。②

王金凤以“知行合一”命题的诠释为例，思考了马克思主义中国化语境下诠释传统文化的方法论问题，指出：面对传统文化，马克思主义中国化与中国哲学给出“批判地继承”与“同情之了解”两种价值预

①马寄、毕天航：《王阳明是否与陈白沙一脉相承？——对束景南〈阳明大传：“心”的救赎之路〉“乙丑之悟”的检讨》，《五邑大学学报（社会科学版）》2021年第1期。

②赵连越：《“良知坎陷”与“心外无物”——论牟宗三对王阳明〈传习录〉“南镇看花”章的现代诠释》，《西安石油大学学报（社会科学版）》2021年第2期。

设，相应地形成诠释进路的差异。在王阳明的“知行合一”命题的诠释上，在马克思主义中国化语境下被解读为认识与实践的合一，其理论来源是马克思主义实践论；在中国哲学语境中则涉及道德知识何以可能与如何转化为道德行动的儒家认识论与道德哲学。而两种语境下的诠释虽有差异，但也存在“互通”的可能，不过，前提是进行认真的文本和历史研究。总之，在马克思主义中国化语境下诠释中国传统思想，需要尊重传统文化的根源性预设，如此才能真正地体现中国特征、讲好中国话语。①

此外，朱莎莎探析了熊十力对阳明心学的继承和发展，指出：熊十力的心学思想以陆王心学为理论基础，融摄儒释，兼采中西，受王阳明和王夫之的影响最巨，并结合当时民主与科学的时代主题，构建了其新的理论体系，对阳明心学的本心论、良知说、工夫论等都进行了继承和现代意义上的发展。②

十一、阳明学的当代价值研究

立足当前的时代课题和现实需要，挖掘、吸取王阳明思想的精华，对其进行创新解读和继承发展，实现其意义与价值的现实转换，是阳明学研究中的一项重要课题。本年度，在阳明学的当代价值研究上，探讨较多的是阳明学对现代教育的价值，尤其是“知行合一”思想对大学生思政教育的借鉴意义。

梁圆基于王阳明心学的核心思想，以教师、学生、其他职业工作者三个群体为对象，探讨了王阳明心学的当代教育意义，认为：王阳明心学在当下的一个最大功效就是起到安定作用，可以解放我们的内心，使我们的内心摆脱浮躁，帮助我们找到内心的光明。通过“心即理”，可塑造人生

①王金凤：《“知行合一”的两种语境及其互通——基于马克思主义中国化与中国哲学的探讨》，《贵阳学院学报（社会科学版）》2021年第5期。

②朱莎莎：《熊十力对阳明心学的继承和发展》，《汉字文化》2021年第15期。

的气象，奠定人生的格局；通过“知行合一”，可塑造人生的智慧，追求人生的至高点；通过“致良知”，可构建人生的境界，达到人生的最终归宿。[①]吴兴志也探讨了阳明心学的当代教育意义，即基于王阳明的著作，论述并分析了“无善无恶心之体，有善有恶意之动，知善知恶是良知，为善去恶是格物”的四句教，从而得出四句教的意义，即致良知。梁指出：四句教首先是对于本心的解释与认知；其次明确善恶是意念层面上的用词；然后是良知的功能特征，即区分善恶；最后就是做大人的功夫论，为善去恶。四句教围绕着善恶和良知做出阐述，让人们对阳明心学有一定的了解，但还需要在事上磨炼，在实践中才能真正地体察到真理。认为实践才是真知是王阳明心学对于当代人们的教育意义。[②]

邬红波论述了王阳明“知行合一”思想对大学生思政教育的借鉴意义，通过对王阳明“知行合一”思想的内涵解读以及当下大学生思想政治教育工作的困境分析，认为：王阳明的“知行合一”思想蕴含着非常丰富的哲学智慧，对新时代高校思想政治教育工作有着深刻的意义，对学生“知而不行”“行非真知”等“知行脱节”的问题不无启示，有利于大学生树立正确的人生观、世界观和价值观，改善行知脱节，为他们在社会实践遇到困难与问题时提供解决思路。[③]杨洪玲以“知行合一”为中心，论述了阳明心学对大学生思想政治教育的启示，指出：“知行合一”有利于推动高校思想政治教育多元化教学实践、有助于强化高校思政教育实践教学能力，分析了“知行合一”教育理念在高校思政教育体系中应用的困境及其教学现状，并探讨了基于“知行合一”教育理念的高校大学生思政教育工作科学化开展策略。[④]史余强、蒋福军也论述了阳明心学对高职生思想政治教育的启示，指出：明朝著名哲学家、教育家王阳明的心学蕴含着能够

①梁圆：《论王阳明心学当代教育意义——基于王阳明心学的核心思想》，《汉字文化》2021年第4期。

②吴兴志：《论王阳明心学的当代教育意义》，《汉字文化》2021年第6期。

③邬红波：《“知行合一”视阈下的大学生思政教育探究》，《浙江工商职业技术学院学报》2021年第1期。

④杨洪玲：《“知行合一”思想对大学生思想政治教育的启示》，《黑龙江教师发展学院学报》2021年第6期。

释放巨大能量的思想政治教育宝藏，对当下高职生的思想政治教育有很大的启示意义。二者认为：高职院校教师，尤其是从事思想政治教育的教师可用阳明心学的立志理论引导高职生志存高远，坚定理想信念，用其知行合一思想引导高职生在强化学习与身体力行中淬炼思想政治修养，用其省察克治理论引导高职生自省、自警，提升思想政治境界。①林远洲探讨了阳明心学教育思想，尤其是“知行合一”思想对新时代大学生思政教育实践的启示，指出：“知行合一”思想对解决新时代大学生思想政治教育面临的问题具有重要的启示意义，即针对当前大学生群体中出现的理想信念缺失、眼高手低的现象，注重王阳明“知行合一”思想在新时代高校思政教育实践中的运用，通过实施大学生思想政治主题教育，开展形式多样的实践教育活动，可培养心中有良知、行为有担当的新时代大学生；针对当前大学生群体中出现的个人主义蔓延、规矩意识淡薄的现象，可借鉴王阳明“知行合一”思想实践成果《南赣乡约》带给我们的启示，制定家规家训，构建校园“家”文化，树立规则意识，实施社会主义公民法治教育，促进高校思想政治教育创新实践。而培养心中有良知、行为有担当的新时代大学生，重拾家规价值，构建校园“家”文化，实施社会主义公民法治教育，是进一步学习贯彻落实党的十九大精神以及全国高校思想政治工作会议、全国教育大会和学校思想政治理论课教师座谈会精神，紧紧围绕落实立德树人根本任务、创造性地做好高校思想政治工作的有效途径。②陈慧枫从王阳明“知行合一”思想视角，探讨了阳明学对新时代高职院校劳动教育的启示，指出王阳明“知行合一”思想与新时代劳动教育有诸多的价值契合，即“知行合一”是新时代劳动教育的应有之意，为新时代劳动教育提供科学的方法，劳动教育均是社会主义核心价值观的具体体现，研究了如何用“知行合一”思想将新时代劳动教育“知、情、意、行”目标落

①史余强、蒋福军：《论王阳明心学对高职生思想政治教育的启示》，《和田师范专科学校学报》2021年第1期。

②林远洲：《王阳明“知行合一”思想对新时代大学生思政教育实践的启示》，《教育教学论坛》2021年第44期。

到实处。[①]姚志明从文化自信视域下论述了阳明思想融入大学生创新创业教育的意义，并对阳明思想融入大学生创新创业教育体系的策略进行了分析，指出："心即理"能够强化大学生创新创业道德教育，建立高尚稳定的价值观；"立志求是"能够启示大学生创新创业教育理想信念，树立正确的志向；"知行合一"能够指导大学生创新创业教育实践性，达到学以致用的目的。希望通过这种研究启发当下大学生创新创业的变革，推动其与传统文化的有机结合。[②]袁轩探讨了王阳明的"知行合一"思想对高校思想教育工作的巨大启发意义，认为这种启发就是思想教育工作不能偏重公共知识的灌输，而应将公共知识与个人知识同等看待，使每一个学生都能够形成自己独有的个人知识。[③]

汤铎原强调了王阳明实学教育思想对高职院校办学所具有的重要意义，并以浙江工业职业技术学院为具体案例进行了研讨，指出：王阳明实学中的教育思想具有三大内涵特征，即教育目的的实体性、教育内容的实用性、教育方法的实践性。汤认为：王阳明实学中的教育思想与高职院校办学耦合的关键点有三个方面，一是王阳明实学教育思想为高职人才培养目标的实现路径提供理论指导，二是与高职立德树人根本任务具有内在一致性，三是对高职"三教改革"具有重要启示。探讨了从环境打造、顶层设计、效果评价三个维度构建王阳明实学中的教育思想融入高职办学的基本路径。[④]

滕杰、何兴超等研究了王阳明的"知行合一"理论思想对当代茶文化繁荣与发展所具有的重要理论和实践价值，全面介绍了王阳明"知行合一"的思想内容和中国茶文化的精神内涵，主张以"知行合一"的思想为指导，探究我国茶文化"知"与"行"的教育教学问题所在，认为："知

①陈慧枫：《高职院校新时代劳动教育的价值与路径探究——基于王阳明"知行合一"思想视角》，《现代交际》2021年第7期。

②姚志明：《文化自信视域下阳明思想融入大学生创新创业教育研究》，《文化产业》2021年第5期。

③袁轩：《用"知行合一"思想将公共知识转化为个人知识探析》，《延边教育学院学报》2021年第1期。

④汤铎原：《王阳明实学思想融入高职院校办学研究》，《大庆社会科学》2021年第4期。

行合一”的理论思想赋予了中国茶文化丰富的哲学内涵和强劲的生命力，为茶文化的发展与传播提供一种创新的思路策略。[①]

张黎分析了王阳明知行思想的价值启示，指出：针对明中叶知行严重脱节的社会现象，王阳明创新性地提出了“知行合一”，力求纠正知而不行的问题。知行思想是阳明心学的重要内容，在当下有着重要的现实意义，即对弘扬传统文化、加强道德建设、倡导学用结合、增强文化自信、解决现实问题具有积极启示。[②]

华建新论述了王阳明军政伦理思想与社会治理的当代价值，指出：王阳明的“军政伦理思想”是其对心学思想长期探索的必然结果，亦是其在治理地方实践中创造性转化的思想结晶。阳明的“军政伦理思想”体现了其对社会治理基本规律的认识，即以“开显良知”为治理的根本准则，这与现代社会的治理原则有着共通之处，符合广大人民群众的根本利益。华氏认为：阳明的“军政伦理思想”其特质是直指人的道德世界，凸显人的主体性，是生成性、内化性和自律性的。在社会治理中要坚守开显良知、明德亲民、尊重人格、攻心为上、觉明行道、民生为重、化俗为礼、文教化育等原则，标本兼治，以“正心诚意”“破心中贼”为切入点，将“知行合一”“致良知”和“万物一体”的心学思想融化在治理过程之中，即通过引导社会成员人心向善、风俗纯美，以建立诚信的、和谐有序的理想社会，对当代社会治理亦具有不可低估的现实价值。[③]

孙双华论述了王阳明的“良知说”对罪犯教育改造工作的启示意义，指出：“良知说”中的“良知观”主张良知具有普遍性和坚韧性，能够激发人向善的主体意识，这能够为引导罪犯去恶从善提供学理依据；“良知说”中的“致良知”所要求的修身之道和教化治理方法，则能够为罪犯教

①滕杰、何兴超、刘洋：《“知行合一”思维下茶文化的教学模式探究》，《福建茶叶》2021年第10期。

②张黎：《浅析王阳明知行思想的价值启示》，《西部学刊》2021年第10期。

③华建新：《王阳明军政伦理思想与社会治理的当代价值》，《贵阳学院学报（社会科学版）》2021年第1期。

育提供可资借鉴的指导。孙认为，以王阳明的“良知说”为理论引导，以“致良知”的自我涵养方法和教化之道为实践指南，可以在罪犯认罪悔罪、罪犯分类教育和罪犯自我教育等方面，统筹构建以“致良知”为核心的罪犯教育改造体系，能够对实现罪犯改造宗旨有所助益。①

吴强、彭佳慧从“文旅融合”视域下分析了王阳明赣州诗的旅游价值并探讨了这些旅游资源转化的途径，指出：王阳明在赣州活动期间，创作了数量较多的诗歌。这些诗歌不仅文辞优美，而且包含了王阳明所见的赣州景观和民风、王阳明主要从事的活动、诗歌中对传统文化的继承以及他的心学体悟等要素，这些要素对于研究阳明文学与旅游的融合有着重要作用。作者进一步从王阳明赣州诗的整理情况、文旅要素解构和转化途径三个方面探讨了王阳明赣州诗的旅游资源转化问题，为赣州阳明文化旅游的发展提供参考。②

方尔加探讨了阳明“心学”对构建共产党人的“心学”的积极意义，通过结合实际，解析了王阳明“心外无理，心外无物”的真实含义。本文认为“心外无理，心外无物”是人在实践中形成的一种心物良性互动精神境界，而打造共产党员的心学，提高共产党员的道德修养，锤炼共产党员为人民服务的能力，需要这一境界。方氏指出：将中国古代哲学研究与共产党员的素质提高深度结合，是构建共产党员“心学”的一种有益探索。③

十二、阳明学研究的回顾与前瞻

在不断深化和拓展阳明学研究的同时，本年度部分学者也对阳明学研究的历史和现状进行了回顾与反思，对阳明学研究的未来走向做了前瞻性研究。这些研究无论是对推动阳明学的深入开展，还是对更好地传承弘扬阳明学都具有重要意义和价值。

①孙双华：《“良知说”对罪犯教育改造工作的启发》，《犯罪与改造研究》2021年第5期。

②吴强、彭佳慧：《“文旅融合”下王阳明赣州诗的旅游资源转化途径》，《赣南师范大学学报》2021年第1期。

③方尔加：《汲取阳明学精华，构建共产党员“心学”》，《邯郸学院学报》2021年第3期。

王思丹从研究的向度与新开展两个方面回顾了近十年王阳明心学工夫论研究的情况，指出：在研究的向度方面，学者主要探讨了王阳明心学的教化的工夫、修己的工夫和实践的工夫；在研究的新开展方面，近十年间，学界除了从不同视角、以不同方式，对王阳明心学工夫论中的具体工夫条目展开新的研究，在对“致良知”的总体性论述以及王阳明心学工夫论对实践的指导意义上也有了新的阐释。同时，王认为目前关于阳明心学工夫论的研究也存在问题，首先是学者对“工夫”含义的理解稍显狭隘，主要表现在两个方面，一是局限于宋明理学所建立的理论范畴内，二是局限于对王阳明心学工夫中的具体的现实性的工夫，忽视对贯穿始终工夫的探讨；其次是对工夫的交叉研究有所不足；最后是王阳明心学的工夫与佛道两家“工夫”的关系尚未挖掘。另外，作者指出，从心理学的视角研究王阳明心学工夫论，是未来值得探讨的内容。①

李承贵对以心理学角度研究王阳明心学的成果进行了概述和评论，指出：王阳明心学的心理学性质、内容、特点与价值得到了部分学者的密切关注，并推出了系列令人爽心悦目的成果！这些成果主要表现在四个方面，即一是对阳明心学中隐含的心理学理论内容进行了发掘和分析，二是揭示了阳明心学（概念或命题）的心理学性质，三是较为深入地发掘、研究了阳明心学中的心理治疗方法，四是对阳明心学的心理学教育理论和方法进行了发掘和评论。这些成果不仅为阳明心学心理学思想研究开辟了新的研究领域，而且在研究内容、研究路径、研究旨趣上都表现出对当下阳明心学研究的极大启示性。同时，李氏也指出，以往的研究仍然存在需要拓宽的范围和深化的内容：第一，以往研究较多地关注阳明心学的基本命题的心理学内容或性质，主要对这些基本命题的心理学内涵进行了发掘，而较少涉及这些主要命题以外的文献的心理学思想；第二，存在机械地以心理学原理附比阳明心学概念、命题、观念之现象，但由于这种附比非常

①王思丹：《近十年王阳明心学工夫论研究的向度与新开展》，《贵阳学院学报（社会科学版）》2021年第1期。

牵强，从而得出肤浅或错误的结论；第三，王阳明从事心学教学、心学思考、学术交流实践中，自觉或不自觉地应用了某些心理学方法，而且应用得非常成功，但以往的研究似乎关注不够；第四，王阳明提出了许多类似心理学的命题和心理学概念，对心理或心态类型进行过概括，但以往的研究基本上没有注意；第五，王阳明提出的丰富的心理治疗方法，非常具体，虽然以往的研究有较多涉及，但需要进一步丰富之、深入之；第六，王阳明心学中的心理学内容非常丰富且深刻，形成了自身独特的近似心理学思想体系，但以往的研究并未给予足够的重视，未能对阳明心学心理学理论体系予以完整的开掘和研究，这也是接下来的研究需要重视并付诸实践的。①

龙婧选取了近三年（2018—2020）有关王阳明教育思想的研究成果进行分析，并将这些研究成果概括为四大类，即关于阳明思想对高等教育启示的研究、关于阳明思想对义务教育启示的研究、关于阳明思想对儿童教育启示的研究、关于阳明思想对家庭教育启示的研究。指出对王阳明教育思想的研究总体上更具针对性，但也存在三个方面的不足：一是课题范围相对集中，理论结论经常重复，教学策略研究较少；二是研究深度不够；三是正面评价多，缺点少。②

①李承贵：《心理学视域中的王阳明心学研究》，《学术界》2021年第6期。

②龙婧：《王阳明教育思想研究现状分析》，《文学教育（上）》2021年第10期。

贰

中国大陆阳明学研究著作文献综述

一、专著类

2021年关于阳明学的著作相对较多，且优质著作层出不穷，其中不乏国家社科基金资助项目，如李洪卫的《王阳明身心哲学研究：基于身心整体的生命养成》、焦堃的《阳明心学与明代内阁政治》、李德锋的《明中叶唐顺之的史学世界》等。笔者根据自己的阅读和理解，简要述之。

浙江省社科院李旭博士的《心之德业——阳明心学的本体学研究》[①]一书，以阳明心学的本体意蕴及其展开为主要对象，探究其良知心学的本体构造与发展历程，参照欧美现象学的研究视角、方法，并与欧美精神哲学、生存论、实用主义等相关思想作对照，体察阳明良知心学的精义及其在中西文明交汇的际遇中生发转化的可能性。

张祥龙先生在本书的序言部分，对该书有宏观的概括与评价，他认为，“这书是研究王阳明心学的一部力作，它吸收了西方现象学的方法和成就，再加以融汇转换，形成了自己的研究特色。它不是思想史类的阐述，而是哲理的追究，而且首先集中于哲理的核心，即阳明心学的‘本体学’。这本体学与西方哲学传来的本体论有联系，都是对所关注者的终极状态和含义的揭示，但区别也是明显的，本体学是中国古代哲理，特别是阳明心学的终极，进入其中者的知与行是内在相关的，而本体论则没有或常常缺少这种相关。”这部书吸收和转化了瑞士现象学家耿宁的相关研究，耿宁的《人生第一等事——王阳明及其后学论“致良知”》一书，对阳明学研究影响非常大。耿宁对阳明的“良知”概念有三重定义：其一，向善的本性，即孟子所讲的爱亲敬兄、恻隐羞恶的良知；其二，对本己意向中的伦理价值的直接意识，即阳明所讲的“是非之心”；其三，始终完善的良知本体。而张祥龙先生认为还有第四重含义，即与“用”相对立的那个“体”，即相当于《中庸》所言的“未发”状态，即那些“用”的源

①李旭：《心之德业——阳明心学的本体学研究》，上海艺文出版社2021年版。

头，耿宁称之为“单纯实体”或“单纯的‘本体’”。李旭这本书就是充分利用了这四层意思，全书第一部分“体段篇”就在这四层区分的基础上，突出了第二、三个良知概念，特别是将第三个良知概念改造或转化成“良知体段”，以此来解读阳明所言良知的最重要的一个本体学意义，即“完复良知的整全体段”。李旭认为耿宁用“本己本质”来表达阳明的“本体”尚未尽意，而应译为“体段”，并将“致良知”的工夫看作“良知的当场现身”，以求更充分地领会耿宁的第三个良知概念。以此为发端，以良知的四层区分为架构，展开对阳明良知观念的阐发。

全书分为三篇。第一篇为“体段篇”（体段相当于本体，类似佛教所说的“本来面目”），主要分析阳明良知心体的体段层次、情理与显藏构造，及伦理性内涵与生存性内涵的圆融一体；第二篇为“境界篇”，主要探讨阳明本体之悟的起点、发展阶段、终极境界；第三篇为“体用篇”，主要探讨其早年的知行合一思想向晚年的学政合一思想的发展，其身心之用与政事之用，其“亲民”思想的本体依据与工夫特点，其“造士”与“觉民”并行的教化之道。

焦堃认为，目前阳明学者多以研究抽象哲学之态度来处理阳明心学。而考察阳明人生经历的作品，又多不深入其思想内部、细部，止于介绍其生涯事迹以及思想形成、变化及传播的大致经过，即在历史世界中自外部观其行、察其言，而略于洞察人物内心的精神思绪。

因此，焦堃的《阳明心学与明代内阁政治》[①]一书，是以其京都大学博士学位论文为基础形成的。其主旨是探讨阳明心学与明代政治，尤其是明代内阁政治之间的关联，王阳明本人以及阳明后学如何牵涉于明代中后期的时政等。作者以一个历史学者的身份，讨论如何站在历史的角度寻找阳明心学的时代定位。以社会生活而言，王阳明身为士大夫阶层之一员，言行举止之间，处处都有这一阶层的烙印特征，在士大夫这一历史范畴之下

①焦堃：《阳明心学与明代内阁政治》，中华书局2021年版。

来观照阳明心学的思想，首先要考虑其政学思想，对王阳明这一类高官精英来说，理想的政治秩序乃是其追求的终极目标。基于此书中对王阳明及其弟子的思想考察，时刻不忘探究和发掘阳明一派思想中的政治意涵，并以其在政治上的实际作为来与其思想言论互相印证。

《阳明心学与明代内阁政治》全书共四章。第一章，王阳明早年的经历及其思想的形成。本章讨论的中心，是处于政治生涯早期，即被流放到龙场之前的王阳明，在其入仕之后的活动和交游情况，意欲从中窥探其早年的政治姿态，以及这种姿态如何影响其后期政治命运。本章认为，阳明早年的政治遭遇对其思想形成有着莫大的影响，也确立了阳明此后政治立场的基调，王氏家族在政治上的前后经历反映出了明朝初期到中期政治形势上的变化，这种变化也构成了王阳明后来大规模传道讲学的大背景。第二章，阳明学派的形成过程及成员的社会地位分析。这一章对王阳明的传道过程进行概要性的考察，并分析其讲学传道活动所呈现出的特征以及王阳明弟子的社会身份。在此基础上，再将王阳明的讲学传道活动与明朝前期的两位讲学大家薛瑄、吴与弼的情况进行对比，以此来解释阳明心学得以大规模流行的一些客观历史条件。作者认为，阳明思想的流布，除了自身的吸引力之外，还受到种种政治、社会等方面的现实因素制约，以及其弟子的积极传道、周游讲学等，在当时的政治氛围和社会结构大背景之下，阳明的讲学活动也呈现出相应的策略性。由此而形成的阳明学派在地域分布、成员的社会地位等方面也都表现出鲜明的特征。第三章，阳明学派与“大礼议”。本章讨论的重点是，围绕明世宗继位后所爆发的“大礼议”之争，成为左右嘉靖前期朝政走向的中心事件。所谓“大礼议”事件，即明武宗驾崩之后，其堂弟兴王世子继位，这种皇帝绝嗣之后由外藩和平入继的局面在当时没有先例，也没有典章可寻，导致世宗与朝中大臣在世宗与孝宗、武宗一支的关系以及世宗亲生父母地位等问题上发生冲突。而那些受阳明心学影响的官员弟子们，自然会尝试用自身的政治地位来将朝政导向自己的理想方向。作者认为，阳明本人虽然没有直接卷入这场政治纷争中，但从其与弟子、友人的通信之中可看出，阳明对时局相当的关心，并试图通过在朝弟子进行干预。第四章，阳明后学与晚明内阁政治。这一章的意义，在于揭示阳明学派不仅是一个思想、学术团体，同时也是一个政治团体，其成员在政治上的态度和行动有一定的原则、方针可寻。而从王阳明及其弟子间的往来书信等资料中可以看出，这些原则、方针在很大程度上与王阳明的心学思想相契合。本章还对张居正时代之后的阳明学派思想动向进行了讨论。作者认为，自阳明之后，学派的领袖均是那些身居高位的士人。嘉靖之后，"讲学山人"如泰州学派的颜钧、何心隐、李贽等人为代表，在当时的学术、政治上都极为活跃，这与当时阳明心学的广泛流布所引发的大规模讲学网络的形成有密切关系。

李洪卫教授的《王阳明身心哲学研究：基于身心整体的生命养成》[①]一书，同样是在其博士学位论文的基础上形成的，从其2003年确立选题至本书出版，历时十八年之久，其内容也相去甚远。本书的题中之义是：阳明心学凸显"心"的内涵及其引导性、规范性和修正层面的指向意义。作者认为，在孟子与荀子诠释以后，"为己之学"便开始明确为"身心之学"并与"口耳之学"相对应，在这个二元结构之外还有一个与此相联系的身心内部的二元结构由孟子揭示出来，这就是身与心之间的紧张。孟子区分了"小体"和"大体"："身体"作为感性层面的表征，被定义为"小体"，"心体"或"心"作为理性和道德的表征被定义为"大体"。身与心之间的紧张和冲突，在孟子自己的道德修养实践过程中，通过立心之大体，使身之小体与心之大体调顺和谐一致，身心得到贯通条畅。而在阳明处，存在着与孟子相同的身心紧张与和谐的双重性问题，阳明的儒学是直承孔子的"为己之学"和孟子的"身心之学"来的，阳明通过"致良知"这一法门，加之传习与讲授，将身心之间全部可能的冲突都展示出来，同

①李洪卫：《王阳明身心哲学研究：基于身心整体的生命养成》，上海三联书店2021年版。

时又将良知呈现扩充后的身心之间的协调完满也提示出来。

本书着重强调了阳明“身”与“身心一体”“身心整体”等向度的展开。其目的在于揭示阳明心学所倡导的“知行合一”在身心层面的根据，说明知行合一和阳明所指示的“自由”是在具有直接行动力层面上的论说，这个“行动力”是身心一体和身心整体的，否则便不具有行动的能动性，或仅具有思维的能动性而不具有身体行为的能动性，或只具有机动性但无法具体实践或无法完全践履。本书的另一重要议题是：关于“感应”或“感应之几”的讨论也是在这个身心境界认识的基础上才能获致和展开的，同时这个感应的内在同一性，即感官感知与内在心灵感知的统一性、整体性与佛家唯识学的关联以及一些相关的现象学阐释。

从阳明身心哲学到自由意志问题的哲学延伸思考，是本书的另一个重要论域，作者把阳明对身心问题的思考、论说看作是他对该哲学问题研究一个可能的重要贡献和指示方向。在“自由意志”问题上，本书通过身心一体、身心整体的探讨，指出个体道德意志之现实化的可能性、中间的身体阻力以及道德整体化的可能等，希望借此为这个问题的哲学思考提供传统儒者在理论思考和体证、实证层面的一些智慧。与此同时，作者还就身心关系中凸显的晚近认识论方面的一些观点做了简略的探讨。

本书分为上下两编共八章。上编是身心整合功夫与知行贯通以及立命中的身心问题，主要就阳明身心工夫的相关论题包括身心关系作综要性论述。内容为：立志与身心整合的工夫；知行贯通中的诚意工夫与身心问题；立命、教化与变化气质；身心关系综论等。下编是相关的理论命题：生之谓性、感应之几与自由意志。内容为：生之谓性与有无之境；身心感应、一体之仁与心物关系的阐释；知行合一与自由意志；若干理论问题的简单总结（身心关系；心性儒家之理性与道德情感本原同一性的探寻；德性、理性事实与隐默之知）。

邹建锋与程维维合著的《崇仁学派与阳明心学的兴起》[①]一书，同样是国家社科基金阶段性成果，该书对崇仁学派、江门学派、姚江学派等三大学派长达两百多年的学术变迁思想史内在理路进行多学科多方法的透视，特别注意对明代初期与中期学术界的隐秘学人的学术思想挖掘，尤其是不为人知的儒家学者思想，呈现阳明前学时期崇仁学派如何自觉与白沙心学互动，与阳明心学抗争，最终又如何合流的历史事实。

全书分为上、中、下三卷。上卷是阳明前学研究：从崇仁理学到阳明心学思想发展史，分九个部分进行讨论。引论部分对崇仁学派与白沙和阳明心学的兴起做了概述。另外八章分别是：深悟心学之要：吴康斋与中国心学新发展、江门心学的风行与中国心学的新高峰、胡敬斋余干之学的实践面向、夏东岩的高明心学、湛甘泉“随时体认天理”与江门心学的新转向、魏庄渠的心学思想、洪觉山与晚期江门心学汇合、晚期崇仁学派与阳明心学的成长。

中卷是阳明心学研究：中国古典文献学与中国思想史的视域。包括引论及上、中、下四个部分共十三章组成。上部分内容是阳明夫子文献全国大调研。作者在长达五年之久的阳明心学全国大调研过程中，发现通行本的《王文成公全书》遗漏了数万字篇幅的公移，还有三种钱德洪著的《阳明先生年谱》，其中嘉靖时期的杭州天真书院、赣州周相刻本为孤本。首都师范大学收藏的嘉靖刻本《阳明先生文录续编》（孤本），也有助于校对通行本刻本。在关于《传习录》的形成过程研究中，对赣州版的《传习录》早期版本、南大吉系列版《传习录》中期版本、钱德洪系列版本《传习录》后期版本及通行版《传习录》系列版本进行了讨论和论述。在关于《阳明先生文录》形成过程研究方面，讨论了黄绾、钱德洪《阳明先生文录》的不断增订与修缮，黄绾与钱德洪系列《阳明先生文录》版本传播考证，并讨论了《阳明先生文录》的几个版本系统。中部分内容是阳明夫子

①邹建锋、程维维：《崇仁学派与阳明心学的兴起》，上海三联书店2021年版。

心学理论形态探析。分别讨论了：第一，阳明夫子心学的意与念，包括“致良知”学的兴起、“良知”学的内在意向性、“致良知”教风行天下；第二，阳明心学实践性品格：治理思想及其影响，包括阳明的治理思想、阳明后学的治理思想。下部分内容是阳明后学理论形态考。第一，钱德洪王畿之辨与本体工夫的分合，重点在对“天泉证道”分歧的讨论，并对二人之辨及其危害进行了讨论。第二，季本、王畿之辨与主客分合，包括季本以龙德天健矫正王畿的“无情”良知学、季本以惺惺主宰矫正王畿的精神自由论、季本用精一独知论矫正王畿的“一念灵明”、季本用主敬工夫论矫正王畿的自然无为。第三，卢一松光明良知论与阳明心学宗教性维度展开，包括卢一松对良知本体的洞见体现在“良知是光”、对良知涵养的磨炼体现在“一念觉悟”、其良知修养境界是“万物一体”、对良知学的推进表现在“良知道统论”。第四，孙蒙泉虚明良知论与阳明心学义理化的再推进，包括孙蒙泉良知修养论的起点是“赤子之心与虚灵本体”、良知修养方法论是“察几念诚”、“融摄陈朱”作为孙蒙泉良知修养论评骘。第五，河南王门宗师尤西川良知学与晚明阳明心学的再突破，包括尤西川良知学的逻辑起源“自然心学的回归”、良知本体论“天则良知说”、致良知思想“安分尽心”、良知涵养论“心念上工夫”、良知学的活法“歌诗于学、身心受益”。第六，山东王门张弘山良学与赵素衷知念之学，包括“良知即良”乃是张弘山的良知学、“本体上工夫”是赵素衷的知念良知学以及对山东王学的评价。第七，近阳明而有补的讨真心：唐一庵的良知修养论，包括“兴教育民的醇儒”奉献人生、真心即良知、以讨真心补救良知学。第八，念不落意念念真：浙西许敬庵补救良知学，包括一生精忠报国的阳明后学名臣许敬庵先生、主静独知与一念诚意、念不落意与念念真诚、凝神涵养与独对神明、一念独知及其对后学蕺山学派的影响。第九，意志主义：越中名臣刘念台“讨意根”良知论，包括批评儒佛合流以增强社会良心、讨独知之中显良知：补救良知学脉、意根（即心之主宰）乃有善无恶、“克念”之功与刘念台诚意学说的形成。

下卷对胡敬斋先生与崇仁学派年谱进行了梳理和辨析。

杨德俊是贵州修文研究王阳明的重要学者，其毕生都在搜集、整理和诠释阳明，对阳明及其思想抱有极大的热情。贵州大学出版社出版的《王阳明行踪遗迹》[①]一书，全书共60多万字，获得了宁波市哲学社会科学规划课题资助。作者自1989年4月开始，到2020年11月止，历时30多年的时间，前后13次考察阳明遗迹，经过300多个市（区）、县，行程5万多公里，考察阳明遗迹地约140多个县（区），收集到数百万的文字和数千张图片。在此基础上，查阅了数百部、千余册明、清文献，经5年整理、编纂、修改，集思广益，九易其稿而成。全书从《阳明家世门风》开始，至《逝世后毁与誉》结束，全面介绍王阳明行踪遗迹，生平事迹，图文并茂。从初稿80多万字，修改至43万多字，图片从千余幅中选出380余幅。作者认为本书忠于史实，以一说为主，多说并存，基于史实来展现阳明先生的行迹和事迹。

在内容上，全书收录了《王文成公全书》中未收录的阳明在行迹地作的50多篇（首）诗文，其中有15篇（首）诗文，是近两年才发现的。还有阳明友人和弟子、后学作的有关阳明的诗文60多篇（首），摘录有关阳明文化的摩崖、碑刻，如王文成公祠记、阳明书院碑记、拜谒祠堂、书院诗词及一些史料150多篇（首）。如对《年谱》涉及王阳明先后到达各地的时间、地点、事件，与人交往等进行考证，有误的给予更正，对未记录到的遗迹、事迹予以补充，如阳明行经湖南、贵州、广西等地的事迹、遗迹等。还收录了《明儒学案》中未记载的、少有人知的如龙岗书院、滁阳九华、闽东和岭南亲传弟子、各地王文成公祠、阳明书院讲学的情况。还加强了王阳明廉政亲民的事迹，如在江西吉安、南昌为老百姓减免税费，在江西、广西抗击水灾、旱灾，赈济难民等事迹。另外，书中对阳明行迹、诗文、史实的考证，也给目前学术界的部分观点带来了新的思考和借鉴。

①杨德俊主编：《王阳明行踪遗迹》，贵州大学出版社2021年版。

近年来，贵州大学在王阳明思想通识课教育上取得了显著的成绩。王胜军教授在多年讲授阳明文化课、2016年贵州省双一流课程申报成果以及所担任线上慕课“阳明学概论”课程的基础上，逐渐形成了《阳明学概论》①一书。该书是作者在教学基础上形成的专著，全书共计十五章，十五章基本是一学期的课程，由五条线索展开：一是在大儒学的“问题”视域之下组织本书的基本构架，主要突出儒学自身特别关心的问题如道统、文统、夷夏关系、经典诠释、心传等与阳明学的关系；二是将王阳明的生平与学术杂糅在一起进行撰述，以体现其实践之学、生命之学的特征，以王阳明本人的心学为主体，将阳明后学等附带说明以免枝蔓不清；三是尽可能将王阳明所撰名篇佳作融入章节中，加深学生对知识、对文本的基本了解；四是特别突出阳明学与贵州文化的关系；五是约略揭示阳明学对当下社会文化秩序建构的作用和意义，回答与学生精神世界最相关的一些文化和心理问题。最后，由于本书性质和读者对象，作者减少了部分辨析，而将其隐含于一般性的表述中，原文之外非有必要亦不出注。

浙江是古越的核心地区，是王阳明的出生和成长之地，阳明在浙江弟子众多，浙中王门成为阳明后学的重要派系。对越地文化与阳明学之间的关系，学者研究较多，涌现了不少成果，但专著很少，吴从祥的《越地文化与阳明学》②一书，遵从“因需而取”的原则，综合运用多种研究方法。以历史研究方法为主，兼采用文化学、宗教学等学科的研究方法。适当采用量化统计分析方法，以可信的书籍推导可信的结论。将纵向对比与横向对照相结合，将王阳明不同时期思想进行比较，将王阳明思想与其他学者思想进行比较，在比较中凸显阳明学中的越地文化因子。

全书思路以越地文化（泛指绍兴、余姚、杭州等地为主的浙江文化）、王阳明、阳明后学为核心，揭示三者之间的关系，主要包括：王阳

①王胜军：《阳明学概论》，贵州大学出版社2021年版。

②吴从祥：《越地文化与阳明学》，中国社会科学出版社2021年版。

明在越地，考察王阳明迁绍兴的时间，王阳明于阳明洞修炼情况，王阳明居绍兴讲学情况；越地文化与王阳明，考察越地民间信仰、宗教信仰等对王阳明成长、性格、心态等的影响；越地文化与王阳明学说，考察越地佛教、道教对王阳明学说的影响；越地文化与阳明后学，考察越地文化对浙中王学代表人物徐爱、钱德洪、王畿、董沄和黄绾思想的影响。

全书共五章。第一章，王阳明在越地。讨论了王阳明在余姚、绍兴、杭州的活动及讲学情况。第二章，越地宗教信仰与阳明学。讨论了越地民间信仰、道教、佛教与阳明学之间的关系。第三章，越地地域文化与阳明学。讨论了越地学术风尚、阳明洞、越地山水、天泉桥等与阳明之间的关系问题。第四章，越地讲学与阳明学。讨论了阳明越地讲学、越地受学弟子、王阳明越地论学、阳明后学越地讲学等。第五章，越地文化与浙中王学。讨论了浙江王门后学徐爱、钱德洪、王畿、董沄、黄绾等人的学术与越地的关系问题。

日本学者井上哲次郎既是一个思想家，又是日本近代官方意识形态的重要代表人物之一，他对儒学的研究很大程度上有为当时意识形态服务的性质所在。井上哲次郎著作很多，有《儒教中国与日本》四卷本著作，收录诸多关于中国哲学与文化、儒教与日本、古今人物论、序跋与行履等内容，他的《日本阳明学派之哲学》[①]一书，早在1907年开始，就在著名的《教育世界》杂志上几乎全文转载，可见其影响是多么巨大。

井上哲次郎认为，阳明学相关的学术成果，有助于当今（明治时期）社会的病根的医治，明治以来，世间学者或倡导功利主义，或主张利己主义，其结果终将破坏日本国民的道德心，固然其学问并不彻底，但亦会挫败国家之元气，毒害风教之精髓。如功利主义，固然可以作为国家经济的原则，却不能成为个人唯一的道德准则。要说理由的话，在功利主义基础上，道德就成了他律性的道德，在心德的养成上毫无效果。功利主义引导

① [日]井上哲次郎：《日本阳明学派之哲学》，付慧琴、贾思京译，中国社会科学出版社2021年版。

人趋于私利，玷污本国（日本）历来奉为神圣的心德。功利主义是取巧构思出来的理论，不足以作为德教；至于利己主义，实际上就是有害无益的诡辩而已。所以井上哲次郎认为，各色各样的、欲从根本上消除公然行之于世的国民道德心的异端邪说，应当培养他们的道德心，通过阳明哲学思想的学习，将此心德发扬于世。作者认为，德川时代的日本，朱熹的思想并没有得到很好的发扬，而阳明则不一样，虽然阳明学派弟子较少，但成名之人物较多，几乎没有真正固陋迂腐之人，像中江藤树、三轮执斋、中根东里、春日潜安皆有可观之行为，而熊泽蕃山、大盐中斋、佐久间象山、吉田松阴、西乡南洲等人皆有可观之共计，若考察姚江学派之人，其人物也多实为显著之事实，由此，作者认为，阳明学无疑胜于人物陶冶。因此有必要叙述其历史学发展，指示其脉络存在，探寻其精神之真相。

全书分为四篇，第一篇是中江藤树及滕树学派、熊泽蕃山的思想研究。内容包括中江藤树及其所创学派的事迹、善性及德化、著作、文藻、学说、批判、藤树的门人、藤树有关文书、藤树学派等。第二篇是中江藤树、熊泽蕃山以后的阳明学派。包括诸如北岛雪山、三重松庵、三宅石庵、三轮执斋、川田熊琴、中根东里、林子平、佐藤一斋等。第三篇讨论大盐中斋及中斋学派。包括大盐中斋的事迹、著述、文藻、学说、批判、中斋门人、相关书目、宇津木静区、林良斋等。第四篇，大盐中斋以后的阳明学派。包括吉村秋阳、山田方古、横井小楠、池田草庵、吉田松阴等。书后还附录了阳明学派系统、阳明学派生卒年表等内容。

在结论处，作者认为阳明学进入日本之后便立刻日本化了，以至于自身带有了日本的性质，很大程度上表现出了神道合一的性质，呈现出以国家精神为本的趋势。还具有了日本的趣味，单纯而又简易直接。然而，王学同样具有诸多弊端，它非常容易偏向主观，这样就容易轻视事实而贻误终身。

另外关于日本阳明学研究的著作，还有施敏洁主编的《阳明心学在日本》[①]重点梳理了各个时期日本阳明学者的生平简介、代表思想、典型事迹及社会影响，选取其中能够引起大学生兴趣并促使他们思考，有助于培养大学生树立正确的人生观、价值观和世界观的题材，并依托最有代表性、能够反映“阳明心学在日本”发展特色的人物，通过详细描述其思其言其行对日本社会发展的贡献来达到对促进中国大学生思想良性发展之目的。

二、传记类

关于王阳明的传记类作品，几乎每年都有出版，可谓层出不穷。2021年关于王阳明的传记有李庆的《王阳明传：十五、十六世纪中国政治史、思想史的聚焦点》、唐越涛的《王阳明传：越是艰难处，越是修心时》、文远竹的《王阳明大传》、度阴山的《2021王阳明心学日历》等，其中李庆的《王阳明传：十五、十六世纪中国政治史、思想史的聚焦点》较有特色，学术性也更强。

李庆教授对之前的王阳明传记类著作做了比较和分类，并对其整体的欠缺和疏漏进行了总结和归类。第一，收集资料范围的局限性。大致按照钱德洪等编的《王阳明年谱》，参照黄绾的《阳明先生行状》、隆庆版本的《王文成公全书》编写而成。而对于此外的资料如《明实录》、时人文集、笔记等史料涉及较少。对王守仁的诗赋、行政文书等资料，研究有限。第二，使用资料缺乏思辨考证。有关史料，未辨真伪。混淆传说和事实，未放到当时历史环境中去加以考辨。未考虑资料编纂者的局限。比如钱德洪等编《年谱》者，多系王守仁晚年所收弟子，他们虽然搜集了不少资料，但有的作了修饰，显然偏颇。第三，研究角度比较单一。往往只侧重于王守仁思想家的侧面，而忽略了他作为一个政治人物，作为一个有建树的官员，作为一个诗人，作为一个生活在十五、十六世纪的中国人的不同侧面，没有放在不同时期的社会关系中去认识。所以李庆教授认为这些

① 施敏洁主编：《阳明心学在日本》，浙江大学出版社2021年版。

传记往往缺乏立体感和真实性。

李庆教授认为撰写王阳明传记有两个难点：第一，对他的生平，已有许多先入为主的固定观念存在，这些观念是反复传闻的积淀，要加以澄清和辨析，绝非易事。第二，迄今为止，就明代历史而言，初期（朱元璋、朱棣时期）和晚期（万历以后时期）的研究较多，中期比较薄弱。而传记的形式也是多种多样，有传统史传的传记、流行小说式的传记、编年考证性的传记、也有评传式的传记。总结诸如上述内容之后，李庆教授撰写《王阳明传：十五、十六世纪中国政治史、思想史的聚焦点》[①]一书，试图解决以下问题：王阳明是个怎样的人？在怎样的时空中活动？过着怎样的真实生活？人的本质是社会关系的总和。所以，要探讨他生活在怎样的家庭，和哪些人有交往？在人生的关键节点，是什么因素促使他选择或迫使他走上了这一条而不是另外的道路？他的思想情感，有怎样的发展过程？是什么因素，使得他在不同的阶段，思想发生了变化，具体表现如何？他的学说和思维模式是怎样的？存在哪些特点和不足？通过对这个聚焦点的分析，从更广阔的人类文明发展的角度看，是否有值得借鉴的意义？所以作者力图还原一个基于当时社会现实的真实的王阳明，力图摆脱那些具有传说、小说性质的内容。作者用了二十四章的内容对阳明的一生做了详细的撰写。首先从弘治十二年的科举风波谈起，进而讨论阳明的出生、少年时代及婚姻，一直延续到阳明逝世之后家庭的变化、思想的影响等，为读者提供了一个比较完整和真实的阳明。

唐越涛的《王阳明传：越是艰难处，越是修心时》[②]一书，则是用了十章的内容，对阳明的一生，诸如圣人出、文事武备、宦海沉浮、低谷、贬谪、龙场悟道、涅槃重生、挥师赣南、宸濠之乱、圣贤的最后等进行小说式的描绘和褒扬，文后还附上《传习录》及注释。

---

①李庆：《王阳明传：十五、十六世纪中国政治史、思想史的聚焦点》，上海古籍出版社2021年版。

②唐越涛：《王阳明传：越是艰难处，越是修心时》，台海出版社2021年版。

另外还有度阴山的《2021王阳明心学日历》、文远竹的《王阳明大传》等阳明的传记以及张祥林的《王阳明在滁州》[①]等阳明在地方的践行与文化互动方面的专著出版，这些作品对阳明思想和文化的大众化提供了良好的基础。还有李衍柱的《文艺复兴时代的王阳明》一书，实际上也是王阳明年谱式的编撰方式，把阳明置于文艺复兴时代的视域当中，并对阳明从出生到逝世以纪年的方式展开，将阳明所撰写的诗词文赋（阳明文艺活动）按照纪年来归类，作者认为这是全面研究王阳明的诗学理论与创作实践、探讨王阳明在中华文明发展史上的地位和影响的基础与佐证。同时认为该书首次提出和论说了王阳明在世界文明史上的独特贡献。

三、文献整理、集释及其他

2021年度有关王阳明文献整理、著作集释类的书籍依旧较多，主要包括邹建锋、何俊主编的《日本阳明学文献汇编》共计55册，邹建锋主编的《王阳明稀见版本辑存》共计82册，束景南、查明昊主编的《王阳明全集补编》（增补本），于民雄注，顾久译的《传习录全译》，黎业明校注的《传习录》，陆永胜译注的《传习录》，张山梁、张宏敏校注的《阳明先生道学钞》等。

束景南先生是王阳明文献整理的权威专家，他对朱熹、阳明都有深入的研究，在阳明文献整理上，其由上海古籍出版社出版的《王阳明全集》《王阳明年谱长编》《王阳明全集补编》等书均是阳明学研究者必备之书。2021年，《王阳明全集补编》（增补本）[②]出版，本书是在《王阳明佚文辑考编年》基础上，参照《全集》的体例编成，凡不见于《全集》者，均编入《补编》正文部分。按其体裁，分诗、文、语录三编。各编内，按创作时代先后排列；每篇佚文后，著录其文献出处。正文之外，另有附录

①张祥林：《王阳明在滁州》，滁州市文联编，黄山书社2021年版。

②束景南、查明昊辑编：《王阳明全集补编》（增补本），上海古籍出版社2021年版。

二：异文，《王阳明全集》虽已收录，但与新见文字差异颇大者，录以备考；存伪，业经考辨，确为伪托者，录此存照，以免贻误不明其伪者。本次增补与《王阳明全集》合璧，形成了一个更加完备、精善的本子。

本次增补，主要做了以下三个工作：

一是增补初版中未收之篇目。诗文部分，主要为据国家图书馆藏明嘉靖刻本《阳明先生别录》、日本早稻田大学图书馆藏明嘉靖三十四年闾东序刊本《阳明先生文录》及日本学者永富青地辑录，在“诗文”部分补公移153篇，其他单篇28篇。语录部分，据日本学者永野实、永富青地、三泽三知夫校注，其“语录”部分补入《阳明先生遗言录》《稽山承语》；其他单篇如据《杨一清集·集部献纳稿》收正德七年代杨一清所作《为急大本以图治安以尽修省事》，增补本增加16万字。二是删除数篇补版误辑之《题温日观葡萄次韵》《题倪云林春江烟雾图》《满江红·题安化县石桥》《望江南·西湖四景》《京师地震上皇帝疏》等五篇（首）诗文。三是订正初版中文字识读、标点、考订中的疏漏。如据周清鲁所藏《堕马行》真迹校录，于初版中文字多有订补，又如《夜归》一诗后注明出处部分：“按：康熙刻宋长《柳亭诗话》卷六言是戴颙诗，待考。”“宋长”当作“宋俊”，宋俊字长白。四是调整初版中部分篇目的排序。

日本儒学尤其是阳明文化的发展是非常值得研究的，在深受中国文化影响的日本，自然少不了对儒学的吸收和转化。研究日本儒学，不仅有助于理解日本的思想和文化，更有助于从更广阔的国际视野来研究儒家思想发展的多种可能性，在发展当代儒学、弘扬传统优秀文化、推动中华文化“走出去”等方面，都有重要意义。尤其是江户时期的儒学，在新的时代背景下，因抵制佛教、融合本土文化、适应封建统治等需要，对中国的程朱理学、陆王心学、汉唐经学等进行了极大的发展，形成了朱子学、阳明学、古学派、折衷考证派、独立学派等众多学术流派。朱子学是日本儒学的主干，但正如冈田武彦先生所说，就日本人的精神气质来说，阳明学似乎比主格物致知的朱子学更受青睐，因为阳明学的方法是东洋的，是体验的哲学，更符合日本人的思维习惯。且日本阳明学的特色不在于理论，而在于能够将“心即理”“致良知”“知行合一”等学说真正地付诸实践。所以，在日本不管是研究中国的阳明心学还是日本阳明学，抑或是阳明学的当代价值，都不可以限于心学理论，而应从日本的神道文化、武士精神、幕府政治等更广泛的社会和历史背景出发，对心学理论与现实的关系做更深入的分析与探讨。邹建锋、何俊主编的《日本阳明学文献汇编》[①]，全套55册，正是基于上述立场，除理论性的阳明学著作外，还收录了如《富国策》《经济随笔》《海国兵谈》《爱日楼文》等政治、经济、史学、兵学、文学方面的文献。另外，作为“町人哲学”“道德性实践实学”的石门心学也受到阳明心学的较大影响，本书也将该派《都鄙问答》《齐家论》等重要文献作为附录刊行。为了读者方便使用，对于《翁问答》《集和义书》这类用和文草书体写成的文献，本书既收录了其原始版本，又附录了其排印本。

全系收录文献包括中江藤树、熊泽蕃山、三宅石庵、三重松庵、三轮执斋、中根东里、大盐平八郎、宇津木静区、吉村秋阳、梁川星岩、山田方谷、横井小楠、奥宫慥斋、佐久间象山、春日潜庵、池田草庵、柳泽芝陵、西乡隆盛、吉田松阴、东泽舄、高山东行等。邹建锋主编的另一部关于王阳明文献的巨著《王阳明稀见版本辑存》（共82册）[②]，由广陵书社出版，收录了众多阳明文献的珍稀版本。如与《王阳明文献集成》比较，《集成》有《传习录》七种，但仅两种为明刊本，而本编收录《传习录》明刊本四种，其中嘉靖刊本三种，德安府本、内阁文库本皆为孤本。本编收录了胡宗宪刊本《阳明先生文录》，据原书序，该书据嘉靖十四年闻人诠姑苏刊本重刻。隆庆六年的《王文成公全书》即以此本为底本，该本中

①邹建锋、何俊主编：《日本阳明学文献汇编》，北京燕山出版社2021年版。

②邹建锋主编：《王阳明稀见版本辑存》，广陵书社2021年版。

诸多版式以及异文特征，都被《王文成公全书》所继承，具有重要的版本以及校勘价值。本编中最重要的文本是郭朝宾本《王文成公全书》，《全书》是近代以至当代各种整理本《王阳明全集》的底本，具有重要的文献意义，但其版本源流却十分模糊。根据徐阶、钱德洪等人的论述，明穆宗隆庆六年，谢廷杰巡按浙江，将《传习录》《文录》《文录续编》《年谱》等文献汇编为《王文成公全书》。近代以来，古文献研究领域通常认定《四部丛刊》本为隆庆本《全书》，即《全书》的初刻。后经朱鸿林教授考证，证明郭朝宾本才是《全书》的初刻，而当代通行的版本，如国家图书馆公布的再造善本中的《全书》以及丛刊本，皆为万历初年南京的翻刻。这是一个非常重要的结论，但由于郭本《全书》在中国大陆地区存世无多，学者获取不易，所以并没有引发应有的讨论。本编影印的郭本《王文成公全书》，底本藏于日本国立公文书馆，原书二十四册，保存极为完整。此与当代通行的版本，如国图本、丛刊本比较，无论是字画规范，校雠精审，郭本皆稍胜一筹。国图本、丛刊本、四库本下迄至当代的诸多整理本，皆有一处重大的脱漏，亦可据郭本补正。《全书》卷二十九《送方寿卿广东佥宪序》，在国图本、丛刊本等诸本中，该文原始页面脱漏两页，共计三百余字。通行整理本，如《浙江文丛》本、上海古籍本、中华书局《理学丛书》本，虽其底本略异，而皆脱此三百余字。仅此一端，已足见郭本之优胜。在主流的阳明文献之外，本编还收录了《经世全书》《皇明经世文编》等书中的阳明作品。本编收录了《历朝武机捷录》，据学者考证，该书出于伪托，但原书极为罕见，并不为学者所熟知。对阳明学的研究而言，这些文本的参考价值大小不一，但都有助于我们理解阳明在明代后期复杂的文化形象。

《传习录》作为阳明最重要的文献，历年来备受关注，是研究阳明的最重要文献，对《传习录》的校注或解读几乎每年都有新的专著出版。2021年主要有贵州人民出版社出版，顾久译的《传习录全译》[1]，黎业明译注，上海古籍出版社出版的《传习录》[2]和陆永胜译注，中华书局出版的三全本《传习录》[3]。此外，还有张山梁和张宏敏校注的《阳明先生道学钞》[4]，李晓方的《王阳明龙南史料辑录》[5]、周月亮和程林的《王阳明家书》[6]、欧阳祯人的《王阳明经典篇章导读》[7]等。

①〔明〕王阳明:《传习录全译》，于民雄注，顾久译，贵州人民出版社2021年版。

②〔明〕王阳明:《传习录》，黎业明译注，上海古籍出版社2021年版。

③〔明〕王阳明:《传习录》，陆永胜译注，中华书局2021年版。

④〔明〕王守仁著，〔明〕李贽编:《阳明先生道学钞》，张山梁、张宏敏点校，厦门大学出版社2021年版。

⑤李晓方主编:《王阳明龙南史料辑录》，中国书店2021年版。

⑥〔明〕王阳明:《王阳明家书》，周月亮、程林评析，长江文艺出版社2021年版。

⑦欧阳祯人主编:《王阳明经典篇章导读》，武汉大学出版社2021年版。

叁

中国大陆阳明学研究辑刊文献综述

2021年中国大陆出版的关于阳明学研究的辑刊主要包括：贵阳孔学堂文化传播中心与武汉大学合办的《阳明学研究》第五辑与第六辑；贵阳学院主办的《王学研究》《中国哲学与文化（阳明学专刊）》；董平教授主编的《中国心学》创刊等。

一、《阳明学研究》第五辑

《阳明学研究》第五辑共有七个板块十七篇文章，七个板块分别是：总论与纪念、东亚阳明学研究、阳明事迹考、文本辑佚与考证、阳明心学探寻、阳明后学研究、“珞珈山空中杏坛讲座”实录选登等。其中有关阳明及其后学的文章有十二篇，分别是魏义霞的《论中国近代的阳明学研究》、蔡方鹿的《中国心性哲学论纲》、焦堃翻译日本学者荻生茂博的《崔善南的日本体验与“少年”的出发——东亚的近代阳明学Ⅲ-1》、陈晓杰翻译日本学者中纯夫的《朝鲜阳明学的特质（下）》、关雅泉翻译日本学者大桥健二的《日本阳明学的受容与展开——山田方谷的“收敛”与熊泽蕃山的“无好恶之心”》以及该文的日文版本。郑朝晖的《王阳明的“广西事件”》、张宏敏的《“回首江西亦故园”——王阳明与江西关系考论》、黎业明的《王阳明十篇“制义”文字略述》、王学伟《王阳明“制义”佚文十一篇》、萧平的《白沙心学中的自然概念探微——兼与道家自然概念比较》、孙德仁的《五百年来良知学的历史境遇与学理进路》、刘泽亮的《陶奭龄的心学思想——兼论与刘宗周的思想差异》、涂可国的《李贽责任伦理思想管窥》。

本辑刊第一个板块是“总论与纪念”，刊载的三篇文章当中有两篇涉及阳明学，即蔡方鹿的《中国心性哲学论纲》、魏义霞的《论中国近代的阳明学研究》。其中蔡方鹿的《中国心性哲学论纲》一文虽然主题是心性哲学，但阳明思想仅仅作为宋明时期思想归纳在内，并无单独论及。文章认为，中国心性论思想博大精深，涵盖了儒释道三教，先秦儒家的心之学以伦理道德为核心，佛教发展了儒学的心性论，把心性论上升为本体论，道家则以自然为宗，倡自然人性论，反对儒家的心性论，理学心性论以儒家心性论理为本位，吸取了道家的自然人性论和佛教的心性本体论，集心性论理与心性哲理于一体。但是各家各派心性论在体现中国哲学心性论的总体特征上又具有共同性。即注重道德理性，突出主体思维，重视哲学思辨，强调内省修养，培养理想人格的基本特征，是合本体论、伦理学、认识论、人性论和修养论为一体的思辨性的道德哲学体系。

魏义霞的《论中国近代的阳明学研究》一文，对近代中国阳明学研究的意义和特点、研究范式和形态进行了综论性的考查，同时对近代阳明学研究提出了反思和启示。作者认为，近代阳明学研究的四个基本维度是救亡图存、思想启蒙、西学东渐和国学理念，这四个维度决定了他们对阳明学的解读和诠释是多维的和丰富的，对阳明学的评价也是变化的和复杂的。因此中国近代阳明学研究是在波谲云诡的政治背景和日新月异的学术思想背景下形成的，历史背景、文化语境的开放多元共同促成了近代阳明学研究的异彩纷呈和多样形式。

在研究范式和形态上，作者认为近代哲学家的阳明学研究是在六种不同的视域下、沿着六种不同的思路和逻辑展开的，由此形成了六种类型的阳明学研究范式和形态。其一是孔教视域下的阳明学研究，以康有为为代表。其二是孔学视域下的阳明学研究，以谭嗣同为代表。其三是西学视域下的阳明学研究，以严复为代表。其四是东方文化视域下的阳明学研究，以梁启超为代表。其五是心理建设视域下的阳明学研究，以孙中山为代表。其六是国粹视域下的阳明学研究，以章炳麟为代表。

而后，作者对近代阳明学的研究进行了反思和梳理，提出了三点启示：其一，阳明学在近代的盛行并不是偶然的，而是各种因缘促成的结果，因而带有某种不容否认的必然性。其二，近代哲学家大多是热衷于社会活动的政治家和叱咤风云的启蒙思想家，他们的阳明学研究不仅服务于现实的政治斗争，凸显实践维度和政治维度，而且紧扣中国近代思想启蒙的时代主题，凸显启蒙维度和开放维度。其三，当代阳明学作为近代阳明学研究的延续，近代阳明学者的研究对于当代弘扬阳明精神、诠释阳明学说具有不可替代的借鉴价值和现实意义。

第二个板块是“东亚阳明学研究”，其中刊载的四篇文章均是日本学者研究阳明学的论著，分别是焦堃翻译日本学者荻生茂博的《崔善南的日本体验与“少年”的出发——东亚的近代阳明学Ⅲ-1》、陈晓杰翻译日本学者中纯夫的《朝鲜阳明学的特质（下）》、关雅泉翻译日本学者大桥健二的《日本阳明学的受容与展开——山田方谷的“收敛”与熊泽蕃山的“无好恶之心”》以及该文的日文版本。

日本学者荻生茂博的《崔善南的日本体验与“少年”的出发——东亚的近代阳明学Ⅲ-1》一文，以崔善南创刊的《少年》杂志为主题，探讨其在韩国近代文化史的价值和意义。崔善南是韩国近代文化史上的先驱人物，曾两度留学日本，并积极参加在日的韩国留学生的民族运动。在其创办的《少年》杂志当中，积极宣扬和提倡阳明学思想，崔善南的阳明学思想源于日本阳明文化的影响，这一点能从《少年》杂志的卷头插画看出。而“日本化的西洋=近代思想”也被崔善南带回了韩国，并塑造了韩国“近代文学”史，所以，韩国的“国文学”框架源于日本，作者认为，崔善南对阳明学的弘扬有着重要意义即使在今天，依然被认为是韩国近代阳明学发展中重要的一环。《少年》杂志是韩国近代文学运动真正的出发点，对崔善南个人来说，这也是他后期活动的起点。崔善南在日本留学期间的遭遇以及他所体会的留日韩国学者之间参差不齐的水平，促使他直到晚年依旧对皇室特派留学生持有贬损态度，这一点可以从府立一中校长《谈话》中窥见。

崔善南以《大海致少年》一诗掀开了韩国新体诗的历史，此乃韩国文学史上的一大事件。除此之外，它还有《少年大韩》《少年与夏天》《海岸上的敢少年》《大韩少年行》等众多以少年为题的作品刊登于《少年》杂志上。作者最后提出，不应该在落后的韩国思想界接受了先进的日本文化这一进步的时间坐标中来理解崔善南，应当将思维从进步竞争的时间坐标转移到空间坐标，明治前半期，日本已经具有了形成近代国家所需要的时代精神，但这一精神已经逐渐失去了光彩，而此时，崔善南将其引进到韩国，并抵抗住了已经成为老牌帝国主义国家的日本的压力而再次作为时代精神开始焕发光芒，进而开始思考“东亚”究竟为何，这是非常具有时代意义的。

日本学者中纯夫的《朝鲜阳明学的特质（下）》一文，陈晓杰只翻译了该文的后半部分，从“星湖学派”对阳明学的接受说起，包括权哲身对待阳明“良知学”及古本《大学》的肯定、韩鼎运对《阳明集》的肯定、李基让以王学为是而批评朱子学的“敬”与“格物致知”、丁若镛所理解的《大学章句》与王艮淮南格物说的切近等。

文章还对江华学派与星湖学派的交错进行了论述，而后把重点转向阳明学信奉的韬晦与隐蔽及近代朴殷植和郑寅普两位阳明学者身上，前者依据郑寅普对朝鲜阳明学的分类进行了论述，包括：郑齐斗的“年谱”“行状”“祭文”、李匡臣的《祭霞谷郑先生义》《论郑霞谷学问说》、李匡吕的《圆峤先生墓志》、李匡师的《斗南集》《圆峤集选》与李匡赞《论学辑略》、李能和所见《霞谷集》中的付笺的存在、少论的阳朱阴王等。后者对朴殷植和郑寅普两位朝鲜阳明学派代表人物的思想进行了归纳和总结。

日本学者大桥健二所作《日本阳明学的受容与展开——山田方古的“收敛”与熊泽蕃山的“无好恶之心”》一文，由关雅泉翻译，文章以日本江户时代（1603—1867）研习王阳明之学的两位儒者山田方谷和熊泽蕃山为中心，考察他们的思想在当下的意义及可能性。文章先对阳明的“气”概念与日本的“气”概念进行了界定，认为日本儒学思想中的“气”，正如孟子的“浩然之气”，并不只是单纯的“物质根源”，而多被理解为“生生流转的世界生命力”，日本之“气”是垂直收敛的“气”，对应了日本是收缩万物或使万物收缩的“收敛”文化。建立在武士“紧张文化”之上的日本文化，自平安时代后期开始到太平洋战争战败期间，以天皇或将军为首的封建主义“尚武”之风，即“武”之传统孕育的日本“紧张文化”中，诞生了一种独特的“垂直”或“收敛”形式的“气”。山田方谷的“收敛”之气在其诗中得到了展现，表现为充盈天地的“气”反复“收敛”“发散”，先以自我控制的“收敛”为基础，随后是活泼泼的“发散”。这种“收敛”是“良知”，也是应当追求的“善”。但“气”与“善恶”是相分离的，“善恶”是“收敛”和“浮放”（弛缓）的别称，善与恶不是固定存在的，“收敛”即是“善”，而“浮放”即是“恶”。方谷认为阳明的“良知”本质不在善，而在于天然而非人为的“自然”。

山田方谷一生崇拜王阳明和熊泽蕃山，思想也受二人影响。熊泽蕃山强调“内求、内向”，并不看重沉思反省这一伦理层面的结果，而是作为一种提高精神内压的“收敛”工夫，有了主体的“收敛”，才能打开以天地万物为一体的世界。他并非像阳明那样，认为“万物一体”是彻底抹杀自我的“无心”，而是自我抑制的“无好恶之心”，它也包含在“收敛”之中。而“收敛”和“发散”又是“一体”的，前者是为后者而作的准备和工夫，也是前提，它同时也是人类生存方式的基本。整体而言，熊泽蕃山的方法论是寻求“无好恶之心”的学问工夫，它比“必死”工夫更为理想。作者认为，熊泽蕃山的“收敛”和“内向”的精神带有必然主义色彩，即一切存在皆以必然之则为本而生，它不见得指向禅学、自我抹杀或自我否定的精神，这将蕃山引向了“纵心”的宇宙观，即把心“竖”起来，做到放心、宽心、随心，超越时空，走向宇宙。

在第三个板块“阳明事迹考”当中，刊载了两篇关于阳明事迹的考论文章，分别是郑朝晖的《王阳明的“广西事件”》、张宏敏的《“回首江西亦故园”——王阳明与江西关系考论》。

郑朝晖的《王阳明的“广西事件”》一文，认为广西作为阳明晚年最后遭际的源起与主要场域，在那里发生了一系列的事件，称为“广西事件”，那里有阳明良知实践和发展良知学说的最后表现，蕴藏着阳明对“破心中贼”的最后思考。作者认为，阳明“致良知”的学说未必如黄宗羲所言未及“立言之本意”，不在于阳明在文字言说上未曾清晰地说出致良知的隐微之意，而在于后之学者，对于阳明将致良知视作“致吾心之良知于事事物物也”的事件意义，体认不够深切。阳明之本旨，是将做事视作良知的呈现，广西事件便是这一意义的认知体现，因此君子是为了“一件大事”来到世间。而所谓大事是天地一体之仁的实现，“克去己私”与“康济天下”的统一。所以，阳明要将政治事件，或者说具有功利色彩的功利行为，转变为具有超越意义的良知行为，从而使这些事件本身具有良知呈现的作用，而成为良知学说的探索方式之一，以达到知行统一的致思目的，并使后之学者可以从其事件中体认阳明的致知义，尤其是可以加深对阳明自身未及亲自言说反思的事件意义。阳明学说的精进，也是在其行事的过程中逐渐达至“致良知”的，行事的过程使阳明良知内涵不断丰富和发展，广西事件体现了阳明“正念”与“仁意”，他以“攻心”之法来平息事变，收复民心，安定一方。

阳明还思考了“生死事件”，即围绕“广西事件”而出现的“从道”还是“从君”的争论，阳明认为“从道”才是稳定社会的基础。在“破心中贼”方面，不仅仅是要破自己心中贼，还要破百姓心中贼，作者认为从平息江西事件到广西事件的经验中，阳明展现了其破心中贼的关键心法，分别表现在“向善之能”“渐次更化”与“实地用功”三方面。阳明既注重培养“善”的力量，主张变化气质的方式要采取积累而渐进的途径，要有耐心，又要实事求是，通过实地调查，探寻事情发生的真正原因，从而采用合适的方法加以应对。

张宏敏的《“回首江西亦故园”——王阳明与江西关系考论》一文，立足于阳明与江西深厚的关系，以及阳明在江西所获得的事功、思想建构尤其是“致良知”证悟等，江西可以看作是阳明的“第二故乡”。

王阳明于江西从政八年之久，并在南昌阐释“致良知”，完成良知心学体系的建构，任庐陵知县，灭山中贼，包括平漳寇、平横水。桶冈制寇、征三浰。破心中贼，包括兴办社学、刊刻书籍、扩建书院、聚徒讲学等形式，在推行童蒙教育的同时，大力宣讲儒家圣学之道。留下了“此心光明，夫复何言”的遗言。制定了《南赣乡约》，目的是促进民众家庭守孝悌之义、在乡里相助相恤，劝善戒恶。息讼罢争，讲信修睦，这也成为阳明“致良知之教”的源头之一。作者比较详细地叙述了阳明平定宁王之乱的过程，包括宁王谋反、丰城闻变、吉安起兵、发兵南昌、鄱阳湖大捷等，还评述了中泰之变，包括疏谏亲征、献俘钱塘、巡抚江西、九华山之行等。最后对王阳明“揭良知之教”的时间进行了考辨，认为目前存在的四种提法，即正德三年（贵州龙场）、正德九年（南京）、正德十四年（南昌）、正德十六年（南昌）均有失偏颇，提出了阳明正式提出“致良知”的时间应该是正德十五年秋天，于赣州与众弟子论学之时在场者有陈九川、夏良胜、邹守益等江右王门弟子。而至于提出“致良知”的缘起，除却为人熟知的“宸濠之乱”“忠泰之变”等之外，还有其学术诱因，诸如正德十五年六月，王阳明从南昌到赣州途径吉安泰和之时，在舟中所成《答罗整庵少宰书》，途中与罗钦顺论学、赣州通天岩讲学，以及从赣州返回南昌之后于南昌讲学等相关。

第四个板块内容为“文本辑佚与考证”，刊载了黎业明的《王阳明十篇“制义”文字略述》和王学伟的《王阳明“制义”佚文十一篇》两篇文章。两篇文章主题相同，均是对阳明“制义”文字的讨论。其中黎业明的《王阳明十篇“制义”文字略述》一文讨论的“制义”文本源于俞长城《可仪堂一百廿名家制义》卷六《王阳明稿》所收录的属于王阳明的十篇

“制义”文字。认为这十篇制义文字有可能是王阳明参加弘治年间科考的答卷，或者是准备科举考试而撰写的习作，未必能代表他对“四书”的真正理解，但是这十篇“制义”文字对了解其早年在科举考试中对于“四书”、对于朱熹传注的态度，是有帮助的，对了解阳明后来思想发展脉络也有帮助。作者罗列了这十篇制义的内容，分别是《子击磬于卫》《志士仁人（一节）》《彼为善之》《〈诗〉云鸢飞戾天（一节）》《舜其大孝（一节）》《河东凶亦然》《老吾老以……四海》《其为气也（二句）》《子哙不得与人燕（二句）》《周公之过（二句）》。作者认为这十篇制义文，似乎都应该是他参加弘治年间科举考试的答卷，但弘治年间的科举考试题目却并不完全相干，即使其中的三篇是弘治九年会试答卷，那剩余的七篇则没有关系，而只是阳明为科举考试而准备的习作，但具体习作实践，则文献不足考。要想弄清这十篇制义之文，唯一的途径就是将王阳明的“制义”文字与相关的“四书”传注文字作比较。其最好的方式就是与朱子的《四书章句集注》中相关章节的注释文字作比较。作者肯定了这十篇文字与阳明的关系，并认为这对于了解阳明早年科举考试中对于“四书”、对于朱熹注释的态度也有帮助。

而王学伟的《王阳明“制义”佚文十一篇》一文当中的十一篇“制义”文源自明末清初学者陈名夏所编的《国朝大家制义》，其内容分别是《彼为善之（一句）》《〈诗〉云鸢飞戾（一节）》《舜其大孝也（一节）》《居则曰不吾……以哉》《子击磬于卫（一句）》《子曰志士仁人（一节）》《河东凶亦然（一句）》《老吾老以及……四海》《其为气也至……与道》《子哙不得与（二句）》《周公之过不（二句）》，相较于黎业明的文章所录，多了一篇。而且作者认为这十一篇制义文，没有一篇能与弘治十二年王阳明所参加的会试的题目相对应，并非出于阳明的会试答卷。但作者肯定了这十一篇制义文是阳明所作，并认为这对于研究阳明早年思想及与科举之间的关系有重要意义，可以研究阳明的“身心仁理关系”“理气关系”以及“治道思想”。

第五个板块是“阳明心学探寻” 本部分刊载了两篇文章，分别是萧平的《白沙心学中的自然概念探微——兼与道家自然概念比较》、孙德仁的《五百年来良知学的历史境遇与学理进路》。虽然白沙与阳明心学有比较密切的联系，但白沙并非王门，此处不对本文作综述。

孙德仁的《五百年来良知学的历史境遇与学理进路》一文，对阳明及其后学之“良知”进行了综论，并追问今人之“良知”是否还是古人之“良知”，作者认为这一追问，不是历史向度的差别，而是存在本身的变化。良知内在品性与历史境遇的相互砥砺，使得“五百年来王阳明”的问题省思，不仅涉及对良知自身绝对价值的叩问，也是关乎现代性视野下如何认领良知本真的重要问题。现代性的尴尬并非只是一种情绪假设，而是阳明学在中国三千年未有之大变局中的一种历史境遇。

作者先对明清之际阳明学的三层纠偏进行了论述。以顾宪成、高攀龙为代表的东林党人，以朱子学的工夫纠偏王学玄虚之弊，刘宗周则认为以主体道德实践为根基，从心学内部进行补正，在心上用功，工夫层层推进，从存静之主敬到无杂念之慎独，他主要从朱、王《大学》之辩切入，对良知本身进行了反思。主要表现为深入心学内部，对“天植灵根”的良知做更进一步的夯实。黄宗羲则以心学的立场与做人的原则，对明王朝的政治体制做出了深刻反思与尖锐批评，进一步推进了阳明思想的发展。近代清末民初救亡图存、中西文化碰撞的背景下，阳明学的发展大多体现了古今之辨与中西之争问题的双向纠结，包括钱穆、牟宗三、冈田武彦等人的思想均是如此。接着，作者对现代语境下的“真假良知”进行了归纳，认为“真假良知”在当代有三种表现形式：其一，良知的知识化；其二，良知的鸡汤化；其三，良知的权威化。

第六个板块是“阳明后学研究”。本部分刊载了两篇文章，分别是刘泽亮的《陶奭龄的心学思想——兼论与刘宗周的思想差异》、涂可国的《李贽责任伦理思想管窥》。两篇文章分别对阳明后学陶奭龄、刘宗周的心学思想和李贽的伦理思想进行了论述。

刘泽亮的《陶奭龄的心学思想——兼论与刘宗周的思想差异》一文，结合新发现的《宗镜录具体》以及相关传世文献，对陶奭龄认识本体的工夫学、不属见闻的良知论以及为善去恶的迁改说进行初步系统性地梳理，在明晰与刘宗周学术进路差异的同时，揭示陶奭龄心学思想的完整面貌及其对阳明学传承所作的理论努力，还原其在晚明思想史中应有的历史地位。

文章从三个方面进行论述。第一，穷理为先、即心无心的工夫学。其主题体现在居敬穷理、即心无心、摄行归知等观念当中。在居敬、穷理这一儒学核心问题上，他主张穷理为先；在知行关系上，他认为致知不必复言行，主张销行于知，强调知能掩行。陶奭龄之所以坚守这一主张，是因为他沿着龙溪一脉顺流而下，在禅家的“即心无心”说中找到了足以类似旁通阳明心学这一进路的理论依据。并由此将阳明学引向禅学的极端一途。第二，动静一如、不属见闻的良知论。这是作为绝待之体的广义的良知本体，它具有知善知恶、衡定是非的能力。体悟良知本体也就是为学之道，在于致知先言知止，其根本在于“缮治其心”。第三，自照自录、为善去恶的迁改说。这一思想可以分为三端。其一，在迁改与唯心的关系上，陶奭龄认为“但得良知，自能迁改”，但迁改不废唯心之旨，并且是致良知的下手工夫。其二，在迁、改关系上，他主张迁改不二。其三，在迁改方法与征验、效用上，陶奭龄活用佛道思想，主张内以对心的自照。总而言之，陶奭龄沿袭了王龙溪、周海门一脉重本体、重体悟的传统，其心学思想，始于其穷理为先、即心无心的工夫论，终于其自照自录、为善去恶的迁改说，中间则通过对动静一如、不属见闻的“良知”的体悟，致使晚明阳明心学滑向了心学的极端，终结了龙溪一脉王学路向的理论空间。

涂可国的《李贽责任伦理思想管窥》一文认为，李贽的责任伦理思想，既包含隐含的、实质的，又包括“责”“任”“务”等明言范畴所表征的。表现在五个方面：其一，“责任”的内涵主要通过“责”“任”“务”三个概念表征出来，“责”被赋予了谴责、过失、批评、要求等内涵；“任”则包含了承受、担任、担当等意思；“务”有时指必须、一定、务必等意思，但大多数情况下指从事、致力、追求。其二，自责的疑问。李贽引嵇康《幽愤诗》而论，认为人入狱后再自责，为时已晚；乐义忘死，不应自责；三千太学生为其请愿，不该自责；嵇康勇敢无畏，不会自责。其三，责人的规整。对于那些急于追求功名而忘记亲人的不出家的人，才应该加以责备。李贽主张不过于求全责备，甚至不轻易责人，而应严以律己、宽以待人。其四，责任的要求。要处以重任，因人、事而设置奖惩机制。要当任饥溺，即非亲友不助，一则因为人的能力有限，二则不适合为亲友之外的人谋助。其五，要务的追求。知人与自知相互作用、相互依存，各为对方的重要事务和关键。在《鬼神论》中，李贽认为敬鬼与敬人是一体的，两者都是人应当做的事，由于神道远，人道近，因此必须致力于尽人道、务民义，把从事民众的事务当作自己重要的追求或责任。

另有“‘珞珈山空中杏坛讲座’实录选登”板块刊登林桂榛的《孟子心性论的天道理路》、蔡恒进的《人何以构建理念世界》，限于主题所限，兹不综述。还有诸如其他版块刊载的文章，如王兴国的《方克立先生与当代新儒学思潮研究》、萧平的《白沙心学中的自然概念探微——兼与道家自然概念比较》等文章，也不作综述，读者若有兴趣，可找原文研读。

二、《阳明学研究》第六辑

《阳明学研究》第六辑共有八个板块二十三篇文章，八个板块分别是：特刊、先秦儒家心性思想研究、阳明心学探寻、阳明后学研究、东亚阳明学、清代心学研究、现代新儒学研究、文本辑佚与考证。以下着重对有关阳明学研究的相关论文要而述之。

在第三板块“阳明心学探寻”部分，刊载了四篇文章，其中涉及王阳明思想，分别是潘朝阳的《阳明心学中的知性问题商议》、袁永飞的《从现代学术视野看朱熹与王阳明的本体分歧》。

潘朝阳在《阳明心学中的知性问题商议》一文中，以王阳明《传习录》为中心，讨论其“德性理性”和“知性理性”两个观点。作者认为，古代儒家主张本心为体而双彰其德性和知性，两者皆是人之理性。古典儒家重视道德实践，亦重视知识系统之建立乃至科学体系的展现，德性是本心的“体证”之境，而知性则是本心发用，定着和微向于外物，必须是“外延性”和“架构性”的客观建立，因之而为世界“立法”，使人从其主体发出思维之后，对此世界建立客观性的认识；而后世心学家则多把良知看作“德性心之义”，容易轻忽良知亦具有知性理性的思维和认知能力，所以心学家往往堕于虚玄荡越空疏飘悬之光景中，而烧掉了脚踏实地的客观义之实学、实政、实功。

文章从五个方面展开：其一，古代儒家重视知性。从孔子开始提出的“德性理性”是人之所以为人的首要义，揭示出了仁心、仁人、仁政的“道德理想主义”的儒家基本观念，之后曾子、子思及孟荀等均加以继承。其二，在认知上，阳明在与徐爱的问答中体现出了与朱子的差异。阳明《传习录》是锻炼“心法”的宝典，他用“事事物物上求至善”替代了朱子的“事事物物皆有定理”；他不同于朱子对“明德”“止于至善”等解释，认为“至善”是“内在的它之在其自己”，这一做法抹杀了“客体义”，只剩下“主体义”，他着重在本心的德性面向的唤醒，且以为由知性发用出去的知识系统是次要的。所以，阳明之教，是“心”而欠缺“行”。其三，阳明对于“音律学”“测候学”的态度。作者引用了阳明与弟子陆澄的对话，认为阳明表现的是一种对“科学”知识和技术的轻视，认为学者需要从“礼乐本原上用功”。其四，阳明以黄金比拟圣人境界乃是不严谨的，这点显示了它对于“圣人”之认知是不够精准的。其五，阳明在行动上是实务、实政、实学的，其卓著的军功即是表现，这与他的心性论形上学并无逻辑关系，它不是“德性知性证悟的境界”，而是“知性理性推理的逻辑”。

袁永飞的《从现代学术视野看朱熹与王阳明的本体分歧》一文，从近现代生命自然与道德自觉而非文化真相与逻辑真值的本体论语境中，对朱熹与王阳明的本体内涵赋予了新的表达形式。文章认为，从目前的文本资料看，对朱陆二人存在着两种学术意见：一种是二者本体一致甚至一样，仅有工夫或功夫的差异；另一种是二者本体不同，导致其工夫的差别。作者比较认同后一种说法，并从二者本体的经典表述、诉求与差异存在等方面探讨其可能的意蕴与实际征象。在关于本体的经典表述上，朱熹是理本体，为观念认知的绝对本体，能实际流行，即纯粹的天理本体或伦理本体；阳明是心本体，是人身呈现的自在本体，有认知功能，即纯粹的良知主体或道德本体。二者是天地的宇宙本体与人类的精神本体的区别，即朱熹所指示客观的理，阳明所指示“心”。在关于本体同一的认知限定上，作者认为，在超越、绝对、普遍、永恒、终极的本体意义上，心与理应当是一体的，它是信念的最高主体或主宰，无法从经验上证实。在关于本体差异上，作者从五个方面论述了朱陆的本体差异：其一，近现代语境里中西体用的分合问题所引起的本体差异。其二，孟子关于人同类、同性、同心、同理的判断所引起的本体差异。其三，张载的“心统性情”议题阐释所引起的本体差异。其四，“性即理”“心即理”“即本体即工夫”的“即”所引起的本体差异。其五，熊十力的心本体论与冯友兰的理本体论的内涵诉求所引起的本体差异。总而言之，朱熹的理本体是气思想内涵的经典表述，而王阳明的心本体则是其主要学说的基本内核。

在第四板块“阳明后学研究”中，刊载了三篇文章，其中陈寒鸣的

《张居正与阳明后学》与刘芝庆的《“心地开明，道在现前”——罗近溪的良知、生活与经世之学》与阳明学关切较多。

陈寒鸣的《张居正与阳明后学》一文比较了张居正思想与阳明心学之间十分复杂的关系。之所以复杂，是因为张居正的思想深受王阳明思想的影响，与阳明后学保持一定的情感交流，但他又有过迫害阳明后学如何心隐的行为，甚至禁毁天下书院、打击讲学活动等。所以作者认为，张居正的学术思想与阳明并无根本矛盾，相反，其个性和行事作风具有阳明后学的狂狷色彩。无论是王阳明的“良知”之学还是张居正的“敦本务实”之学，都是基于现实社会问题而发展出来的，二者都批判现实，都有相通之处。张居正企图通过一系列自上而下的改革化解现实社会危机，重振君主专制统治的纲纪，而王阳明无论在学说上推扬“心即理”“致良知”“知行合一”等，还是实际政治操作层面上颁行“乡约”，力行“十家牌法”等，无非是要将他拯救现实社会危机，维护君主专制政治秩序的道德原则融贯到社会实践行之中。

张居正虽不是阳明后学，但王阳明的“狂者胸次”说对张居正影响甚大，他具备了阳明心学的修养，所以他能够超越制度，超越世俗毁誉，形成独行人格，获得了内外两重自由，所以张居正的出现应当是阳明心学的一大积极成果。此外，作者还从张居正与阳明后学的关系进行了分析，包括张居正对聂豹、罗洪先归寂求虚的心学理路的认同，以及他与耿定向、罗汝芳、何心隐等阳明后学之间的关系。但是最终，张居正与阳明心学还是决裂了，他的雷厉风行的举措造成了泰州学派异端学者何心隐的惨死。

刘芝庆的《“心地开明，道在现前”——罗近溪的良知、生活与经世之学》从罗近溪的良知学出发，对目前学界的一些说法进行反思，探究其生活与经世思想。文章从罗近溪良知的两个方面进行论述：从吃苦熬炼到不学不虑、从大人之学到圣谕光辉。在对罗近溪“良知学”解释的同时，发现其生活与经世立场。文章认为，罗近溪的讲法与其师祖王阳明的“良知学”有较大差异。阳明的“良知”是人的内在道德判断与评价体系，是意识结构中的重要部分，其中包含了孟子所谓的四端之情；而罗近溪的切入点则不相同，更加重要的是，罗近溪的“良知学”是否可以视作阳明良知学的合理引申？作者综述了前人的研究成果，提出需要辩证地看待“明教而儒教者”和“不明教而明教者”这一问题。认为罗近溪突破了儒教，也巩固了明教，其“赤手搏龙蛇”，充满了勇气又戒慎恐惧，不学不虑却也小心翼翼，以良知自修且经世，以儒者为己任，晚年又强调宗教体验等，这些都是难能可贵的。

第五个板块重点是关切东亚阳明学的发展，刊载了三篇文章。分别是申绪璐所翻译日本学者荒木见悟的《阳明学的后退——论聂双江的思想》、关雅泉翻译日本学者佐藤炼太郎的《左派王学的经世济民思想——以王艮与李贽为中心》、陈晓杰的《“阳明学”与“东亚”以及“近代日本”》。

日本学者荒木见悟的《阳明学的后退——论聂双江的思想》一文，重点论述了聂双江既没有完全接受王阳明无分于动静感通的工夫论，又批评了以王龙溪为代表的良知现成主义，从而提出了自己的“归寂工夫”说。文章以“后退”为题，是基于阳明学与朱子学的思想构造的对比，以本质不同的两种学术的相似度为基准的。也就是说，聂双江的后退，是指从阳明学后退到朱子学一边。聂双江良知偏向于静态的动静无爱的性格，从而使良知活泼的生命力归于稳静。然而这一良知主静的后退，具有何种意义呢？聂双江的虚寂不同于佛教的枯寂退隐，他提出了“寂静优先”的说法，批评龙溪的“知觉主义”是忘掉根本，是只用心于培养枝叶，花果的枝节论、助长派。聂双江提出致知是“充满虚灵本体”，格物是“感通天下之故”，本体之量，在具体的感应事物之前，其本身应当成为一定的充足体。一切即一，一即一切，密切接触现实的动态，通过自由地发挥与变换，培育其体格。这一“本体充满论”思想也受到了诸多诟病。其“本体充满论”，就是说有意识或无意识地为心中蓄积的道理感觉建立秩序，构筑和防御外在的即使是微动也不循序的条理之墙，保持安定的观念领域中滴水不漏的防御态势，此乃未发之中的本质，是道德主体的必要条件。作者认为，在这一情况下，心被遮蔽，沉醉于自以为是的主宰意识，容易陷入悬空守寂。在归寂的工夫上，双江认为要“江汉濯之，秋阳暴之”，即让心冷却，不受约束的外发意欲得到冷却，将心置于不动的安住处。

佐藤炼太郎的《左派王学的经世济民思想——以王艮与李贽为中心》一文，以日本内阁文库藏《重镌心斋王先生全集》为底本，概观王艮的经世济民思想；以《墨子批选》为对象考察李贽的经世济民思想。在对王艮思想的讨论中，作者考察了《鳅鳝赋》中救济陷于危机状况而痛苦的人们为使命，乃是适合天性自然的做法，其中表达了王艮救助民众的热情。《明哲保身论》则强调了保障自身安全重要性，在主张保全自己的同时，又懂得尊重他人，为实现家庭和社会国家的和平而保身。在对《大学》中“格物”的解释时，王艮提出了“淮南格物说”，格即“正”，只有将自己和天下国家视为一物，以自己为“本”，以天下国家为“末”，以自己为标准推测他人的心理，正自己之“本”，才能正确治理天下国家之“末”。

李贽的经世济民思想在《墨子批选》中体现得比较突出，该文大约是万历十六年至二十四年之间所著，李贽对《墨子》核心的“十论”均有收录，而删除了《天志》一篇，实际上是李贽不认可墨子所提出的存在着对人的行为进行赏罚的人格之神——天帝。但李贽是认可墨子经世济民思想的，而对儒家思想，他也进行了批判，讽刺那些言行不一的儒者。作者认为，李贽之所以弘扬《墨子》，是因为《墨子》的政治论是在国政混乱中提倡尚贤、尚同，在贫穷中提倡节用、节葬，在安逸享乐中提倡非乐、非命，在颓废中提倡明鬼。对《墨子》的批注，实际上是李贽经世致用思想的副产品。明末时期还出版了《墨子品汇释评》《墨子奇赏》等，以劝善书的方式流行开来，是道德实践的指导书，《墨子》并非是研究的对象。

陈晓杰的《“阳明学”与“东亚”以及“近代日本”》一文，全面回顾与分析了阳明学在近代日本的发展历程与曲折，并指出正是19世纪末开始，阳明才真正成为东亚三国产生共时性振动的重要媒介。无论是“阳明学”还是“东亚”概念，都是起源于日本，而日本幕末维新志士有不少人信奉阳明学，这影响了后期中韩两国前往日本留学的人。后期阳明学的发展经历了复杂的变化，包括有作为个人信仰的阳明学、作为“哲学”而对抗西方文明的阳明学、作为“国民道德”之思想资源而与国家主义相结合的阳明学，甚至染上了帝国主义的色彩。作者从“阳明学”与“东亚”两个概念的梳理展开论述，进而研究了阳明学与近代日本的关系，包括明治维新与“阳明学”关系、中韩两国留日学者受到的影响，如梁启超、章炳麟、郑寅普等。但当时日本国内的阳明学发展已出现很大变化，呈三种类型发展：作为反洋气与反洋学的阳明学；作为国家主义与和平主义者的提倡国民道德之阳明学；作为民权论者与宗教的阳明学。虽然在近代化过程当中，阳明学被作为挖掘“当代”意义和价值而被赋予了政治意义，但作为“哲学”的阳明学并未被忽略，出现了一大批阳明学学者，如熊十力、梁漱溟、贺麟等，从不同路径（传统路径与脉络为主、法国哲学影响与直觉主义、自然科学与价值论之间的沟通以及黑格尔哲学影响）进行研究。

简要言之，阳明学之所以在当时风靡一时，这与阳明提倡的“致良知”的简易路径以及万物一体的精神有很大关联，很容易吸引当时身处日益流动不安定的明代社会的人们，此时又是东亚三国都受到西方文化、科技冲击的时候，这也是阳明受到追捧的因素之一。近代阳明学发展与日本有密切的历史渊源，使“近代日本”将是今后研究阳明学不可绕离的话题。

在第八个板块即“文本辑佚与考证”，刊载彭树欣的《江右王门王钊文献辑佚》一文，对江右王门后学王钊（柳川）的传记和语录进行了梳理、辑佚、标点和总结。其文献主要存于《安成复真书院志》当中，包括传记和语录共计约八千字。本文辑佚有《学语》《答刘两峰暨诸同志》

《简箫谷泉》《简方南侄》《呈邑侯松溪程先生》等。文章还总结了柳川先生思想要点：致力于王阳明“良知说”的阐释和弘扬。其一，提出“良知自然”说，这与泰州学派和王畿的思想有不谋而合之处，其二，“灵根”说，进一步丰富和发挥了阳明的“良知”思想，呈现出良知的灵敏性、灵动性、空灵性和自然性。他的思想有不少独到和精彩之处，与其他江右学者思想如邹守益、刘邦采、刘文敏、王时槐等都大异其趣。

此外，《阳明学研究》第六辑还刊发了诸多与阳明学无直接联系的文章，由于本书主题所限，就不作一一综述，只将标题罗列如下：

刘依平和吴佳丽的特稿《论萧萐父的学术思想与交游——以20世纪80年代致韦政通书信为中心》、郭齐勇的《天人关系论说要义及其启示》、张京华的《“人心惟危、道心惟微”命题的哲学意义——兼论中国哲学史的开端》、钱潇荣与秦平的《〈尚书〉中“德”的概念及其政治哲学意蕴》、张晚林的《论作为圆教文本的〈中庸〉》、邹啸宇的《胡宏核心政治理念及其生成机制析论》、黄敦兵的《从道德救治到制度重建——明清之际经世观念的义理诠释进路刍议》、徐仪明的《王夫之〈张子正蒙注〉“心”“性”“诚”伦理思想研究》、郭晓丽的《论倭仁的身心修养观》、刘克稳的《“亦诗家之霸统也”——王夫之对李梦阳诗学思想的整体批评》、胡栋材的《明清之际的“性习之辨”及其当代意义重省——以陈确、王夫之、方以智及颜元为例》、黄丽生的《徐复观论象山心学的实践性格——与牟宗三的比较》、王巧生的《熊十力习心论发微》、丁为祥的《知“评”论“人”：做一个真诚、坦荡的人文研究者》。

三、《中国哲学与文化》第十九辑

《中国哲学与文化》辑刊是香港中文大学哲学系中国哲学与文化研究中心主办的学术刊物，早期由刘笑敢主编，早在2007年就已开始出版发行，其目的是为了复兴中国哲学研究，其中每一辑均有一个核心主题，邀请海内外专家学者围绕主题进行讨论，《中国哲学与文化》第十九辑由郑宗义教授主编，以“王阳明哲学”为专题，主要有陈立胜教授的《从“天下”到“世界”：阳明学视界的近代转换及其反思》、陈志强教授的《明清恶论探析：王阳明“习”的概念起源与发展》、赖柯助教授的《良知、立志与知行合一：再论阳明如何回应道德之恶》、黄敏浩教授的《耿宁的良知三义——以〈人生第一等事〉为中心的检讨》、陈亮博士的《圆满之知——从德性知识论的角度看王阳明“知行合一”》。

传统的阳明学视界是由一“至大无外”的“大道”意识造就的，“大道意识”“为己之学”与“天下一家”，构成了传统阳明学的基本精神气质，而近代中国阳明学的兴起则与民族国家的建构、“国性”与“民德”的重新塑造联系在一起，带有强烈的国家狐疑、民族主义价值取向与强烈的“隔”的色彩。陈立胜教授的《从“天下”到“世界”：阳明学视界的近代转换及其反思》一文认为，就近代阳明学视界的转换为主题，讨论阳明学近代视界的转换而造成的儒家知识“地方化”“国族化”“时代化”重新“普遍化”“世界化”“现时化”，让阳明的“大道意识”再次成为我们眺望未来的地平线，这是当今中国哲学研究的重要使命。

文章分三个部分进行论述。第一，“为己之学”与“天下同风”：传统阳明学本身的视界。传统阳明学的视界乃是由一“至大无外”的“大道”意识造就的，“道”成了“超越”文字乃至文化的“终极实在”，在政治关怀上，“天下一家”“万物一体”始终是阳明的终极理论世界，阳明“致良知”的目标即是要达到“心学纯明”之终极境地。大道意识、为己之学与天下一家，构成了传统阳明学的基本精神气质。第二，走向“世界”：近代阳明学“视界”的转换。中国在确立了“世界”“亚洲”乃至“日本”等“他者”之时，现代意义上的“中国”才开始认清自己，梁启超称这个过程为“过渡时代”。由“天下”向“世界”的转换、由传统“天下”世界下的“中国”向现代“世界”视界下的“民族国家”的中国之转换、由“道出于一”向“道出于二”再向另类的“道出于一”的转换，牵涉到“三千年未有之大变局”，其中充满着满汉、古今、中西、新旧之纠结与紧张。这个大变局涉及政治制度、经济与社会生活、文化理念与价值观念各个方面的转变，这是一次全盘的结构性转变。这一变局，本质上可以概括为“中国现代性问题”，这是近代阳明学复兴的背景，而明治维新—甲午战争—日俄战争—留日学潮这一系列与东瀛崛起绾结在一起的“事件串”则成就了阳明学在中国近代出场的“大事因缘”。实质上，近代阳明学就是一个“出口转内销”的过程。第三，“大道意识”的再觉醒：超越“天下”与“世界”。“天下”“世界”“环球”这些出自不同时代、不同地域的概念最终交织在一起，构成了我们今天研究王阳明哲学思想的“世界”，要理解王阳明，就必须先理解王阳明的精神世界、生活世界。让由近代视界的转换而造成的儒家知识“地方化”“国族化”“时代化”重新“普遍化”“世界化”“现代化”，让阳明的“大道意识”再次成为我们眺望未来的地平线，是当今中国哲学研究的重要使命。其一，阳明心学乃至“中国心学”之“心”乃“天地之心”之发窍“最精处”。“心”乃是天道、地道、人道交感共鸣的“精神枢纽”，“天之高”“地之深”，人之尊严、万物之生机均在此处得以呈现。其二，阳明学“天下同风”之中的“通”义，内在地含有“通中外”“通古今”“通人我”的精神力量。其三，这个“大道意识”是基于对圣学之全无所不具的自信，故能够超越狭隘的“教”之固化与封闭的立场、超越“教”之异同意识，而向所有能够“成全”“丰富”人性的精神资源敞开。所以，阳明学义理之当代开展，必须具备“大道意识”。总之，隔离或者排斥“世界”视界，儒家哲学的重建将变成一种单向度的“特殊性”论述，其自我更新的精神资源势必日趋枯槁与萎缩，其最终的结果只能让儒家哲学远离世界哲学的舞台，而陷入自说自话的“自恋式”的迷醉之中。

“恶”的问题之于儒学研究，尚是一个有待开发的议题。中晚明儒学自王阳明心学以降，“恶”的探索愈加聚焦在“心”“念”等概念之上。陈志强教授的《明清恶论探析：王阳明“习”的概念起源与发展》一文，紧扣“习”的概念。作者认为，阳明学者解释“恶”的出现时，“心”是最为关键的概念，而个中的运作机制，又得聚焦在心念表现为知识活动时所产生的留滞情况。而这些理论线索，启示都能够将意义归结到“习”的概念上，更加显题化地以“习”的概念为中心，理解“恶”的问题，将能够更好地帮助我们理解阳明恶论的理论定位。一方面，阳明的恶论继承了先秦儒学开启的理论方向。另一方面，清代儒学理论发展的源头背景亦能开启。作者以王船山、陈乾初、颜习斋为例，阐明明清之际儒学恶论的理论发展。文章基于翔实的文本分析，论证“恶”的产生，归根结底源于人性活动的“偏滞”情况，是谓“习”的问题。更为精确测定“习”在“恶”的问题上的关键地位，有助于在哲学史角度厘清恶论的一脉相承处。本文的论证主要有两个：其一，阳明恶论涉及面向多端的概念丛，但“恶”的出现根本而言与“习”的问题最为相关。这一部分，作者以“习”的概念为中心，重新分析阳明对“恶”的理解。其二，虽然学界有以为明清之际的儒学发展，经历了一种典范的转移的人，但在“恶”的问题上，明清儒学实有一脉相承的理解。这一部分，作者以王船山、陈乾初、颜习斋等一些清代儒者为例子，说明明清恶论的主要发展。总之，作为心学的一员，王阳明思想总是与“心”的概念相关，善恶之分，亦是紧扣“心”“本然”与“流弊”状态的差异来说。从“本然”的状态而言，“心”具有“虚”“灵”“明”“觉”的形式特性，一旦陷落沦入“流弊”的状态，“心”则转而受到“习气”“习染”的困境。及至有清一代，儒者基本上仍然通过“习”的概念言“恶”：王船山肯定人性全幅是善，不善者产生于人性之外，继而从“气禀与物相授受之交”，进一步阐明“习”的理论意义。陈乾初与颜习斋，理论表述上亦更为明确从“性”与“习”判分“善”与“恶”的理论界限。

赖柯助教授的《良知、立志与知行合一：再论阳明如何回应道德之恶》一文，以美国哲学家柯思嘉的两层行动理由意义及理由内在论论述，探讨与厘清阳明学中哲学概念的意义及其之间复杂的关系，这样有助于把握三个问题：其一，阳明“知行合一”说的现代意义。其二，阳明如何回应意志软弱所造成的知行不一致，以及因错误认知而做出道德恶行的实践问题。其三，良知、立志与知行合一在道德行动逻辑中的意义及其之间的关系。

文章先对柯思嘉的哲学概念做出阐释，即实践认同的两层含义、“道德认同”、行动理由、完整性等，借此诠释阳明的知行合一说所蕴含的道德完整性的观点，以及与此观点密切相关之良知、立志与知行合一在道德行动逻辑中的关系，进而论证阳明如何回应道德之恶。通过讨论，作者得出五点结论：第一，依柯思嘉论及行动模式的相关论述，人的自我意识是反身自省的，会探问行动的理由，而现实中其实践认同就是他的行动理由，而其“人之为人”的“道德认同”则是支配他其他的实践认同，以及判别这些实践认同是否具有实践合理性的标准。第二，“道德人格完整性”体现于“良知我”与“抉择我”具有“一致性”的基础，尤其是实际行动的完成，才算是自我道德完整性的实现。第三，阳明学的“知行合一”具有两重意义：第一重知行合一是从理由内在论论述论证良知判断（知）与道德动机、实践动力（行）是必然联结，这说明了道德实践动力内在与良知的道德判断，在这个意义上，作为道德判断与实践动力更远的良知，在实践上是“即呈现即驱动”，阳明的良知学据此可以诠释为道德内在论中的一种版本，即“良知内在论”：第二重知行合一指道德判断与相应外显行动的一致性，这是就应然层面而言出于良知本性的自我择求。第四，针对行动者因为错误认知（认欲为理）而导致道德恶行的实践问题，根据阳明学，回应之方是立志与良知之道德审思。立志之道在于，把握到尊德性与道问学实是圣学的并进之方。良知之道德审思则意指行动者在每次行动当下能切实反身省察其于当下处境的行动原则，是否可以通过“天理之公”的合理性检验。第五，若行动者为了满足其主观欲求或现实利益而选择实现那违背良知判断的格准，则结果是他没有履行相应其身为良知的道德责任，或违背道德的恶行，这是意志之软弱所导致的知行不一致的结果。然而，这让他在反躬自省后，认为他不再是自己所认同与评价的自己、不再是道德人格完整的自己，而深自懊悔与自我咎责。这理性反省对应至阳明学意味着行动者一念逆觉而冲破私欲私意的障蔽之“良知觉醒”，且由于要求道德判断与相应行动的一致性是良知的特性，因此，良知一旦觉醒做主，必然基于其要求一致性的特性发出责求知行一致的义理承担，即责志。

黄敏浩教授的《耿宁的良知三义——以〈人生第一等事〉为中心的检讨》一文，以耿宁撰写的《人生第一等事》为中心，探讨耿宁的阳明思想。文章首先讨论了耿宁阳明良知的三个意义，在耿宁的《人生第一等事》中，提出了良知三义：“本原能力”“本原意识”“心的本己本质”。其中，“本原能力”是前提，“本原能力”“本原意识”与“心的本己本质”是“未完善”与“完善”的间接关系。他又认为三义中之首义是阳明早期的概念，其他二义是其晚期概念。黄敏浩则认为，三义中前二者应是“用”与“体”的关系，二者相合而与“心的本己本质”直接贯通。良知三义也没有早晚期之分。他们实为良知的三个侧面而不可分割。也就是说，耿宁所谓阳明的“良知”三义，若视之为良知的三个侧面而互含其义，便没有问题，这个观点可为阳明“良知”的诠释提供一新的向度。但若视之为良知的三个不同概念而区别开来，便会产生一些问题而导致对良知的误解。

陈亮博士的《圆满之知——从德性知识论的角度看王阳明“知行合一”》一文，以阳明的知行合一与索萨的德性知识论相比较，探讨二者的共同结构及精彩洞见，并论证知行合一符合德性知识论的基本结构。文章分三个部分进行论述：第一，兼论索萨的德性知识论及阳明的知行合一，并论述德性知识论结构能很好地帮助理解知行合一，指出两个知识论在结构上多有吻合之处。阳明的知行合一有两层含义，其一是知行本一，乃探讨知与行在知识论上的关系，基本上不是说工夫问题。其二，含工夫论的知行合一，属致良知教下的工夫之一，以劝勉学者把不善的念头去除于萌芽之间。德性知识论认为，知识须与个人能力运用及表现挂钩。知识要满足三个条件：准确性、灵巧性、适切性。第二，提出德性知识论的理论优点，在于能排除幸运因素对知识定义的干扰。阳明的“真知”概念虽然不是处理幸运因素的问题，但其精神却与德性知识论有异曲同工之妙，皆是要排除一些不相干的因素于知识定义之外。第三，论证“真知”亦体现了索萨后来进一步完善其德性知识论时提出的“后设适切性”“圆满适切性”及“圆满之知”等概念，阳明后来提出致良知教下的知行合一更是圆满之知的一个典型例子。

通过论证，作者试图论证三个结论：第一，索萨的德性知识论结构能帮助理解阳明的知行合一，两个知识论在结构上有很多吻合之处，德性知识论的洞见在于将能力的适切运用纳入知识的定义之中，从而颠覆了传统知识论对知识的理解，知行合一对知识的理解和德性知识论有结构相似性，同样视能力之运用为知识不可或缺的部分。第二，德性知识论的理论优点，在于能很好地消除幸运因素对知识定义的干扰，而知行合一则能区别真知与粗知。两者虽然看似风马牛不相及，但细想之则能发现各自的理论有点有着相同的结构：即是将“知”与“行”有机地结合，以行为界定知识，从而将不相干的元素排除在知识的定义之外，在德性知识论，对知识定义不相干的元素是“幸运”；而在知行合一，其不相干的元素是“未经自知自觉之知”，如口耳谈说以为知者。第三，德性知识论后来发展为进一步排除幸运因素于知识定义之外，更引入后设适切性与圆满适切性两个概念，来处理认识者对处境的风险评估问题，亦即认识者对自己认识能力之了解问题。只有满足“圆满适切性”才能视为“圆满之知”。而阳明的“知行合一”发展到“致良知”教，彰显“合”的工夫义时，最能符合“后设适切性”及“圆满适切性”两个概念，故此，阳明的“知行合一”亦是“圆满之知”。

四、《中国心学》第一辑

《中国心学》是由浙江稽山王阳明研究院与中华孔子学会阳明学研究会合作，董平教授任主编的辑刊，计划从2021年起每年出版一辑，第一辑由商务印书馆于2021年4月出版。主要刊载与“中国心学”相关的理论文章，包括理论研究、史实考证、思想比较、实践经验等等。第一辑由五个板块共十五篇文章构成，包括：心学理论与现代意义、心学历史与思想学派、心学视域与文明互鉴、心学人物与史迹考证、学界进展等。其中与阳明及后学直接相关的文章有九篇，包括陈来的《“万物同体”与王阳明思想的晚年发展》、韩国学者崔在穆的《东亚近世近代阳明心学述评》、陈寒鸣的《阳明学与泰州学派》、钱明的《阳明后学讲学运动的兴盛与曲折——以杭州天真书院为主线》、黄敏浩的《黄宗羲对“四句教”诠释的检讨——以耿宁的讨论为中心》、陈卫平的《明清之际王学对天主教的接引及其意义》、米文科的《经世与出世：心性论下的阳明学儒佛之辨》、汪柏江的《〈王阳明佚文辑考编年〉（增订版）关于绍兴史迹的辨正》、张宏敏的《阳明后学文献整理的新进展》等，以下分而述之。

陈来的《“万物同体”与王阳明思想的晚年发展》一文，从良知学的角度论述了王阳明晚年“万物同体”思想的变化，这种变化不仅仅表现在良知内涵上面，还表现在良知实践方向上，成为王阳明晚年思想发展的重要部分。体现在：一方面，“万物同体”表现为追求内心生活高远的精神境界和宇宙体验；另一方面，在价值上体现为对生民苦难的悲悯情怀，将解救人民的苦难作为他内心的一种终极关怀。文章首先对阳明之前“万物一体”思想的起源进行了梳理，其源于《庄子》，到宋代以后程颢提出“万物一体”的两种说法，一种是“一体”，一种是“同体”，但二者意思一样。“一体”指的是要把仁者与天地万物视为一体，作为博施济众的人道主义关怀；“同体”即要培养追求一种内心的精神境界。程颢的两段话成为阳明“万物一体”思想的来源。

之后，作者分别从“万物一体”与“亲民”、“万物一体”与“本心”、“万物一体”与“良知”等分别进行论述。认为阳明晚年“万物一体”思想在“格致诚正”的工夫论以外，更加强调面向宇宙和社会。这一方面使得他的思想体系从中年时期特别强调自我意识和自我关怀，走向了晚年由一体论代表的自我和宇宙的统一，使他的哲学能够摆脱仅仅集中在自我意识、自我关怀的那个单向度上，而走向了更高的精神境界。另一方面，在关注自我与宇宙同一的同时，还强调外在的亲民实践。

韩国学者崔在穆的《东亚近世近代阳明心学述评》一文，由韩国学者金明月翻译成中文，钱明教授进行了审校。文章主要对近世近代东亚地区尤其是中、日、韩三国王阳明心学的发展进行了大致介绍，包括基本学说、术语、相关人物等。文章分为四个部分：其一，“心学”的概念。对中国、韩国、日本二个国家的“心学”概念进行了诠释。其二，王阳明的思想及其意义。以《大学》的诠释为中心，与朱熹的思想进行比较而阐发阳明的心学思想。其三，阳明学在东亚的发展及其特征。分别阐明阳明学在中国、日本、韩国发展所呈现的特征。其四，日本近代阳明学的阴影。论述了阳明学对日本文化的影响，如武士道精神就吸收了阳明学的“实践”精神。作者认为，近世阳明学的展开形态是“从中国到韩国再到日本”。但在近代的日本明治维新时期，阳明学被重新定义了。导致中日近代阳明学的内涵各不相同，但他们都对东亚产生了众多影响。作者提出，由于在具体的历史中，人、物和信息（概念、知识）往往跨越国境，在文化和政治的脉络中——甚至通过战争的手段——进行交流和沟通。所以代替

“国家”，以“海域”“地域”为单位重建历史思想和文化的所谓“广域史”的视野，在阳明学的研究领域乃是必要的。

陈寒鸣的《阳明学与泰州学派》一文认为，泰州学派的形成和发展，是儒学发展从经院哲学走向大众化、通俗化的标志。泰州学派由阳明的门徒王艮授徒发展出来。文章第一部分论述了阳明与王艮师生关系的由来及思想异同，虽然王艮并无完全接受阳明思想，但并不妨碍阳明思想作为王艮及其后学思想的核心，正是有了王艮师徒的传播，开创了泰州学派，阳明学才得以风行天下，真正实现了儒学的大众化、平民化和社会化。文章第二部分对泰州学派的主要人物进行了论述。包括王栋、王襞、颜钧、罗汝芳、何心隐、李贽等，由四百八十七人组成的泰州学派，成员大致可以归为两类：第一类是进入王朝政治体制中的仕人，包括由科举出身和贡士为官两种，如赵贞吉、李春芳等人。第二类是民间布衣人士，包括从未踏足仕途的士农工商群体，包括农工医商和游讲之士两部分。第三部分论述中，作者总结了泰州学派的属性与基本特色。即泰州学派是在中晚明特定的社会背景下，在阳明心学深刻影响下，形成和发展起来的与以官方儒学、士绅儒学等为主要表现形式的正宗儒学迥然有别的平民儒家学派。具有五个鲜明的特色：其一，抛开传注，任意解释经典。其二，打破封建士大夫对文化的垄断，强调学术的平民性，将学术、文化社会化、普及化。其三，启迪大众，使其“乐学”向善。其四，重视道德，讲求伦理。其五，无论是思想内容，或者是授学、传道方式，平民儒学都具有明显的宗教色彩。

钱明的《阳明后学讲学运动的兴盛与曲折——以杭州天真书院为主线》一文，以杭州天真书院为中心，对王门讲学场所作了较为细致的史料梳理和初步考辨。天真书院又叫天真精舍、别称天真馆，作为后阳明时期王门讲学的重要阵地，在明代学术史上尤其是阳明学的传播发展史上具有不可忽视的地位，其最早是作为祠庙祭祀阳明，而后扩展为全国性的私人讲学场所。但是，一直以来，天真书院相关的史料并未受到重视，尚未有人做过系统梳理。

天真书院建成于1530年，1541年邹守益与同门士人开设讲会，在嘉靖三十三年（1554）黄弘纲根据欧阳德生前的建议，遵照胡宗宪、阮鹗的指示，对天真书院内的仰止祠进行了改造，后更名为“阳明先生祠”。万历年间，天真书院遭遇了张居正“以新法废书院”的影响被禁，此后，虽然天真书院再次恢复，却再没有出现当年的风貌，后又基于阳明“勋业之隆”“上则有功宗社，下则有功来学”的事功而复建阳明专祠。并被皇帝赐号为“勋贤祠”，其目的是可以突出其祭祀功能而抹掉其讲学功能，凸显阳明政治家、军事家的形象，淡化其思想家、教育家的形象，使逐渐滑向“异端”的阳明心学不致成为恢复其名誉、妨碍其入祀圣庙的绊脚石。作者认为，比较而言，建设天真书院的主要功臣是薛侃等一批阳明学者，其目的是为了讲学以祀奉阳明。重建勋贤祠的主要功臣则是萧廪等一批政府官员，其目的是专祀阳明，书院中的仰止祠主要用于祭祀，勋贤祠则用于公祭。所以，到清朝之后，在王阳明形象的塑造上，更加凸显了他的军事、政治才能，着重表彰其事功和军功。“仰止祠”更名为“勋贤祠”就不是简单的名称之变，而是内质之变，“仰止”尊崇的是包括“立言”在内的立体的学者型的阳明形象，而“勋贤”关注的是以“立功”“立德”为重点的官员型的阳明形象的塑造。最终，依靠政治庇佑的单一的祠堂祭祀功能，导致天真书院走向了破败。作者从而认为，思想文化的传承与发展自有其规律，任何政治力量试图驾驭和控制它，都只会加速它的灭亡或转向。

黄敏浩的《黄宗羲对“四句教”诠释的检讨——以耿宁的讨论为中心》一文，检讨了耿宁在其大著《人生第一等事：王阳明及其后学论“致良知”》中对黄宗羲诠释“四句教”的讨论，在肯定其把黄宗羲的诠释联系到刘宗周、聂豹的思想之余，也提出了一些值得商榷的地方。文章从四个方面进行解读：其一，黄宗羲对“四句教”的诠释。其二，黄宗羲对“四句教”的另类诠释。其三，“四句教”诠释中的“两个立场”的问题。其四，“四句教”中第三句的诠释问题。

作者认为，耿宁首先忽略了黄宗羲对“四句教”有另类解释。其次，耿宁对黄宗羲的“两个立场”的解读也需要调整。最后，耿宁对黄宗羲诠释良知的理解也有待商榷。具体而言，第一，黄宗羲除了正面评价了阳明的“四句教”之外，也作了负面的评价，并认为“四句教”非阳明所说。第二，耿宁对黄宗羲解释“四句教”的两种立场，以“实体”和“作用”层面把第一、三句归属前者，第二、四句归属后者。实则就黄宗羲自己所言之“浅言之”和“深言之”，而把第一、二句归属前者，第三、四句归属后者，恐更顺适而妥当。第三，耿宁所理解的黄宗羲的“四句教”中的“良知”为离用之体，不符合黄宗羲的意思，又谓此诠释已远离阳明“良知”作为本原意识也不符合实际情况。

在“心学视域与文明互鉴”板块中，刊载了陈卫平的《明清之际王学对天主教的接引及其意义》及米文科的《经世与出世：心性论下的阳明学儒佛之辨》两篇文章。其中，陈卫平的《明清之际王学对天主教的接引及其意义》一文探讨了明末万历年间至清代乾隆年间，王学在天主教在中国的传播起到了接引作用，这对明清之际重建信仰价值系统有一定的意义。米文科的《经世与出世：心性论下的阳明学儒佛之辨》一文，阳明学对儒佛的认识与朱子并不相同，阳明学是通过考察儒佛在心性论上的异同而得出的。

陈卫平的《明清之际王学对天主教的接引及其意义》一文认为，王学之所以为明末天主教的传入起到接引作用，自有其原因。第一，王学的解禁打破了程朱理学对思想的垄断，创造了天主教作为新的信仰价值系统得以输入和传播的文化氛围，更重要的是，王学的良知准则论蕴含着反对思想垄断、宽容异说的思想精神。第二，王学注意伦理学的自愿原则，为天主教教义的传播架设了思想桥梁。天主教在伦理学上继承了西方哲学注重自愿原则和意志自由的传统，认为人在道德和信仰领域应有出于意志自由的自主选择，人是否服从或信仰上帝，都是自愿选择的结果，唯此上帝的赏善罚恶才有意义，这点和王学有诸多共通之处。第三，王学大兴讲学会的风气，对天主教的传播提供了组织形式上的借鉴。王学对天主教的接引，意味着天主教成为内在于这个时期中国思想的元素，这突出表现在它成为重建信仰价值系统新蓝图的重要资源。明清时期对宋明理学的反思，可以看作是重建后宋明理学时代的思想世界。在这方面诸多学者都进行了深入的思考与践行。如王夫之“六经责我开生面”，是他反省宋明理学基础上重建信仰价值系统的宗旨。黄宗羲“以六经为根柢”来重建后理学时代的信仰价值系统。顾炎武同样以伸张经学、拒斥佛学和反省宋明理学为主旨。相比较而言，“三柱石”则提供了另一幅重建蓝图，这就是徐光启所说的以天主教“补儒易佛”，这是利玛窦等传教士的“合儒”“补儒”的重要内容。体现在三个方面：第一，汉代以降的“后儒”尤其是宋明理学为佛、道濡染，湮灭了“先儒”崇奉天主的真谛，因而必须予以补救。第二，即便是先儒，也只讲了“率性”即有形世界的道理，而天主教不仅包括了有形世界的道理，还“超性之学”论证了有形世界之外的天堂地狱的存在。弥补了儒学的缺失，传教士利类思把神学译注命名为《超性学要》突出地反映了这一点。第三，儒学的修身缺乏上帝监督和明确戒律，因而收效甚微。作者将其归结为四个“实”，古经实证、天主实存、天堂地狱实有、修养工夫切实。

从兼取程朱和陆王来说，“三柱石”的“补儒易佛”和王夫之、黄宗羲、顾炎武有共同之处，这意味着他们与后者一样，试图从宋明理学转化出新的儒学价值系统。就三人来说，如此的新价值系统的重要标志，是从以四书为中心转到以五经为中心，而对“三柱石”来说，这个新价值系统则表现为儒学化的天主教，王学接引天主教的意义，就在于构建这个新价值系统的起点。

米文科的《经世与出世：心性论下的阳明学儒佛之辨》一文，认为尽管有不少阳明学者提倡“三教合一”，但“同中有异”仍然是包括阳明学在内的众多理学家在三教关系上的基本看法，从而体现了三教融合趋势下儒家学者的自我身份认同，彰显了儒学不同于佛道二教的价值和意义。文章从三个方面进行了论述。文章第一部分，讨论理学时代思想家眼中的儒佛之辨。张载、二程等人一方面积极建构理学的形而上学体系，一方面也逐渐开始从心性论这一儒佛道三教发展的共同义理旨趣上去辨别儒家与佛老之间的异同，其标志就是程颐的“圣人本天，释氏本心”说。尽管“本天”与“本心”说并没有明确说明儒家与佛教在心性上的差异，但却开启了后世理学从心性上辨别儒佛经世与出世之分的先河。朱子也认为儒佛经世与出世之分，就在于一以性（天）为本，一以心为本，而性就是理，心虽具众理却不是理，只是知觉作用，释氏“明心见性”也只是作用之性，与儒家以天理为性决然不同。这一观点，代表了理学的儒佛之辨从外在之迹向内在之心性、从用到体的转变，并成为后世程朱之学在儒佛之辨上的一个根本观点。也就是说，儒家与佛道的差异，在于心性上的毫厘之差。

而陆九渊则从人伦物理、生死轮回来批评佛教的思路，并以公私义利来分判儒佛。接着在文章第二部分，作者阐明阳明继承了这一思想，明确主张“三教一道”又认为三教见道有偏全不同。“道”上的差异表现在心性论上就是儒家心与理为一，心即是理，佛老则心理二分。作者还罗列了阳明后学如王龙溪、王栋、胡直等的观点并进行讨论。文章第三部分专门论述了阳明后学反对“三教一道”的观点，认为儒佛道是“三教三道”，如罗洪先认为，佛老之所以被称为“异端”就是因为在“端绪”上、根源上就与儒家不同，如桃李之不同原因在于其种子不同。罗洪先、蒋信以及王时槐等也持类似观点，王时槐认为主张儒佛见性相同、作用不同的观点是不对的，好比一人之志在趋燕，一人之志在趋粤。刘元卿也认为，儒家以仁为性，而佛氏以“空寂”为性，二者犹如种子之不同。薛侃则从心体“虚寂”之义来说明不同。总起而言，儒学内部也有不同的看法，但基本是“同中有异”与“异中有同”，区别与融合作为阳明学儒佛之辨的两条并行发展线路。

在“心学人物史迹考证”板块当中，刊载了汪柏江的《〈王阳明佚文辑考编年〉（增订版）关于绍兴史迹史辨正》一文。该文以束景南先生《王阳明佚文辑考编年》为中心，对该书中的一些佚文考释提出了不同的意见，并举例说明。第一，峨嵋山辨析。束景南先生认为王阳明《登峨嵋归经云门》一诗中所指的峨嵋山是绍兴府城内的云门“峨眉”，但从“经云门”这一条线索的方向可以明确，此峨嵋山就在绍兴会稽山南部崇山之中，而不是绍兴城内八山之一的“峨眉山”或“蛾眉山”。第二，《登秦望山用壁间韵》考释。从现存资料看，王阳明曾两次登临秦望山。诗中的“用壁间韵”之韵，意思应当是该诗的用韵并非自拟，而是和墙上某人之诗而作。束景南先生认为此诗用的是陆游《醉书秦望山石壁》之韵，此说不成立。第三，梅山的方位与赴杭之途。王阳明《本觉寺》中说的“梅山”，束景南先生认为本觉寺在山阴梅山，此说有误。梅山，因汉代名士梅福隐居而得名，在绍兴城北十余里处。而关于王阳明此诗的写作时间和去梅山的行经路线，束景南先生考述为“十六年春由山阴移疾钱塘西湖，必经梅山，疑阳明此诗即其弘治十六年春移疾钱塘西湖经梅山时作”，该论有两处值得商榷：其一，去梅山的行经路线，与所说不符合；其二，《本觉寺》的写作时间，写作时间应当与《登秦望山用壁间韵》及《登峨嵋归经云门》都应该是写作于弘治十五年（1502）春天。第四，《宝林寺》关于“白水”的释读。束景南先生源于对“白水”一词的理解而派生出阳明这首诗的推论并不恰当，此诗或为阳明庆应天塔落成的专门之作，从而推定阳明《宝林寺》所作时间应该在嘉靖四年（1525）至嘉靖六年九月初八日启程两广之间。第五，王阳明母亲郑氏籍贯考。束景南先生考释王阳明母亲郑氏籍贯为海盐，但王阳明的外祖应该是余姚郑氏的后裔，王阳明的母亲郑氏理所应当亦是绍兴府余姚县人氏。第六，郑邦瑞名字释读及王阳明的关系。束景南先生认为“郑邦瑞”是“阳明生母郑氏兄之孙”，但无详细说明，此处有几点值得商榷，其一，信札的具体内容；其二，信札的称谓关系；其三，信札的写作时间。所以，将“汝祖母”说成是王阳明生母郑氏之妹是错误的。

在“学界进展”版块，刊载了张宏敏的《阳明后学文献整理的新进展》一文，文章对阳明后学文献出版情况进行了搜集和整理，认为阳明后学文献整理取得了较大进展。目前阳明学文献整理呈现三个特色：其一，编校整理者队伍专业。其二，所选文献版本精良、编校体例完备。其三，海内外阳明学研究资深专家给予很大的学术支持。但从目前来看，也存在着很多文献散失严重的问题，留下不少缺憾。所以搜集海内外图书馆所藏的阳明后学文献，并选择精良的版本重新编校整理，是系统深入推进阳明后学专案与阳明学史研究阐释的首要工作。

肆

中国大陆阳明学研究学位论文综述

随着阳明学研究热的不断升温，有关阳明学研究的学位论文也层出不穷，数量越发庞大，研究水平也逐渐提升，出现了诸多比较新颖的研究角度与观点。但是，由于多数高校的学位论文是有一定保密期的，甚至有的高校历年博士学位论文，均不对外公布，尤其是博士学位论文的收集更是困难，限于人力制约，更不可能去各高校图书馆或国家图书馆查询纸质版学位论文，所以关于学位论文的综述，是不可能穷尽与全面的。尽管如此，我们还是勉为其难，从2020年起，开始把学位论文综述作为单独的板块进行综述，虽挂一漏万，但希望能起到抛砖引玉的作用，给即将毕业或者即将进入阳明学研究领域的青年一个借鉴。

截止到2021年底，我们从相关渠道搜集到2021年有关阳明学研究的学位论文总计15篇，其中有3篇博士学位论文，12篇硕士学位论文，以下尽可能通过“摘录”的方式，保留原作当中的观点和表述，只在适当的地方做调整和修改。

一、博士学位论文综述

2021年湖北大学唐锦锋的博士学位论文，以《王阳明的“良知”与康德的“自由意志”之比较研究》[①]为题，从伦理学的学科理论出发，对王阳明与康德进行了比较。其论文的出发点是：王阳明实现了“内圣外王”的理想追求，实现了儒家“立功、立德、立言”的圣人追求，他开创的“阳明学派”更是继“程朱理学”之后最重要的儒家学派；而康德作为德国古典哲学的创始人，开启了德国唯心主义和康德主义哲学流派，深刻影响了近代西方哲学的发展，作为中西世界最重要的哲学人物，王阳明与康德有着诸多相契合的地方。

论文的结论是：王阳明的“良知论”与康德的“自由意志说”至少能够在五个方面进行“和合”，从而为能够开创出既具有民族性又具有现代

①唐锦锋：《王阳明的“良知”与康德的“自由意志”之比较研究》，湖北大学博士学位论文，2021年。

性的，既能立足当下又能面向未来的，属于中国新时代的伦理与道德精神提供助力。这五个方面分别是：第一，道德的自由前提。阳明的“良知”与康德的“自由意志”都有某种程度上的自由品格，但前者没有后者那么坚决。第二，道德的纯粹动机。虽然阳明也强调道德行为动机的纯洁性，重视内心的自我省察，强调保持对私意的警觉，认为对各种私意和人欲务必要扫除和克制，并力求使之永不复生。但是在程度和范围上康德对道德动机纯粹性的要求更加彻底，康德的“纯粹性”是要排除意志中的所有经验性和感性的因素，包括功利性的目的，甚至是兴趣和爱好等。第三，道德的形式法则。康德提出了“绝对命令”作为一切道德规则的普遍形式，一切道德行为都必须满足“绝对命令”的三个公式要求，这些都源于“自由意志”本身，康德找到了道德现象下面所具有的普遍性的形式特征，让道德显示了真容。第四，非理性的因素的作用。康德极力否定各种非理性因素，包括经验的作用。而阳明的“良知论”则非常重视这些因素。第五，德性配享幸福。二者所包含的禁欲主义精神的目的是以德性优先，也就是说，当德性与幸福的追求相冲突的时候，二者都主张满足德性的要求，而适当压抑幸福的欲求。

论文分为六章，分别从不同侧面进行了比较详细的对比。

第一章讨论“良知论”与“自由意志说”。主要从两个方面来概述王阳明与康德的生平及其伦理思想。首先，论文考察了王阳明与“良知论”，内容侧重于王阳明的家世，以及个人的成长经历，其中比较突出地阐述了发生在他思想形成过程中的三次重大的转折，并具体研究了促成这种重大转折过程中的个人际遇、学术因缘与社会因素的影响。在介绍王阳明的“良知论”时，主要从本体、工夫、境界三个方面进行论述，全面展示王阳明道德思想的全貌与具体内涵。其次，论文考察了康德的生平及其思想的形成与发展，在概述的过程中，按照时间顺序简单地介绍了他的重要哲学著作，并重点分析了康德的道德哲学与其时代哲学背景之间深层次的关联，通过“唯理论与经验论的争端”“休谟的怀疑”“卢梭的批评”的论述，展示了康德的道德哲学所要回答的时代之问。在介绍康德的“自由意志说”时，主要从“自由意志”之界定、“自由意志”之法则、“自由意志”之实现三个方面进行论述，揭示康德道德哲学思想的全貌与具体内涵。

第二章讨论道德的先天根据。本章内容分别考察了“良知”与“自由意志”的先天性，辨明论证“良知”是先天而内在的，“自由意志”是先验而超验的观点，并考察了这种差异性的产生原因，“天人合一”与“主客二分”的中西思维方式。

第三章内容考察了王阳明与康德在道德修养与教育问题上的主张。王阳明的道德修养是通过工夫的修炼完成的，康德的道德修养则要求认识道德律，认识绝对命令的三个公式。王阳明的道德教育立基于“良知”的普遍性，积极引导社会大众“致良知”，培养具有圣贤气象的道德人格。康德的道德教育主张对社会大众进行理性思维训练，使他们认识到“自由意志”的纯粹性，感受到道德的崇高，激发他们对道德的敬重感，促进大众道德行为的实践。在充分地对比研究的基础上，论文研究了王阳明重视实践的历练而康德则强调理性的训练的深层原因，“重践履”与“重知识”的不同中西伦理传统。

第四章内容分别考察了王阳明的“良知论”和康德的“自由意志”说所指向的道德的至高目标。王阳明的道德理想是成就圣贤人格，实现“万物一体之仁”，而康德认为有道德的人有理由去追求“德福一致”的实现，它是理性赋予人生的最高价值目标。在比较“万物一体之仁”和“德福一致”的基础上，论证王阳明的“良知论”和康德的“自由意志说”所共同具有的德性优先性以及禁欲主义的特征，并辨析这些特征在程度上的差异性。

第五章有关道德哲学的“人性论”，内容分别考察了王阳明“良知论”和康德“自由意志说”中的有关“人性”的主张，比较他们有关“人性”的结构、本质的论述。

第六章讨论道德哲学的“动机论”，内容分别考察了王阳明“良知论”和康德“自由意志说”的“动机论”特征，并指明“动机论”的道德学说存在着动机检验上的困难，根本无法判断一个人的行为的动机是否出自“良知”或“自由意志”。最后，围绕着道德的“自律”与“他律”问题在王阳明的“良知论”与康德的“自由意志说”之间进行了比较，论证了王阳明的“良知论”是不完全的道德自律学说，而康德的“自由意志说”是完全的道德自律理论。

在创新内容上，作者认为这篇论文的创新点表现在七个方面：

其一，本文认为作为道德的先天根据，王阳明的“良知”是先天而内在的，康德的“自由意志”是先验而超验的。在已知的学术研究，学者一般是不加分别的使用“先天”“先验”“超验”等范畴，认为王阳明的“良知”概念既是“先天的”，又是“先验的”，还可以是“超验的”。由于存在概念的误用，在王阳明的“良知”与康德的“自由意志”之间也就不能做出精确的比较。

其二，本文认为在道德的修养与教育方面，王阳明重视实践的历练而康德强调理性的训练。王阳明的道德修养与教育的方式极为丰富，既强调知识的传授、情感的培育、习惯的养成，也注重榜样的示范、个人的直觉和社会因素的影响。康德的道德修养与教育方式相对单一，无论是“自教”还是“他教”，训练道德的判断力和认识道德行为意志的纯洁性的思维练习是道德修养与教育的全部宗旨。他们之间的差别可以溯源到“重践履”与“重知识”的不同中西伦理传统。

其三，本文认为王阳明和康德所指明的道德的至善境界都具有德性优先的特点，他们的理论都带有不同程度的禁欲主义的倾向。王阳明要“尊德性”，康德认为实践理性优于理论理性。王阳明追求的“万物一体之仁”的境界是为了德性的实现，而康德主张的“德福一致”的至善则是德性与幸福的共同实现。

其四，本文认为王阳明和康德都试图从人的本性中寻找到道德上善与恶的潜在根据，并且认为人性有着相似的结构。在王阳明那里，人的本性中善恶是同体的，恶以善为主体；在康德那里，善的原则与恶的原则是共居于人的本性之中，恶“嫁接”或“附着”于善之上。但王阳明的人性论是一种自然主义的人性论，而康德的人性论是自由主义的。

其五，本文认为虽然王阳明的“良知论”和康德的“自由意志说”都属于比较典型意义上的“动机论”的道德学说，但他们的“动机论”并不是唯动机论。在强调良知是至高标准的同时，王阳明同样也异常地关注道德的践履。王阳明认为真正的道德应是“知行合一”的，反对将知行分作两事。康德在强调道德的行为必须出自善良意志的动机时，同样也注重行为必须要符合于道德的法则，康德实际上也综合了行为的动机与效果两个方面，并不是单纯的唯动机论。

其六，本文认为王阳明和康德都强调道德“责任”，王阳明的责任观具有明显的社会性特征，而康德的责任观不仅是理性的，而且是指向个人的，是指向每个有理性者的理性。相对于康德伦理学的完全自律性而言，王阳明的道德学说则是不完全的自律性。王阳明的“良知论”既是自律的，又是他律的，是一种不完全自律性的道德学说。

其七，本文主张以“和合论”的观点来协调王阳明的“良知论”和康德的“自由意志说”，并进而发展出能够“和合”古、今、中、外各种优秀伦理资源的，且又能够面向未来的新时代的中国道德与伦理精神。作者认为王阳明的“良知论”与康德的“自由意说”在以下几个方面可以实现“和合”：道德的自由前提、道德的纯粹动机、道德的形式法则、非理性的因素的作用、德性配享幸福。

《阳明学道统思想研究》[1]是山东大学哲学与社会发展学院彭丹2021年的博士学位论文。论文围绕“本质”与“历史性”两个导通论的关键维度，通过对不同类型道统思想的分析，勾勒了阳明学道统思想的整体面貌。

全文分为六章及余论部分。在论文的摘要中均概括了其主要内容：

第一章总体讨论阳明学道统思想的由来、表现形式和发展轨迹。朱子学以凸显精神文化意蕴的道学来理解道统，阳明学继承了这一立场。不过在具体表述上，从阳明而下，阳明学者较多使用宗、脉这两个概念来表达自我的道统关切。其中，宗偏向本质型维度而脉偏向历史性维度。由所宗不同，阳明学可以分为以良知、仁、身、性概念为中心的四个道统思想类型，其中以致良知为宗和以求仁为宗是两种前后相继的主要类型。在以道学理解道统之外，基于对实际治理秩序的强调，随后晚明阳明学又出现了治、学二分，以治统摄学统的道统思想新局。

第二章主要论阳明学对“十六字心传”的理解。“十六字心传”是朱子学道统思想的中心论点。阳明在朱子理学道统论的背景下，早期以源于“十六字心传”的心学为主旨论述道统，阳明后学不论具体立场为何，都不否认圣学为心学的基本观点。就道心人心的关系而言，阳明和大部分后学都持心即理的观点，对道心人心坚持一种天理人欲的对立理解；少数后学则将道心人心视为一种非一非二的体用关系。不过虽然立论各异，阳明学者都能将道心把握为主体性价值的内在根源，这就和朱子学的理解区隔开来。阳明学者也多有将其视为圣学之宗的提法。总体来说，“十六字心传”在阳明学道统思想中处于一个既重要又缺少独立性的位置，可以在总体上确定阳明学的道统思想是一种心学道统论，但不能以此判定各学者道统思想的具体意涵。

第三章专论阳明学中以良知学为中心的道统思想。阳明起初以心学衡定圣学，在自身良知学成熟以后，便大肆宣讲良知学，以良知为中心定位

[1] 彭丹：《阳明学道统思想研究》，山东大学博士学位论文，2021年。

圣学。阳明道统谱系的突出特点是推重颜子和周、程二子。阳明的大多数一传弟子接踵继武。浙中王门一传侧重揭示在中之体，江右王门一传关注工夫，归寂派王门一传偏重寂、静等观念，他们以良知学为核心各有侧重地建立各自的道统论述。良知学的道统地位在阳明从祀时达到了高峰。但是阳明二传弟子以后，除了一些浙中王畿后学以外，鲜少有以良知为中心而建立道统论述者。随着良知学权威的下降，良知道统论不可避免地走向了衰落。

第四章考察阳明学中以仁学为中心的道统思想。阳明在致良知之外，也特别重视一体之仁并在晚年大力提倡，但始终没有完全将其提至道统论述的层面。蒋信以万物一体为宗，在阳明弟子中独树一帜。在他们的影响下，以仁为宗的道统思想在二传以后弟子中得到了张扬。江右王门二传仁、心并重，浙中王门二传大力渲染仁体的宇宙意义，黔中王门注意发挥仁体合内外寂感的本质，天台一系的学者建立万物一体之仁的道统历史铺陈，泰州后学颜钧、何心隐则在道统中直接“师孔仁”。这些学者的道统论述与致良知为宗者的不同就在于以求合内外的仁为旨归并以此来定义心体，在谱系上以仁学为中心而回归孔孟。此外，以修身为宗旨的道统思想将身体性作为道德实践的根本，宗性的道统思想以性为首出的观念，此两种道统思想可以视为仁学道统思想的同调。

第五章讨论晚明阳明学道统思想的新局。阳明后学中主张三教合一论者有一种平视三教的正统主张，不特别标榜道传的儒家系谱，这以李贽、焦竑二人为代表。而更多的三传以后的弟子以治、学两条线索组织道统论，治之统系虽以学为根本，却将学之统系兼摄。江右王门胡直后学邹元标、郭子章并列治、学两条谱系；浙中王门陶望龄的道统论也有着道事合一和道不即事的两条线索；泰州罗汝芳更是推尊明太祖，以孔孟之学佐唐虞之统的最早代表。在这几者之外，泰州后学杨复所与管东溟的道统理论，在鲜明地以治摄学的同时又融摄三教，将“道统”包含广大社会政治伦理秩序建立的意蕴表露得更为显豁。这样，代表治统的明太祖获得了超然的道统地位，道统中实际秩序治理的内容得到了一定程度的独立，但这也造就了道统被治统融合的风险。

第六章观察阳明学的传道观与传道实践，这是从较为现实和对阳明学者自身较近的时间点中发见道统思想的特点。阳明学者通常都有着较为鲜明的任道意识，有的学者对道的承担意识还特别强烈。阳明学者的传道观有着丰富多样的内涵，既受到禅宗传灯观念和宗族观念的深刻影响，又蕴含着道的普遍存在和独断承担这一对不可调和的矛盾。阳明后学对于孰为阳明后之正传意见分歧不一，主要有以江右、浙中、泰州三种看法，这表现了阳明学作为一个整体不断地走向分化。和一般认为不同，总体上阳明学的传道实践并不非常普遍，只在浙中和泰州王门的若干人物中有所表现。

余论论述本文的分析对理解阳明学历史发展逻辑和建设当代道统理论两个方面的启示。对道统思想史的阐释可以观察出阳明学与晚明学术发展的某些趋势与特点；而传统儒学本身要求道治合一的内在结构特质也值得当代道统建构论者深思。

在研究思路上，文章先从整体上理解阳明学道统思想的特征，包括其对朱子学道统思想的承继和发展，从而为具体研究提供进入的必要准备；其次以学者个案为基础，分类型的详细描述阳明学道统思想的不同形态；最后专题探讨阳明学者的传道观念与实践。余论则阐发了本研究对于当代阳明学研究和道统理论建构所可能具有的意义。

南京师范大学黄瑶的博士学位论文《王阳明责任思想研究》①，以中西方对“责任”的定义出发，认为西方的“责任”概念被看作是外在条件而丧失了其中所蕴含的德性意蕴，如何将“责任”重新拉回内在德性的轨道上来，是亟待解决的问题。而阳明的“责任”思想提供了解决的答案。

全文共有五章。第一章论述王阳明责任思想的产生与形成。从“责任”一词进行文字溯源，并考察其在孔孟、董仲舒、朱熹等思想中的情

①黄瑶：《王阳明责任思想研究》，南京师范大学博士学位论文，2021年。

况，进而论述了王阳明责任思想的特征和发展理路。第二章论述打通内外责任本体的“心即理”思想。并从“心”与“理”的连接、责任的内在萌发与外在推扩、责任是“心”对“物”的呼应等三个方面论述。第三章论述“致良知”作为贯通知行的责任工夫。讨论了责任与“知行合一”、责任与致良知之间的关系，以及责任之“致”的完成途径。第四章讨论“成己成物”的由诚入乐的责任境界。第五章讨论了王阳明责任思想的理论创新与现实启示。

作者认为，王阳明所处的明朝中期，朱子学作为官方哲学长期统摄学、政。在“心理二分”的作用下，“责任”成为庞杂繁琐的道德知识、科举功名的外在功利和无法穷尽的天道压迫，而这正是造成人们无力面对现实责任的原因。彼时，王阳明自觉于朱子学的不足，以自身的担当肩负起道统大旗，成为“立德、立功、立言”之三不朽的人物，在“心学”的建构以及自身经历中重新诠释了“责任”的内涵。他否定“责任”的外在性，而将责任看作是人之为人的基本规定，是植根于心的内在德性，这样的解释将责任从外在束缚中解放出来，成为促使人们自主承担的内在动力。

作者从三个角度阐释了王阳明“责任”的内在性。首先，从形上基础来说，王阳明以“心即理”打破了程朱理学“心理二分”所创设的责任困境。“心即理”以贯通“心”“理”的方式重新定义了责任的内涵，其强调的是“心”与“理”的贯通意义。在这种贯通之中，“责任”不再是“天理”的外在强制，而是“心”对于外在之物的主动回应，在这种回应之中，内在德性与外在规范也得以贯通。这种贯通，王阳明是通过对“亲亲”与“忠恕”的阐述来实现的。他认为，人生来就被抛入“亲亲”关系之中，在这样的关系里我们必然被照顾、被关爱，所以对于亲人的回应是每个人必然承担的责任。同时，这份责任并不限于特定的对象，对亲人的责任就是“尽己”，即为“忠”，这份责任不断生长弥漫便是“推己”，即为“恕”。由“亲亲”到“忠恕”，责任得以由内在通达外在，最终超出特定的他者，成为对每一个人的回应。由此可见，在王阳明责任思想中，责任以“心”为起点，最终推扩至万事万物之“理”中。

其次，从工夫践行来说，王阳明认为“责任”作为个体对他者的回应，只有落实到具体的道德践履之中才能被他者感受到，如果只是停留在认识层面，那么“责任”无疑只是道貌岸然之辈自我感动的筹码。这样的工夫论确认了责任是以内在“良知”所自然激发的道德行为，责任运行的路径呈现出由内而外的自主推进过程，其不再是一种外在的要求，而是蕴含着“知行本体”的道德践履，内在“良知”通过推动责任的外在实现，从而将“知”与“行”贯通起来，最终让良知之“致”得以完成。

最后，从实现境界来说，王阳明强调责任的完成并不是为了外在的功利或者荣耀，而是追求“成己成物”的人生境界。这一境界的实现历经三个层次：第一个层次是对内在自我的回归，也就是“诚境”；第二个层次是对外在世界的体知，也就是“仁境”；第三个层次是通过责任担当，将外在的困境转化为内在的和乐，也就是“乐境”。通过“诚境”“仁境”和“乐境”，王阳明描绘出自主承担的责任境界，内在与外在在这一境界中得以圆融，“成己”与“成物”也在这一境界中得以合一。

总之，通过不同角度的阐释，王阳明赋予了“责任”以内在的自主性，内在德性与外在规范不再泾渭分明，在内在德性的主导下，外在规范被纳入责任的践履之中。这使得责任不再是一种外在强制，而成为一种不竭的内生动力，推动人们自主承担、主动作为。这样的观点对于反思现代社会的责任观具有重要意义，为每一个人重新接纳与生俱来的责任带来了新的契机。

二、硕士学位论文综述

《翻译目的论视角下的陈荣捷〈传习录〉英译本研究》[①]一文，是北京

① 方显：《翻译目的论视角下的陈荣捷〈传习录〉英译本研究》，北京外国语大学硕士学位论文，2021年。

外国语大学方昱的硕士学位论文，以陈荣捷先生英文译本《传习录》为研究对象，运用翻译目的论的三原则，即目的原则、连贯性原则和忠实性原则进行研究。文章认为，陈荣捷对阳明《传习录》英译本的翻译以译介中国哲学、满足目标读者预期、符合《译丛》要求和解决亨克译本问题等为主要翻译目的，在翻译中践行了翻译目的论三原则，其注释、专有名词、人名和地名的翻译体现了目的原则；句式结构和文化负载词翻译考虑了译入语文化和读者预期，符合连贯性原则；篇章形式和典故翻译，符合忠实性原则。

文章用英文写成，共由六章组成。第一章介绍了研究的背景、文献综述、研究方法以及论文结构等。第二章对阳明的《传习录》英文译文情况做了较为仔细的介绍，研究发现，《传习录》至今有两个英文译文版本，分别是亨克1916年的译本及陈荣捷1963年的译本。在这一章当中，作者介绍了《传习录》与阳明哲学思想之间的关系，阳明思想在西方的传播以及前期关于阳明《传习录》的译文方面的研究成果等。第三章对翻译目的论理论的发展、关键节点及三原则进行了介绍。第四章对陈荣捷先生《传习录》英译本进行了介绍。第五章将陈荣捷先生的《传习录》英译本置于翻译三原则基础之上进行论述。最后一章得出如前述结论，即认为陈荣捷先生的《传习录》英译本，符合翻译目的论三原则，其注释、专有名词、人名和地名的翻译体现了目的原则；句式结构和文化负载词翻译考虑了译入语文化和读者预期，符合连贯性原则；篇章形式和典故翻译，符合忠实性原则。

《“体”与“时”——王阳明“知行合一”的现象学解读》[①]一文，是山东大学颜圣麟的硕士学位论文，文章围绕前人对阳明学研究的两个重要问题展开，即：第一，杨国荣、陈来提出来“本体与工夫之辩”，也就是天赋“良知”与“知行合一”的矛盾问题，因为“良知”兼具“本体”与

①颜圣麟：《“体”与“时”——王阳明“知行合一”的现象学解读》，山东大学硕士学位论文，2021年。

“知”的双重身份，作为一个“本体”，是否必然会导致“知先行后”？基于此，文章先考察了朱子与阳明“知”“行”概念的区别，表明阳明知行观的核心乃在“当下”，并进而点出“良知”不是一个预设的实体，它要随着境遇开显出来，“知行合一”即意味着“（良）知”在其本有的“行”中的“自身实现”。所谓“自身实现”，从知识的角度来说，“良知”在“行”中获得了它的“知识”；从道德的角度来说，这是“良知”自己实现自身、呈现自身的过程，也就是说“良知”非“致”而不成其为“良知”。第二，正如“知孝”不见得“行孝”，其中有一个动力、意志的问题，或者说西方伦理学中“是”与“应当”的问题、“意志无力”的问题，也就是“知”如何得以落实（“行”）的问题。文章认为，这一问题在阳明那里其实根本不成为问题。“知行合一”的基础乃是阳明的“一体”观，合“心即理”“身心一体”“万物一体”便构成了“一体”观的全部内涵，其本质乃“感一应”之“体”。结合现象学与身体哲学的视角，这“一体”之身“当下”的“即感即应”的能力将为我们揭示出，上至圣贤君子，下至小人愚夫，“知”与“行”莫不是“合一”的。只不过小人愚夫的“知行合一”是“障蔽”过的“良知”与“行”的“合一”，即“冥知”与“冥行”的“合 ”，就像“不知孝”而“不行孝”的人也可以“知仪节”而“行仪节”一样。作者认为，“知行合一”所要揭示的，是在“当下”的情境中，“知”与“行”的一种原发的“合一”。而阳明“合一”之教的真切用意，本不在于“知”与“行”是否“合一”，因为两者必然“合一”。其用意乃在于，我们如何能够摆脱“冥知冥行”而返回到“良知”本然所要求的“真知真行”上来，这就是“工夫”所在、“入圣之机”。这将引我们对“当下”“一念”的时间的考察。

文章绪论叙述了阳明的“知行问题”的脉络，对“知行合一”论进行了评述，以及介绍了学术界诠释和研究“知行合一”理论的概况。第一章论述了“合一”产生的问题根源，包括“知”“行”的界定、“合一”的两个维度、“良知”非“前知”；第二章论述“合一”的基础是“一体”，包括“同体”、“异体”、现象学之“身体”、“感—应”之“体”；第三章论述“合一”的身体维度。包括“知”伴随“行”与“知”对应“行”、“合一”问题的转变；第四章论述“合一”的时间维度。包括“一念即行”“时”与“几”。

西北师范大学王爱红的硕士学位论文《王阳明本体工夫合一思想研究》[①]，从王阳明最重要的“本体”与“工夫”出发，以“良知本体”与“克己工夫”为视角，研究本体与工夫的合一。心学认为“心即理”“心外无物”，此心即本体之心，心之本体便是良知，心是克己工夫得以实现的内在依据。“本体”是随着“工夫”而展开的过程，工夫达到之处也就是本体的彰显之际，这就是“即本体即工夫”的义理所在，也说明本体在人的工夫开展过程中，完成二者的合一，这就是“工夫不离本体，本体原无内外”。本体与工夫是内在统一的，先天的本体与后天的工夫展开是相恰的。

文章认为，阳明的“本体与工夫合一”思想对后世学术造成了巨大的影响，包括近代史上的康有为、孙中山等在建构其思想体系方面，都受到其影响。本体工夫思想在心性理论方面也具有现实意义。将人与自然的关系和道德属性关系看作是动静结合的动态过程。从道德自律性与他律性两个方面看到了直觉与理智的关系，看到了知行统一与知行互相促进。阳明“致良知”说使主体具有了道德实践的发用权利，体现出积极的处世态度。在实践层面，其律己精神与道德使命对当今世界也有较大促进作用。另外，陆王心学与西方新黑格尔主义相结合形成了贺麟的“新心学”，而康有为认为阳明的“致良知”等学说与西方民主思想也有相通之处，梁启超、孙中山等所提出的革命思想也是基于阳明本体工夫发扬而形成的。

全文共有三章。第一章论述阳明本体工夫合一思想之渊源。包括

①王爱红：《王阳明本体工夫合一思想研究》，西北师范大学硕士学位论文，2021年。

对儒家“心性”论的传承：儒家心性论中的“本体”与“工夫”之说、“一念发动处便即是行”；对禅宗“此心即佛”的体悟：本体与“此心即佛”“圣人之道、吾性自足”；对道家“道生万物”的涵摄：体用不二与“道生万物”“吾心自足、不假外求”。第二章论述致良知的即本体即工夫思想。包括良知本体论：良知即是道、“岩滩问答”中的本体工夫合一论；发明心中的“本体”与“工夫”之论：涵养工夫的知行观、在致知工夫中体现的良知本体；良知本体的“有限性”和“无限性”：良知的二重蕴含、良知只是一个天理。第三章论述为善去恶乃是“合本体工夫而一”。包括新知体于工夫渐顿：无善无恶心之体、工夫顿渐问题；本体与工夫的有无之境：“有心”与“无心”之间、合本体工夫而一。

辽宁大学李丛的硕士学位论文《王阳明理想人格探究》[①]，通过对王阳明的理想人格分析，发现其在理想人格内涵确立和修养方法上有一定限度的合理性，为当代人形成独立、健全的人格提供有益参照。文章认为阳明通过不断地磨炼，找到了一条合适的成圣之路，找到了完善理想人格的可行途径，为世人指明了如何学以成圣的道路。它要求一方面要成就自我道德，一方面要成全自我人格。

全文分五个部分，第一部分对王阳明理想人格的背景进行研究，包括王阳明理想人格的历史背景和理论渊源。第二部分阐述王阳明理想人格的内涵，包含了王明阳理想人格的界定和心之良知谓之圣两个方面。第三部分阐述王阳明理想人格的实现路径。在确认王阳明圣人可学而成的基础上，探讨如何成圣即如何通过自我的修养达到理想人格。首先需要道德修养的路径，通过立志、居敬、静坐这三种静的工夫，去除蒙蔽人心良知的私欲，将人人心中潜在的良知显现出来，充分发挥自我意识的作用。其次结合道德实践的路径，通过省察克治和事上磨炼这两种动的工夫，实现动与静、知与行的合一，达到致良知的最高标准。第四部分阐述王阳明理想

---

①李丛：《王阳明理想人格探究》，辽宁大学硕士学位论文，2021年。

人格达到的境界。包括“无我之境”“乐是心之本体”和“天地万物一体之仁”三个方面。第五部分阐述王阳明理想人格的意义，分析阳明理想人格对当时社会和中晚明学者的影响及其当代价值。

南昌大学张黎的硕士学位论文《王阳明“知行合一”思想及其价值研究》①，以王阳明心学体系的核心思想“知行合一”为主题，从“知行合一”思想的形成由来、主要内容及价值意义三个方面进行论述。作者认为，“知行合一”思想是王阳明在面对现实问题时提出的解决方法，这种敢于打破常规、注重解决实际问题的思维方式是其哲学精神的深层次体现，也是研究王阳明思想现代价值的关注点。虽然受限于时代背景、文化环境等因素，王阳明“知行合一”思想存在内部紧张，但是其蕴含的知行互动思维、力求解决问题的价值导向对当前社会个人德育的培养和社会道德体系的建设无疑有着指导作用。通过对王阳明“知行合一”思想中合理要素的挖掘，并进行创新性发展，推动传统文化与经济社会发展紧密结合，是不断让传统文化焕发新生机的有力举措，也是建设社会主义文化强国的重要内容。

文章从三个方面进行论述。首先，从社会背景、个人经历的角度介绍了王阳明“知行合一”的由来，从思想渊源、“心即理”思想的学术角度阐明了“知行合一”的理论基础。其次，在界定“知”“行”范畴的基础上具体分析“知行合一”的基本内涵，明确知行本体合一和之间相互作用，说明知善行善的转化过程，揭示“知行合一”与“心即理”“致良知”的内在联系，“知行合一”就是以心中天理（良知）为指导，在为人处世过程中不断修炼品行，最终达到至善境界，成为圣人。最后，通过上述分析，客观评价“知行合一”思想的学术价值和社会影响，指出该理论的内在缺陷，重点论述“知行合一”思想对现代社会发展的价值启示。

---

①张黎：《王阳明“知行合一”思想及其价值研究》，南昌大学硕士学位论文，2021年。

山东大学贾志远的硕士学位论文《阳明善恶思想及其问题略探》[1]，从阳明的“善恶论”思想出发进行研究，认为阳明立足于成就圣贤的理想道德人格，对善恶进行发问，将现实中的善、恶与至善、无善无恶融合到自己的心学体系中，其人性论对前儒来说是一种超越，人性善恶发展的可能都被纳于“无善无恶”之中，而至善的真实内核并没有使儒家向善、成圣的本质丧失。就工夫而言，阳明也将人为善去恶、如何成就“善”的本质研究得更为深入、细致，为善去恶的本质就在于“变化气质”。就本源追溯善恶的产生而言，阳明认为善恶皆经验性的表达，人性在本质上无善无恶。作为本体的良知是超越性的道德本原，良知是一种超越善、恶的“至善”，而这种至善的本性利用有——无关系来回答，就是无善无恶。就形成过程而言，善恶的产生受“气质”活动的作用影响，气质影响人性的变化。但人作为活动主体具有主体性，因而善恶不仅来源于气质变化，也来自主观意识的影响，有善有恶意之动、有善有恶气之动在阳明这里都具有合理性，“意”与“气”决定着善恶的形成和变化。从这里出发，阳明为善去恶工夫的重点也可分为两个方面：一者是诚意，二者是变化气质。另一个角度来说，阳明一贯强调知行合一，故而理论上的分殊不能导致实质上工大本质的分割，工夫也只是一个，诚意是变化气质，变化气质也是诚意。

文章分为三章，第一章讨论“善”与“恶”，包括阳明对“善”的认知：立志与启蒙（学做圣贤）、发问与答案（吾性自足）、内涵与转化（德性为本）、本质与表象（至善非善）；恶的本质来源：何为恶？恶的来源；善恶同源：阳明的善恶观、善恶同源（性与气）。第二章讨论阳明的“良知”与“人性”。包括“良知”与“善”关系的反转：孟子由“良知”之知性到性善的进路、良知与人性的统一；阳明对“无善无恶”的认识：心性与无善无恶、良知与无善无恶。第三章讨论阳明去恶的工夫与来

①贾志远：《阳明善恶思想及其问题略探》，山东大学硕士学位论文，2021年。

源。包括去恶的工夫："为善"与"去恶"的差异、工夫的本质（减）；去恶的来源——变化气质：读书学圣贤、学圣贤气象（变化气象）。

哈尔滨工业大学李欢欢的硕士学位论文《王阳明伦理思想研究》[①]，基于伦理学视角，对阳明的"心"论为基础的伦理思想进行研究。立足于王阳明伦理思想的整体，结合文献史料，运用逻辑与历史统一、比较研究等方法对王阳明伦理思想进行了系统性的研究。作者认为，本文的特色与新意在于：其一，研究具有综合性。在现有的文献资料中，对王阳明伦理思想的研究多为分散研究，对其进行系统阐发的文献著作较少。而本文是以王阳明伦理思想的整体为研究对象，研究更具综合性，对其思想内涵的挖掘更为深刻和广泛，研究视域也更为开阔。其二，本文在进行王阳明伦理思想评析时，将王阳明与二程和朱熹的伦理思想进行比较，通过比较研究，能更好地凸显王阳明伦理思想的特点所在。其三，本文着眼于当前社会发展的具体问题，根据王阳明伦理思想的内容，提出了一些伦理意义上的参考方案，使优秀传统思想能够与我国社会发展的实际相结合，并对实践的开展提供一定的借鉴意义。

文章从四个方面进行讨论。首先，文章从政治、经济和文化三个层面介绍了王阳明伦理思想形成的社会背景，并从伦理学和哲学的角度分析其伦理思想形成的理论依据。其次，从四个方面对王阳明伦理思想的具体内容进行了阐述，并从不同层面分析了其伦理思想的理论地位。再次，通过与二程和朱熹伦理思想进行比较的方式，对王阳明伦理思想的特点、思想精华和理论缺陷进行了分析及评价。最后，论述了王阳明伦理思想的当代意义，面对当前中国社会发展所出现的一系列伦理问题，我们亟需将王阳明的伦理思想与当前社会发展实际相结合，充分挖掘其思想中的现代价值，使其为当前社会伦理体系的构建提供相应的理论参考，为构建社会主义和谐社会提供借鉴作用。

---

①李欢欢：《王阳明伦理思想研究》，哈尔滨工业大学硕士学位论文，2021年。

西南大学钟楚莹的硕士学位论文《王阳明乡村治理思想及其实践研究》[①]，基于历史学的角度，对王阳明思想中乡村治理的治乱、治愚、治贫等思想进行了研究。文章试图从王阳明的乡村治理思想及其实践作详细的梳理，并着力考察明朝中后期社会失范、乡村秩序失范背景下王阳明所提出的新型乡村治理模式：弭盗安民、平定动乱、教化乡民。作为官民共治的乡村治理体系，民治方面融入了《吕氏乡约》的内容，同时也吸收了“洪武圣谕”进行官治。这在官场腐败，社会失序、理学失范的明朝中后期，发挥了巨大的作用，引发了明朝中后期乡约的发展，促进了后期乡约与保甲、社学、社仓相结合。

全文由绪论及五个章节组成，绪论作为第一部分介绍选题缘由以及前人研究状况，并在此基础上提出自己的史料使用和研究方法，最后点出自己的创新之处。第二部分从社会背景和社会风气两大方面去阐述王阳明乡村治理思想及其实践的大背景，具体从皇权专制、宦官当权以及地方社会土地兼并严重、农民暴动频繁这几个方面论述明中叶的社会背景，以及在理学式微、重利轻义的社会风气下，地方基层社会秩序崩溃，士大夫的修身治国平天下的实行路径也由“得君行道”转向了“觉民行道”。也正是在这种大背景下，王阳明治乱、治贫、治愚的乡村治理模式应运而生。第三部分阐述王阳明乡村治理思想及其实践中的治乱部分，平定南赣寇乱以及广西思田民变、武力征剿八寨断藤峡之乱，体现王阳明平乱中“能抚则抚，当剿即剿”的思想以及卓越的平乱军事才能。为巩固治乱成果，王阳明在几个远离官府行政管理的地方调整行政区划、建立新县治。平定思田民变后，王阳明为避免再次发生民变，在少数民族地区“设土司以顺其情”“设流官以制其势”，实行土官治理与流官制衡的新模式。还创造性地在地方实行十家牌法，巩固治乱的效果，维护地方秩序。第四部分阐述王阳明乡村治理思想及其实践中的治愚部分，对南赣等地乡民进行教化，

①钟楚莹:《王阳明乡村治理思想及其实践研究》，西南大学硕士学位论文，2021年。

社会教化方面的措施主要有以下四点：举社学以启蒙智、办书院以兴讲学、立乡约以美风俗、发告谕以抚民心。通过四项措施来教化乡民，美化风俗，使乡民恢复良知。第五部分是王阳明乡村治理思想及其实践中的治贫部分，促进乡村社会经济发展，改善民生。王阳明多次发布告谕劝导乡民勤耕勤织，积极发展农业生产。给无地失地的乡民提供田土以及农业生产工具。多次为民请命，上书朝廷宽免江西税粮。为促进商业发展，“开放广盐”、规范税收，禁止胥吏扰民，保障商人的合法权益，促进商业正常运转，从而改善民生。第六部分是对王阳明乡村治理思想及其实践的特点以及历史影响的简单评述。

吉首大学蒲艳芳的硕士学位论文《王阳明民族地区治理思想研究》[①]，基于贵州、赣南、广西的少数民族地区对阳明思想进行了研究。作者认为阳明的民族地区治理思想本质上并没有脱离“华夷之辨”，而是站在“汉本位”的角度来看待和治理少数民族，但即便如此，他在中国传统民族地区治理思想的基础上进一步提出了“人性之善，天下无不可化之人”的见解，认为本质上少数民族和汉族都一样能教。他在少数民族地区积极开展讲学、建立书院和社学体系，注重灵活有效地处理民族问题，对于少数民族起义并不盲目“招抚”或者“剿灭”，而是根据具体情况实施“可抚则抚，可捕则捕”的平乱方略，并主动反思少数民族起义的原因、当前民族地区治理政策的不足，并在力所能及的范围内进行改善。

作者认为，王阳明民族地区治理主要包含四方面内容：一是“人性之善，天下无不可化之人”的基本认知。这是王阳明民族地区治理思想和政策形成的基本出发点，少数民族百姓与汉族百姓一样，都可以通过教育教化的形式向善；二是“可抚则抚，可捕则捕”的平乱方略。这是王阳明针对少数民族起义、稳定地方统治采取的重要指导思想和举措，灵活多变地处理了少数民族起义；三是“用夏变夷，宜有学校”的教化理念。积极

①蒲艳芳：《王阳明民族地区治理思想研究》，吉首大学硕士学位论文，2021年。

开展教育教化实践，“用夏变夷”“以文化人”“兴办学校”，重视发挥教育教化的治理作用；四是“顺其情不违其俗，循其故不异其宜”的治理方针。尊重少数民族地区原有的制度和风俗习惯，以维护少数民族地区的稳定。

广西大学樊恩纳的硕士学位论文《王阳明在广西的教化实践探究》[①]，以阳明的“心即理”“知行合一”“致良知”等思想为基础，讨论其在广西时期教化治理思想。王阳明通过：教化抚乱，政治教化合一；教化为主，军事活动和社会治理为辅；传播儒学，扬圣贤之风等途径，将信念政治与社会教化结合，推崇良知，以达到“亲民”“满街都是圣人”的宗旨和目标，这一切都对广西产生了积极影响，也为稳定当地社会环境，恢复社会秩序，推动广西民间教育发展，丰富了壮族地区村风民约内容，树立全国民族团结典范。

文章由绪论及三个章节组成。第一章讨论阳明建立于心学基础之上的教化思想。包括王阳明教化思想的内容；王阳明教化思想的哲学基础：心外无物（心即理）、实践理性（知行合一）、良知之教（致良知）；第二章讨论阳明教化思想在广西的践行。包括王阳明在广西期间所处的特殊环境、平定叛乱以及其后兴建书院；构建治理方式：安抚为主的政治教化合一思想、教化为主军事及社会治理为辅、传播儒学等；推崇信念与良知力量：亲民即良知教化、推崇良知、满街都是圣人的理念；坚持觉民行道路线：觉民行道的路径及其功用是社会教化；第三章是对教化实践的评析。包括阳明教化活动对广西的影响：稳定社会环境、恢复社会秩序、推动民间教育发展、丰富壮族地区村风民约内容、树立全国民族团结典范；对现代社会的启示：推动建立“纲维有序”的中国模式社会治理方式、树立民族文化自信；作者同时还指出了阳明教化活动的局限性。

湖北美术学院贾金帅的硕士学位论文《从现代文人雕塑看“阳明心

①樊恩纳：《王阳明在广西的教化实践探究》，广西大学硕士学位论文，2021年。

学”的影响——以尚晓风先生“泥塑心法”为例》[1]，以现代文人尚晓风的雕塑为个案，结合王阳明思想进行研究，作者认为尚晓风的“泥塑心法”在西方雕塑概念的基础上走出了一条雕塑文人化的道路，是对中国雕塑艺术在现有条件下的升华和超越。“文人画”作为中国自唐宋以来开创的一种形式，其代表的不仅仅是“像”，而是传统知识分子通往“圣人”和“君子”人格的途径，通过画画而修身。泥塑心法作为艺术表达形式，其实表达的也是作者内心的观念和价值，体现作者的人文修养。尚晓风的“泥塑心法”提供了新的审美认知评价体系和标准，通过其“泥塑心法”反观“阳明心学”，虽然没有直接联系，但在中国雕塑迷茫与困顿中，“泥塑心法”提供了一种可能的途径，在诗书画印之外为现代文人的修行修心找到了新的途径。

浙江大学尹超超的硕士学位论文《王阳明知行合一思想及其对高校德育的启示》[2]认为，当前我国正处于关键转型期，在经济形态和思想观念的巨大变迁中大学生的价值观念出现了一定的动摇，部分大学生身上存在“知行脱节”现象，这给高校德育带来了严峻的挑战。王阳明“知行合一”思想在“致良知”“学贵得之心”与“事上磨练”这三个方面与当代的高校德育具有高度一致性，可为大学生知行困境的解脱提供实践方向。大学生明觉“良知”，教育者践履“良知”，高校弘扬“良知”，可以有效将王阳明“知行合一”思想融入高校德育中，对于当前高校德育建设具有启迪价值。

文章包含四个主体部分。第一部分梳理王阳明“知行合一”思想产生的历史脉络，第二部分略述王阳明“知行合一”思想的主要内容，包括心即理、致良知、知行合一等。第三部分论述王阳明“知行合一”思想运用到高校德育中的原因是大学生“知”与“行”的脱节。第四部分讨论王

①贾金帅：《从现代文人雕塑看“阳明心学”的影响——以尚晓风先生“泥塑心法”为例》，湖北美术学院硕士学位论文，2021年。

②尹超超：《王阳明知行合一思想及其对高校德育的启示》，浙江大学硕士学位论文，2021年。

阳明“知行合一”思想对高校德育的启示。包括“在事上磨”“居道有德”“寓教于乐”等。

湖南师范大学侯会会的硕士学位论文《王阳明物论思想研究》[1]，对王阳明的物论思想进行了研究。指出：“物”在王阳明哲学思想中占据着十分重要的地位，从“物论”角度解读王阳明的哲学思想具有独特的价值。认为：“物”在王阳明的哲学思想中主要有三层含义：“寂然之物”“物即事”和“一体之物”。“物”与“心”、“意”与“知”的关系问题也是阳明物论思想的重要内容。心、意、知都对“物”具有一定的规定性，分别可以概括为“心外无物”，“意之所在便是物”以及“良知与物无对”。万物一体思想是王阳明物论思想的逻辑发展，是心学思想的实践归宿，同时也展现了王阳明的精神境界。阳明后学对“物”有持续深入探讨，王畿的“四无说”、聂豹的“格物论”以及王艮的“淮南格物说”都对阳明的“物论”思想有所继承和发展。王阳明的物论思想体现了超然物外的处世态度和天人合一的理想境界，对于现代人节制物欲，妥善处理人与自然、社会、他人的关系，发展和谐社会、构建人类命运共同体有着积极的价值。

①侯会会：《王阳明物论思想研究》，湖南师范大学硕士学位论文，2021年。

伍

中国台湾阳明学研究综述

2021年有关中国台湾阳明学研究之文献主要集中在中国台湾硕博士论文[①]、中国台湾重要期刊及台湾重要大学有关文学、哲学、史学、语言及语言学、心理学、社会发展之期刊和学报。要而言之，2021年阳明学研究成果丰富且多元。经整理和归纳，大致可以分为四大类作为综述之方向：一、阳明学文献之考察；二、阳明后学之研究；三、中国台湾当代学者响应牟学学术研究之对话；四、荒木见悟之明代佛教研究考察及日本阳明学相关，具体综述如下：

一、阳明学文献之考察

2021年在阳明学文献研究成果丰富，囊括了阳明佚诗文考察、阳明文献编纂之编辑态度与学术立场之研究、《楞严经》与阳明学思之联系、明代理学家是否从祀孔庙的进一步研究等多篇论文，笔者分图书目录文献及物化手迹文献二类进行择要综述。

（一）图书目录文献

关于图书目录文献，笔者择二篇摘要综述，作者均是杨正显。作者近年已将阳明弟子文集、家族谱以及地方志等相关传记编辑于《王阳明门人考》一书，2021年作者关于阳明文献之考察有两篇研究结果。第一篇题为《王阳明佚诗文辑释（二）》[②]，是作者近年考察阳明未面世、或与《王文成公全书》中所载不尽相同的佚诗文，作者略加笺释，提供学界参考。

关于阳明佚诗文，在历史面向的考察有杨正显先生曾发表的两篇论文，[③]本文为第三篇，作者考证阳明佚诗文共有二十六首，或为《王文成公全书》所无、或与《全书》相异或对于题（诗）名或内容有疑之考究，

---

①笔者以论文名称、关键词、摘要及指导教授为索引范畴、综以50个关键词进行阳明学相关论文查找，期刊论文31篇。

②杨正显：《王阳明佚诗文辑释（二）》，（台湾）《中国文哲研究通讯》2021年第1期。

③此前已有二文：《王阳明诗文辑佚与考释》，（台湾）《中国文哲所研究通讯》2010年第3期。及《王阳明佚诗文辑释——附徐爱、钱德洪佚诗文辑录》，（台湾）《中国文哲研究通讯》2011年第12期。

作者由大陆与台湾之《县志》《府志》《族谱》《宗谱》《家谱》《氏谱》，一一考证其年代、交游、人物、战略疏文书信、墓志铭、挽文等丰富文献，提供丰富阳明学研究更多的线索。作者首先为近年学者关于《翁氏宗谱序》所争议之论点[1]，提出看法与文献佐证。其次，考察由弘治年间至嘉靖七年间，溯及阳明童年至辞世最后一年的文献，尤以正德年间有关谪龙场驿之学思、阳明平漳赣军略战术提供相关重要文献。再次，提供嘉靖元年至七年，阳明居越诗文中有关“致良知”的线索。最后，作者提供阳明向门人对于神仙二道提出告诫之语的佐证数据，其文献考察绵密翔实，给阳明学研究提供更多充实的材料。

第二篇是关于阳明文献编纂之编辑态度与视角的研究，为《后死有责：从〈阳明先生文录〉到〈王文成公全书〉的师教衍变》[2]一文，本文论证：由于王阳明（1472—1529，字伯安，号阳明子）生前的政治因素，与殁后门人对其思想定位不同，导致文集版本变迁与内容的差异，并探讨其中所蕴含的意义，而最终的《王文成公全书》则是钱德洪（1496—1574，字洪甫，号绪山）个人所认定的阳明精神。

本论文作者考察的时间断代跨越阳明生前、殁后、至隆庆年间的“赠爵复谥，从祀孔庙”间。笔者摘录并分析阳明文献中因政治因素影响《阳明先生文录》及《王文成公全书》编辑之要点：一、阳明生前因旧派政争因素，致使嘉靖六年（1527）刊行的广德本《阳明先生文录》不收录《朱子晚年定论序》与《大学古本序》的因由。二、值嘉靖十二年（1533）黄绾（1480－1554，字宗贤）序刊本则是恢复阳明所谓“近稿”的原始面貌。三、嘉靖十三年（1534）钱德洪和黄省曾（1490－1540，字勉之）为免政治因素波及而删除《明伦大典》及相关时人的信件始末。四、阳明殁后，门人对于“良知说”意见纷杂，加上罗洪先（1504－1564，字达夫，号念庵）

①是有关钱明先生（2004）与束景南先生（2012）所提出的论据与看法。

②杨正显：《后死有责：从〈阳明先生文录〉到〈王文成公全书〉的师教衍变》，（台湾）《明代研究》2021年总第36期。

质疑《大学古本序》改序问题，故钱德洪删掉末句[1]，以免其争议性，但此举却引发更多门人与时人对于阳明“致知”内容的疑义与争论。五、值至隆庆年间，因政治因素的反转，钱德洪编撰《文录续编》时，以有意识的编辑立场企图定义阳明晚年师教为何；并于《王文成公全书》中删掉不合师教的人物或文献；且于《年谱》增添相关门人的批注以强化编辑的目的，最终达到全书呈现一致的师教目的。

摘要钱德洪编辑阳明文献之始末：一、阳明生前对于《文录》编纂的考虑与叮嘱。二、及其殁后，门人因钱德洪对于相关文献的删增而使门人或时人对阳明的“致知”内容产生疑义和争议，如王畿（1498－1583，字汝中，号龙溪）和聂豹（1487－1563，字文蔚，号双江）之“致知疑义”之辩，多年未果。三、钱德洪此举亦引发阳明殁后阳明师教的争论与流变问题。四、再于隆庆元年（1567）四月，穆宗下诰命肯定阳明之事功，并一扫阳明心学昔为“异端”的阴霾，并进一步正名其学术思想是：“绍尧、孔之心传，微言式阐；倡周、程道术，来学攸宗。”由于政治因素的改变，使阳明心学得到正名。最终，使得钱德洪在编纂《王文成公全书》时，可以有更大的诠释空间和自由，钱以有意识的编辑立场，将《全书》作为建构阳明圣人图像和阳明教法的重要途径。

作者提到，因后世学者不易见到历来的《文录》《传习录》等著作，故很难发现钱德洪等人在编辑《全书》时，透过采用“批注”的方式评论或突出阳明文字的意义借以塑造阳明圣人形象，且借由《全书》之编辑手段提出他对阳明师教的看法。

提取作者对于钱德洪编辑阳明《文录》及《全书》的作法及目的。第一，确立阳明学说是以“良知”为头脑。第二，谈阳明晚年居越讲学的情况，其中歌诗感召是很突出的教法。第三，以见道文字为《全书》收录

①《大学古本序》之末句：“乃若致知则存乎心悟，致知焉尽矣！”

的向度。第四，选取阳明所答示门人书稿、删取归并作为“训语”。[①]第五，引陈九川之言来为读《别录》的方法提供例证，其目的是为加强阳明功业与致良知思想间联结。第六，钱德洪增加讨论《文录》的编撰过程，因黄绾主张尽量收录阳明所有文献，“使观者随其所取而获焉”；而邹守益严守阳明生前叮嘱，以收录明道文字为限“惟以提揭人心为要”。黄绾、邹守益二说相持，虽德洪复议守益之论，但黄绾刊本为当时流通最广之版本，阳明文章多已显扬于世，无法删正，故德洪采折衷编纂：符合邹守益标准者为《正录》；益之于黄绾者为《外集》；《别录》所载则是“实践”部分。第七，针对德洪自己之前所刊印之版本，原来删定之十三首“佚诗文”仍不收录；另删掉阳明《答欧阳崇一（丙戌）》后半[②]，除上，德洪于《全书》增添阳明早年的文字，方能符合《全书》的定位。第八，增添《文录续编》部分，首篇即是《大学问》，且文后皆有钱之“跋语”[③]，且于各篇阳明之家书后再引邹守益或陈九川之言作为其“跋语”，于此，相对于《文录》之书信，钱氏并无加注，钱德洪透过“批注”的方式来达到强化概念或批判的手段，学人或可再探其各“跋语”的诠释细节与用心。第九，同《文录续编》，钱氏在《年谱》也有相同的用意，在嘉靖四十三年（1564）版《年谱》基础上增加一卷，补上阳明殁后至隆庆末年“赠爵复谥”间阳明学发展的情况。其中，钱氏关于“静坐”讲学之内容，在编辑时亦有多处刻意之举，目的在于强调阳明师教非以“静坐”入手，并借以批评倡导对良知悟入的门人，最终表明其以“诚意之极，止至善而已”作为师教的目的。

①但作者提及：“阳明或许是想采《论语》的作法，因阳明曾约门人黄省曾作《王氏论语》。”但因当时情势的考虑便未能成行。

②因文中有阳明赞誉聂豹之文字：“……然其胸中渣累绝少，而又已识此头脑，加之笃信好学，如是终不虑其不洞澈也。”作者提及：“现此段文字因不见于《王文成公全书》而误为佚文，其实是钱德洪自删的。”德洪此举源于王畿与聂豹之于“致知”义，长期看法相左，若以阳明对聂豹评价为正，似隐言王畿所言为非，德洪或基于阳明师教之发展恐有变数，故删之。

③作者有延伸之论证德洪之编辑用心。

作者结论语末述及：“对于钱德洪而言，《王文成公全书》里的阳明才是他所认知的阳明，然对后世的我们而言，不能说这不是阳明，但阳明应不仅仅是这样的阳明。”此言为学界提供了更多的思考及研议空间。学术研究需凭借大量翔实细密的文献来进行考究、分析与延伸，对于古典文学、史学、哲学研究的文献材料，其时间断代可能跨越数百年或数千年之遥，文献的编纂与流转，或有时间长度考究、或有历史变因考虑、或有编者个人或众人视角和价值的取决因素，或存在编者自身的诠释态度与学术立场的差异，综上各项因素，其将影响不同的研究视角和结论产生。

（二）物化手迹文献

阳明龙场悟道是由朱子“格物致知”思想所转出，阳明倡“知行合一”之旨、提“诚意之教”、晚年专提“致良知教”至以“四句教”为教法教相，莫不以“格物”为“致知”的首要工夫学问，时倡“事上磨炼”为最核心工夫手段，皆是“格物以致知”的实践要义。湛若水是阳明中、晚年学思启发及学问交养最切要之良友，但其在“格物”思想要义探赜上始终与阳明未有相契处。

作者提及，在明代中叶的整体性社会剧变中，湛若水（1466—1560）和王阳明是儒学思想领域引人瞩目的重要组合，两人既在反思和批判作为意识形态的朱子学说上密切合作，同时又在探索和引领儒学思想新方向上互为竞争对手。《格物之说》[①]是湛若水在正德末年，书赠广东西樵山讲学门人邓眕的一首五言古诗，主要概括了他对《大学》“格物”概念相异于王阳明的最新看法。作者通过对手迹题识“与世杰格物之说”，在湛、王有关“格物”论辩脉络中所处位置的考察，可以确认该诗正是二人长期围绕探索儒学思想新方向所产生的分歧与竞争的关键文本之一。作者指出，作为物化形式出现和存在的五言古诗《格物之说》之手迹，为在具体历史情境中观察湛、王学术互动提供了一个间接视角，这是从多种明代文献收录

①见刘勇：《新见明儒湛若水〈格物之说〉手迹的文本问题与文献价值》，（台湾）《明代研究》总第36期。

的该诗文字中难以解读出来的信息，因为文献编刊时的例行加工，使得该诗脱离其初始产生和反复使用的语境，仅仅作为泛泛解释“格物”的论学之作而存在。

《新见明儒湛若水〈格物之说〉手迹的文本问题与文献价值》一文除提供湛、王二人在此论观点不同的新材料外，作者以新见手迹上异于八处相关文献上多出的题识“与陈世杰格物之说”为考察始点，以“陈世杰”（陈洸，1478—1534，若水门人）为湛若水之诗的第一受众，并从师生二人所处的位置为切入点，回溯湛若水当初书写此一《格物之说》五言古诗的心灵情境、文字语境和思想脉络，及“陈世杰”参与湛、王“格物”对话与沟通所引发的间接影响和观察视角。

其文献考察断代为正德十六年（1521）初至万历七年（1579）间，有关若水此诗文之诗题、正文及题识之异同说明，此诗可见于相关文献有八处，或为诗、或为手迹、或收录在若水诗集、或全集、文集及在县志的文献；或为若水亲撰、或为门人或后人所编。作者除以题识为考察外，基于该古诗被收录处为论点，言若水所发之《格物之说》因其受众不同而语境脉络的属性亦不同，故本诗之诗题亦有二出：一为《檃括格物之说与诸生》、一为《檃括格物之说》，说明此诗一方面作为若水门内师生探求格物思想的文献；另一面，亦作为与潜在最重要的受众者——王阳明，在格物思想发展进路上是否相近或相异的重要文献。因“陈世杰”居间，使二人直接或间接在格物思想的产生互动与对话，并进而提取了若水与阳明在格物思想上先后三篇的重要文献：《大学测》（正德十六年初，1521）、《檃括格物之说与诸生》（正德十六年初，1521）、和《答阳明王都宪论格物》（正德十六年夏秋之际，1521）。最终，作者总结：若水仅限于改信阳明《大学古本》文本。但在格物思想上，若水仍坚持自身“格物者即造道也”的思想，与阳明在格物思想上未能走上殊途同归的趋向。

二、阳明后学之研究

本节选取三篇论文摘要及综述。分别为《论王龙溪“一念之微”之工夫义》《罗近溪生死实践的工夫论研究——以〈明德夫子临行别言〉为中心》《以罗近溪对复卦的诠释考察其“赤子之心”的内涵》，以下摘要点论述：

第一篇，题为《论王龙溪“一念之微”之工夫义》[①]之研究，王龙溪（名畿，汝中，1498—1583），龙溪虽于阳明晚年方为王门弟子，但其“四无说”“见在良知说”当时便引起众多的讨论与争论，其学说亦对阳明心学后来的发展造成极大的影响，本篇论文综述了近年台湾关于王龙溪之“念”与“意”之学术成果。王龙溪虽重视“一念之微”，但当“念”与良知本体与工夫统合在一起时，便会产生如下的问题：第一，“念”与“意”的关系为何？第二，“一念之微”之工夫是否只适用于上根人的“先天正心之学”？第三，“一念之微”之工夫究竟是“体”还是“用”？是“本体”还是“工夫”？第四，“一念之微”是什么样的工夫？作者首先针对龙溪在“念”与“意”的关系上进行梳理，发现龙溪于二者间常有混用、一体连用的情形发生以及发现龙溪在“念”与“意”、本体与功夫之间的微妙取舍。其次，进一步分析龙溪“先天正心之学”与“后天诚意之学”的意义，指出龙溪之语脉与阳明“格致诚正”不同，却也蕴含此脉络。二学具有现实状况的陈述，亦有教法点化的操作，两个层次不应混淆。作者认为无论资质高低，关键都在悟，也都需要修，其功夫不离开“一念之微”，并统于“诚意”工夫。最后，作者讨论“念”的体用定位与本体工夫，指出：“先天正心之学”包含“当下悟入”“照察消除”两种意涵，但都离不开“一念之微”。论证此“一念之微”虽具有良知意义，但仍属发用流行层面，正因其“即寂即感、有无”之间的定位，

①见张莞苓：《论王龙溪“一念之微”之工夫义》，（台湾）《思与言》2021年第1期。

才使其工夫意义得以呈显，而不只停留在本体上虚无飘渺的作用。

申论龙溪如何以“一念之微”，联系其“先天正心之学”及“后天诚意之学”二学，并指出龙溪此二学贯穿、继承与发扬阳明思想：并细致地讨论“念”的特殊体用地位，指出“先天正心之学”所包含的二种工夫意涵，而非一般所言“先天正心之学”并为“无工夫”之论旨，其“念”与“意”与阳明“良知”之“致良知”工夫的联系梗概可见其文。

第二篇，关于阳明后学罗近溪（汝芳，1515—1588，字惟德，号近溪）则有多篇研究，其一为论题新颖之《罗近溪生死实践的工夫论研究——以〈明德夫子临行别言〉为中心》[①]，考察罗近溪临终言教的工夫论意涵。作者由四方面进行讨论：第一，近溪在“行动层面”对佛教的谢却，与以“平平”看待生死立场，从“言”与“行”两个层面清晰彰显了儒家的立场。第二，在“工夫践履层面”，作者以“工夫检证”及“证境”两个层面进行分析，作者指出近溪以“不着”为工夫检证堪称范围三教的解脱道，但其“不着”旨在对治“己化为物”之弊病，从而恢复与生机不隔之“流通神妙”，故而有别于佛道。第三，在“证境层面”，作者认为近溪着重凸显了“真机现前”“天机踊跃”这一特殊体验，并指出这种由意识之深度而来的“涌现”以至充盈的体验，与传统的“万物一体”之境有所不同，而此“证境”最后归结至“万年一息”。第四，近溪最后时刻之“为君盘桓一日”，既是顺其平日重视身体觉受之工夫特点所自然而至之境界，亦可谓近溪“以身为教”的例证，以此为后学起信。

由北宋而至晚明，生死问题在儒门中愈发受到关注，成为工夫实践的一个主题。在对理学家生平的记述中，对临终状态的记录逐渐成为常态，成为对个人工夫实践的终极考验，因此临终之际的表现对每一个儒者至关重要，但孔子的临终状态始终没有构成一个显题，但在近溪处，他很

①见陈剑虹：《罗近溪生死实践的工夫论研究——以〈明德夫子临行别言〉为中心》，（台湾）《鹅湖月刊》2021年第4期。

早且很全面地关注此议题。他常勉励后学“吾夫子永诀前日，犹曳杖逍遥，则平时无不歌也，可知矣。然则吾侪其尚趁早演习，庶为他日逍遥地耶。”由近溪之文献脉络可知，其临终状态与其自身之学思和工夫密切相关，有以下几点。第一，近溪刻画了一个特殊的孔子形象，将孔子的圣人形象聚焦在临终之际的“曳杖逍遥”，近溪此举在整个宋明都是非常特殊的。近溪所勾勒“曳杖逍遥”的形象，其所传达的气定神闲与自在和乐图像，成为孔子圣人形象的核心特征。第二，此举与近溪本人对于生死的一贯态度相符，近溪所作记事、墓志铭、祭文中亦留下大量关于临终状态的记载，其所重在体现逝者临终之际“言动不失故常”之工夫，并以此工夫作为儒者修行有成的明证。第三，近溪立志的开端便与对死亡的意识勾连在一起，死亡对当下意识的涌入激起了存在的战栗，而临终之际能否“不叹气”成为圣凡的标准。第四，因死亡为成圣带来了极端的紧迫性，故近溪对生命的无常有着敏锐的意识，此意识成为成圣的动力，强调死亡意识随时呈显在每个修养工夫的当下。第五，近溪在传统立志的圣凡维度之外加入了生死的向度，并将临终之际视为检证功夫真得受用的关键时刻。据上，可知近溪关于临终之际的哲思与实践，在明代儒者中是突出且具体的。

此篇为青年硕士研究生所写，以近溪“临终状态的记录”为题作论述，梗概清晰、论述分明，为探讨“儒者如何面对生死”研究提供一条新的进路。

第三篇，题为《以罗近溪对复卦的诠释考察其“赤子之心”的内涵》[①]，论罗近溪学问多端，以四书五经之义理为宗，初以理学为主，但学问未有所得。他日常往复经书义理之间，加上其自幼和谐的家庭关系，近溪联属吾身及天下一家的思想，建构了其“孝弟慈”的生命学问。初得“孝弟”为《论》《孟》《大学》《中庸》所贯通之宗旨，后悟得此宗旨

①见黄爱智：《以罗近溪对复卦的诠释考察其“赤子之心”的内涵》，（台湾）《止善学报》2021年总第31期。

乃由《周易》之“生生”一语语化而来。此论以近溪对复卦的诠释来考察其“赤子”之心体内涵及其工夫论的要义，提供学界考察罗近溪学思贴近孔孟心学的另一个视角。

作者先从四个方面提出质疑，进而又进行了相应的讨论和回答：一、近溪学统之定位。考察近溪思想，发现其初年以理学为宗，并曾游移于心学与理学间，最终以《周易》复卦生生之理来诠释心体，其学术溯源于儒释道三家，最终归宿于儒家。二、以复卦诠释“赤子之心”之内涵。细论赤子之心、赤子之知、复卦之天机之心。三、以复卦所诠释之工夫义：比对先儒“克己复礼”与近溪以“亲亲”为要义下的“能己复礼”所呈显出良知的主动与积极性。四、以复卦所诠释的“慎独”义为考察路径。由慎独与慎杂论起，细致阐释其“独”的真义与其作为近溪为学工夫的主要内涵，研究此真谛与上篇所论，近溪对于临终修持的日常工夫考察之内容是否相应？四方面的回应如下。

第一，近溪统于四书五经浩瀚之义理，以复卦所诠释之赤子之心的“生生”义，其赤子之学以“仁者人也”“仁，人心也”为总纲，以“赤子大人”为主体，以“生生之仁心”为核心，由复心之大意及复卦之卦象来阐释其心体、知体及慎独的要义，提供孔孟仁学一个新的诠释视角。

第二，近溪由理学之工夫头脑求仁心，只得光景祸心火；由阳明心学或有进路；但最终以《周易》之生生义，而创建独有的心学要旨。近溪由孟子赤子之心出发，其“四端之心”不起于对孺子不忍人之心，而生于“赤子之爱根”；申论孟子乍见孺子将入井所见之仁心，实未如近溪由赤子目下体贴父母抚育子女之辛劳，而未能报得分毫之感受来得直接，孺子之乍见或时而有之，但赤子孝弟之情却终身常在，此知行本体不由外在客观而触发，而由天而然，由己而然，生而本有，看似无工夫却工夫常在。

第三，近溪上乘于孔孟思想，根源《大学》的絜矩之道，以《大学》明明德为根，以赤子之爱为茎，以《周易》生生一来阐释心体，亲切自然，以亲亲为枝干，终能成就枝融叶茂的协和万邦，并以此为其“孝弟慈”要义，由亲其亲长其长；由幼吾幼以及人之幼、老吾老以及人之老；由明明德亲民而止于至善，而达于孔子老安少怀天下平的理想，此为“体仁”之生生义；而非“当一切决去，以全吾澄然湛然之体”之“制仁”义。

第四，近溪由赤心之心体而建构“孝弟慈”，人人可做，时时可为。与圣人所同然者，赤子之心也，不失赤子之心体者自能成大人。所谓“仁者，人也”虽赤子之心至隐至见，如复卦之一阳，若能于吾身视听言动间持守生生之大德，何须慎独焉？ 何须戒慎恐惧焉？其心无不宁静、无不灵明、觉一阳之天性本具于天，不容人伪，赤子心体之浑然活泼之知，无时不知、无时不明，无知而无不知矣。近溪由赤子孝弟之心赋予《周易》之生生义，使孝弟行于眼前、用于日常，使工夫回到心体本身，无须外求，近溪所谓：“只是人情才到极平易处，而不觉工夫却到极中和处。”工夫主张非有“熟与不熟”之辩，但有“择善择精”之说，体用存乎赤子一心，能知头脑，即体即用，即本体即工夫，简易明白，真正回到孔孟“仁者人也”本怀。

三、台湾当代学者响应牟学学术研究之对话

该部分只有一篇，题为《以“一心开二门”的义理架构诠释王阳明之“四句教”》[1]，作者认同牟宗三先生所主张，以“佛教《大乘起信论》言一心开二门，其实中西哲学都是一心开二门，此为共同的哲学架构”为前提，分析此架构有三层。一、两层的存有论：“心真如门”是“无执的存有论”。“心生灭门”是“执的存有论”。二、妄依真而立：迷真成妄，妄心妄境没有自体，它是因对真实理境的不了解而产生。三、即妄知其妄，觉妄即显真：既然是迷真成妄，那么就要即妄而修行，洞悉迷妄的

①见罗永吉，《以“一心开二门”的义理架构诠释王阳明之“四句教”》，（台湾）《鹅湖月刊》2021年第5期。

体性与成因，在妄心妄境上觉妄显真，如实显现真实理境。作者套用上述架构对阳明四句教进行分析。一、两层的存有论：以首句“无善无恶心之体”为本，以“合不合于心之本体”为分判，开出合于心之本体与不合于心之本体的两个面向。二、妄依真而立：指出“恶”只是本体受蔽或本体过当，“恶”并没有独立自主性。三、即妄知其妄、觉妄即显真：谓本体受蔽即谓之“有恶”，就在意念发而不善的当下，良知即能自觉，觉即蔽去。

关于此架构置于阳明“四句教”的诠释方式：作者以首句“无善无恶心之体”为“一心”，以接连后三句关于“善”的描述：有善、知善、为善，并根据阳明“循理即是善”的定义，则可以形成一条合于心之本体的脉络：无善无恶的心—无善无恶的意—无善无恶的知—无善无恶的物，并推论此即合于本体的脉络，便是龙溪的“四无”意思，也是“四句教”中“无执的存有论”的面相；同理，作者亦以“无善无恶心之体”为本，接连后三句关于“恶”的描述：有恶、知恶、去恶，并根据“动气即是恶”的定义，则可以形成一条不同于心之本体的脉络，而成为“执的存有论”。

据其所论，或有可议之空间。阳明“四句教”为一彻上彻下之教法，无论上下根器之人，皆有其相对应的实践工夫。上中下根器所差异者在其能否悟得“心是无善无恶”之本体，悟者虽顿，仍需渐行，能悟得“无善无恶心体”者，其工夫次序可依“四句教”之顺行，由诚意—致知—格物而下，其所面对意、知、物，因有“无善无恶心体”为主宰，简易明白，能如颜子不远复之根性，常在未发之中，但世属罕有。中下根器之工夫实践，或难于意之动静处时有省察者，或有习心革断致知之念念相续的工夫者，其工夫可由“四句教”之教法作逆行之修习，由格物—致知—诚意而上，于下学格物中时刻为善去恶，时时知善知恶致其良知，意念上着实作好善恶恶的诚意工夫，则心体复于无善无恶之理境。但阳明言：

心意知物本是一事，方其悟时，无碍于“四句教”顺行逆行之工夫次序，及其成功，一也。

作者于文末提及，此架构在《大乘起信论》和“四句教”虽有架构上的适用性，但其义理在儒释内涵本不相同。笔者认为：在学术分析方法上，中西哲学或有可兼容之处；在儒释道三教之生命学问要义上，或有相通之理，中西比较哲学、三教会通诠释或许是必然的学术走向，但或许仍存在些思考的空间。

四、荒木见悟之明代佛教研究考察及日本阳明学相关

关于荒木见悟（1917—2017），2021年值荒木见悟逝世四周年，台湾有几篇关于荒木见悟学术纪念文章。[①] 其中，题为《荒木见悟明代佛教研究再省思》一文，精辟地论述及考察荒木见悟之著作、学思及深入精要分析有关近代日本明代佛教研究的近况，摘录其要并综述如下：

作者先提及现今关于荒木见悟在明代佛教的相关研究论著仍属凤毛麟角，并由以下三个面向来综述荒木见悟的学术内涵与价值：一、由华严法界与看话禅见荒木见悟之研究方法论。二、从憨山德清（1546—1623）到觉浪道盛（1592—1659）见荒木见悟之明代研究。三、由忠义菩提见天崩地解的佛教。四、对荒木见悟之学术研究提出反思。

首先，提取作者对于荒木见悟在关于明代佛教研究在方法学的特征有：一、荒木见悟坚实可靠的文献基础，继承日本学界精读原典基本精神。二、荒木见悟治学往往先立其本，再就个案仔细梳理，且能于其论述中随时体会其“相互主体性”或“互文性”，并指出荒木见悟能在单一研究主题时，掌握各个不同研究对象的相互位置。三、荒木见悟的研究中，其思想不是完全的“纯禅”，而是带有强烈的现实倾向。四、在荒木见悟

①吴孟谦：《宋明思想史中的〈楞严经〉——荒木见悟相关研究成果述评》；廖肇亨：《从主体到关系——谈荒木见悟的中国思想史研究》；廖肇亨：《荒木见悟明代佛教研究再省思》，皆见于（台湾）《中国文哲研究通讯·荒木见悟教授逝世四周年纪念专辑》2021年第1期。

的研究中，其“本来性、现实性”最为人津津乐道，源于荒木见悟具有相当程度的佛教渊源及其受到诸多现代思潮的影响。五、作者还进一步指出两个荒木见悟重要学术立场及观点：其一，荒木见悟心中恒常的对话方即是日本“纯禅”的宗学传统；其二，荒木见悟强调：中国禅看似驳杂的面貌之下，潜藏的是丰沛的能量，其与日本禅宗看似纯净的面貌，却逐渐与世隔绝的倾向大不相同。

其次，作者表明荒木见悟在“儒佛调和论”的学术研究成果是无人能企及的高度。作者同时提出荒木见悟的明代佛教研究，也到了需要反思与努力的时间，其提出的反思向度有：一、荒木见悟过于强调阳明学与“儒释调和论”的联结度，反对宗派意识。作者认为：佛教是否完全随时回顾价值根源，舍弃宗派门户之见是值得反省的。宗派意识亦非全不可取，仍然必须放在现实脉络中加以考虑。二、今人喜言晚明佛教复兴，但确切的时间其实难以表明。作者言及：荒木见悟或就紫柏真可（1543—1603）之关怀社会的性格大加赞扬，但却未提及其所负责的刻藏事业，他认为当时的印刷出版业的发展是促进晚明佛教复兴的部分原因。三、阳明学虽然重要，但佛教仍有自体的生命。作者提及：荒木见悟所考察的明代僧人往往皆与阳明有关，但憨山德清未论及良知，却让荒木见悟十分不解，于此也流露出荒木见悟在方法上的局限性。四、作者更进一步论及晚明之戒律发展、唯识学大兴于世及《成唯识论》的流行皆未必与阳明学有关，且晚明的佛教发展自有非阳明学所能笼络的部分。五、荒木见悟的佛教认识深深根植于华严与禅，但对明代本身的华严似乎未加以深入了解。文末，作者肯定荒木见悟已为明代佛教研究开启了先河，但有关于明代自身佛教的继承、创新及脉络之自体性，学人除奠基于荒木见悟丰厚的研究资料外，挖掘中日间关于明代佛教发展轨迹的异同也是未来研究的进路。

另外，题为《德川朱子学者对阳明学的批判及其局限》[①]一文，作者提

①见张崑将：《德川朱子学者对阳明学的批判及其局限》，（台湾）《鹅湖学志》总第66期。

出朱子学及阳明学在德川日本发展的特殊现象。作者先从外部的制度面分析朱子学发展的局限，接着从学说思想层面，扣紧在德川时代批判阳明学最有力道的闇斋朱子学派，分析其批评虽多却未能击中阳明学要害。作者同时指出，闇斋学派在日本众学派中最排斥阳明学，除山崎闇斋（1619—1682）本人有《大家商量集》批判阳明学之外，其门人丰田信贞更编纂《王学辩集》一书，此书是汇集韩国朱子学者李退溪（李滉，1501—1570）以及闇斋学者们且旁及日本朱子学者林鹅峰（1618—1680）等人非议阳明学观点的著作。作者试图以闇斋学派对阳明学批判论为主，论证他们对阳明学批判理论之不足的成因（包括德川特殊的政治文化体制），这一切使得阳明学在日本文化土壤中缓慢成长，并在幕末成为显学。

作者首先由外部日本德川政治体制，分析朱子学在日本德川发展的局限，再以闇斋朱子学派之丰田信贞所编纂的《王学辩集》为文献线索，并由该书内部的思想脉络推论其批判阳明学之局限性。通过以上论述，笔者认为文中观点尚有可商榷之处：第一，作者依序摘要或引录《王学辩集》中相关文献，关于李退溪《李退溪集》《传习录论辩》，作者摘要退溪批判阳明批判之论点有五①，逐点皆或有可再议之处。第二，作者提及林罗山（1583—1657）《阳明攒眉》一书为抄录明儒罗整庵、霍韬、汪必东等批判阳明之论所成，此书是朱子学者林罗山大范围搜罗有关韩国、日本之朱子学派或学者批评之论作②，作者提及：（1）因所见仅为山崎闇斋《大家商量集》之摘要，故无法看到闇斋的论证内容。（2）如前大量引用《朱子语类》与《文集》中朱子批评陆象山的论点，且讨论笔记直接将陆学看成王学，故其批评的起点或可再探。（3）作者论及三宅尚斋（1662—1741）之

①作者整理五个重点：1.批阳明改《大学》的“新民”为“亲民”之论。2.以朱子的主敬穷理破阳明的“心即理”说。3.以义理之知行可分可合，驳斥阳明的“知行合一”或“知行本体”论。4.区隔陈白沙与阳明之学，阳明之学皆禅学，“白沙犹未纯为禅，而有近于吾学”。5.辨别朱子与阳明的静坐性质不同，认为“延平，朱子则为心学之本原而非禅也。至于阳明，似禅非禅，亦不专主于静，而其害正甚矣”。

②相关文献有：摘要山崎闇斋的《大家商量集》，佐藤直方的“讨论笔记”，浅见炯斋的《大学非孔书辩》，三宅尚斋的《读传习录笔记》。

《读传习录笔记》是此书收录最详细、批判最直接深入的论作，包含许多细致的讨论，《笔记》提及阳明“知行合一”“致良知”和“朱子晚年定论”，区分“存天理去人欲”与“去人欲存天理”两种不同概念，并强调“思”在知行中的作用等等不同学思。据上三点可知，《王学辩集》在其编纂之意识与前提，已失去平行论证之客观性，故其所搜罗的文献材料必然存在批判的局限性。或有精通日本语及文献之学者，或可再抽绎其中断裂和空白。

综观2021年中国台湾阳明学研究，成果呈现多元面向：第一，在哲学向度之外，有多篇成果是历史学者对阳明文献进行细致挖掘与考察。第二，阳明后学研究呈多元广角进路，以不同主题及视角来解构阳明学。第三，台湾当代新儒家，以牟学视角来考察阳明学工夫之要义，在台湾内部及台湾与各地学者，近年在研究成果有紧密的交流与对话。第四，关于东亚阳明学与荒木见悟在明代佛教的研究成果，其文献材料有其反思及超越的空间。

陆

阳明后学研究期刊文献综述

随着阳明学研究的不断深入和拓展，关于阳明后学的研究，近些年来成为学界关注的重点和热点议题。可以说，“阳明后学”已然成为阳明学研究中的一个独立领域。本年度，在阳明后学研究方面亦取得了丰硕的成就。研究的议题，既涵盖了阳明后学的整体性研究，也包含了阳明后学学派和人物个案的研究。

在阳明后学的整体性研究方面，常国良对“阳明学”产生的时代机遇、思想要旨及其流变与分化进行了探讨，指出：明代中后期，社会矛盾的激化和资本主义萌芽的出现，为“阳明学”的产生提供了时代机遇。“阳明学”强调“良知即天理”，提倡“简易直接”的工夫，在一定程度上克服了程朱理学固有的理论缺陷，也体现了传统儒学自身的发展与逻辑。在王阳明去世后，“阳明学”出现了流变与分化，即在明末社会变迁的背景下，王门后学围绕王阳明晚年才确立的“致良知”这一学术宗旨分抒其义，各立宗旨，阳明后学内部产生了良知现成派、良知归寂派、良知修证派等众多的流派。常国良认为，这对明末清初的思想启蒙发生了实际影响。[①]

在阳明后学研究中，学派研究历来是一大重点。在本年度，泰州学派受到了较多关注。在泰州学派的研究方面，主要涉及泰州学派的创始人王艮、泰州学派后学颜钧和罗汝芳。朱义禄论述了王艮的“大成学”及其接续者颜钧的“大成仁道”说，强调了颜钧在泰州学派的学术传承中的重要作用，指出：王艮晚年时一直想用口授心传的办法，把其学术思想的总结“大成学”传给弟子徐樾，然而最终却是传给了替代徐樾来探视病情的颜钧。其后，颜钧在王艮的“大成学”基础上形成了自己的“大成仁道”说，该说由“大中哲学”“耕心樵仁”与“制欲非体仁”三部分组成。他认为，颜钧是泰州学派的文脉得以薪火相传的重要人物，其“大成仁道”说上承王艮“大成学”，下启其学生罗汝芳“赤子之心”说，是泰州学派

①常国良：《论“阳明学”产生的时代机遇及其流变》，《唐山师范学院学报》2021年第4期。

发展脉络中的重要一环。[1]耿加进研究了泰州后学罗汝芳的工夫思想之真精神，认为：罗汝芳是泰州学派的重要传人，其对王阳明、王艮学问的真精神领会最为深刻。指出罗汝芳的工夫思想之主旨有三个方面：一是把“克己”释为“能己”，是对人之本身的高度肯定；二是提倡体仁的积极工夫路径，体现了对人性及其力量的充分肯定；三是提出“捧茶童子却是道”的观点，把普通人的日用常行上升到了道的高度，揭示了人性的平等，表达了对人性的肯定与尊重。[2]

本年度江右王学也受到关注，牛磊基于族谱序言以罗洪先、聂豹、邹守益等人的宗族伦理思想为例，对江右王学的宗族伦理思想的建构进行了探析，指出：江右王学的诸多学者对于王阳明的宗族伦理思想续有发明，并从理论创新与社会实践两方面着手，致力于将宗族缔造成一道德的、教化的、伦理的“共同体”。在宗族伦理的建构中，作为宇宙万物的本体实在、心体之呈现的“万物一体之仁”，构成了阳明学者对宗族伦理进行建构的理论基础，而其目的则是希望通过“万物一体之仁”的实信与实行，实现良知与天地万物的交流沟通，从而开出光明宏阔的生命真境。[3]

有关阳明后学人物个案的思想研究上，也涌现了很多研究成果。贺玉洁、杨遇青以会稽问道、致书李梦阳事为中心，对黄省曾思想的演变、发展及形成展开了深入而精微的辨析，揭示了其文学复古观之生成、特质与时代意义，指出：黄省曾既承续了王阳明的心学思想，亦倾心于李梦阳的复古文风，通过与王阳明的道学交往、李梦阳的文学交往，其兼备文质的复古主张得以最终形成。于文学复古而言，黄省曾的出现扩大了李梦阳在江南地区的影响。他刊刻《空同集》，也为文学复古运动的发展推波助

---

①朱义禄：《论王艮的“大成学”及其接续者颜钧的“大成仁道”说》，《贵阳学院学报（社会科学版）》2021年第1期。

②耿加进：《泰州后学罗近溪工夫思想的真精神》，《汉字文化》2021年第10期。

③牛磊：《试论江右王门的宗族伦理建构——以王阳明、罗洪先、聂豹、邹守益为例》，《中共宁波市委党校学报》2021年第1期。

澜。于阳明心学而言，黄省曾归吴著述传道，及门者“约略两千余人”，影响颇大，黄宗羲《明儒学案》将其置为“南门王学”第一人。黄省曾也是首个将阳明心学与文学复古联系起来的人，其文章性道说不仅是对传统的“文以载道”观的重新判释与运用，更是阳明心学与复古文学相融通的一次有益的理论实践，对明代文学史有着独特而重要的意义，为我们认识明代文学演变提供了新的视角。[①]

向仲敏以日本内阁文库馆藏汉籍写本管志道《重订古本大学章句合释文》为研究文本，对阳明后学管志道《大学》改本进行了探讨，指出：管志道的《大学》改本的产生，既有朱子学派与阳明学派思想交锋这一内在因素的影响，又有晚明社会风气求新求变这一外在因素的推动。管氏改本深受丰坊伪《石经大学》影响，但其自身又具有鲜明的结构特点。就义理层面而言，管氏理解的“大学之道”“造士之法”与朱熹迥异；管氏改本第二章居于核心地位，实为管氏的《格致补传》。关于《大学》著者问题，管氏推断是亲承尼祖道统的子思，而非朱熹所主张的孔子曾子“圣经贤传”说。对朱熹《大学》改本虽有批判，但是管氏改本仍旧采用了章句形式，而且有很多阐释是直接引用朱熹《大学章句》，甚至遵从程朱的观点。要之，管志道暮年的《大学》改本，倾注了他大量心血，体现了他调和阳明学与朱子学的努力，反映了晚明儒学思想之动向。[②]刘俊以《大学辨》为中心，探讨了刘宗周弟子陈确对《大学》的批判性诠释及其在明清之际独特的学术史意义，指出：陈确的《大学辨》是《大学》诠释史上一个颇为典型和另类的文本，它全盘否定《大学》为圣经贤传，主张将《大学》由四书返归《礼记》，尤其是呈现出“既异程朱，亦背陆王”的独证独创、自成一家的诠释特质，故而在思想史上具有丰富而多元的学术意义，表现在三个方面：一是辨伪文本，遥启清代中期的考据学；二是回归

①贺玉洁、杨遇青：《黄省曾文学复古观诠论——以其与王阳明、李梦阳的思想交涉为中心》，《新疆大学学报（哲学·人文社会科学版）》2021年第4期。

②向仲敏：《管志道〈大学〉改本研究》，《孔子研究》2021年第1期。

原始儒学，呼应和助推清初“崇实黜虚”思潮的形成和壮大；三是消解学术权威，开辟出解决全国性议题“朱、王之争”的新方案，拓展《大学》诠释维度。要之，陈确通过撰写《大学辨》，以其特有的方式介入和回应明清之际朱、王之争这一全国性学术议题，推动明清之际学术范型的转变，成为我们管窥明清之际学术衍化和走向的一个生动而鲜活的个案。[①]

对李贽的研究几乎是阳明后学的重要内容，每年都有不少新的成果，王垚峰、王军涛探讨了阳明心学与李贽“童心说”之间的联系，指出：李贽“童心说”的提出，正是受阳明心学影响的表现，也是李贽接受阳明心学的价值核心，在文学思想上的体现，并从人生心路历程之共鸣、良知之说与自然之文等两个方面分析了“童心说”的阳明心学渊源。[②]

此外，李格非通过考察“几”在儒学史上的意义演变过程以及湛甘泉对“几”的相关论述，指出正是湛甘泉对“几”的创造性诠释开启了明代“几”的先天转向，且对阳明后学如王龙溪、王塘南以及甘泉后学刘蕺山等人产生了深远的影响。他认为：湛甘泉继承了汉唐注疏对“几”概念“出无入有”“颜子庶几”等方面的诠释，以及朱子就“诚意”“慎独”论“几”的传统，进一步把“几”规定为“先天之几”，与性体、天理同处于本体的层次。他又遮拨前人以意念发动时或善或恶的不定倾向言“几”的径路，将“几”上工夫置于经验意念发动之前，同时赋予“几”“好善恶恶”的意蕴。这为其后明代理学家独特的论“几”方式奠定了基础，开启了明代理学言“几”的先天转向。[③]

一、浙中王门

2021年浙中王门共有五篇具有代表性的文章，分别是：盛珂的《“从无入有”：罗近溪“孝弟慈”说对阳明良知学的修正与发展》，邱高兴、

①刘俊：《既异程朱，亦背陆王——陈确对〈大学〉的批判性诠释及其意义》，《人文杂志》2021年第5期。

②王垚峰、王军涛：《再论阳明心学对李贽“童心说”的促进》，《今古文创》2021年第20期。

③李格非：《以湛甘泉为节点的“几”的先天转向问题》，《周易研究》2021年第2期。

黄成蔚的《晚明浙江阳明心学的儒佛会通》，张实龙、张星的《坚守与妥协：钱德洪编辑阳明文稿的智慧》，汪学群的《王畿先、后天之学的蕴义》，董甲河的《王畿与江右王门工夫论之比较》。

晚明是中国历史上一个思想极其丰富而活跃的时代，多种思潮并兴，程朱理学、阳明心学、事功之学、佛学等活跃于当时的历史舞台。各种思潮互相辩驳、影响、会通，其中阳明心学的发展和晚明佛教的复兴是两股重要的思想与信仰潮流。基于这一历史背景，邱高兴、黄成蔚二人以浙中王门为主题，讨论了浙中王门中龙溪学派的援佛入儒思想、晚明浙江服膺心学居士的儒佛交融，以及晚明党争中浙党成员的亦儒亦佛。[①]文章从三个方面进行讨论：

其一，阳明学说的核心是阳明“四句教”，即“无善无恶心之体，有善有恶意之动，知善知恶是良知，为善去恶是格物”。而对“四句教”理解的分歧，构成了阳明后学的不同走向。其中，浙中王门的左派代表人物王畿、周汝登援佛入儒的方式是以突出“四无句”，来从侧面强调阳明四句教中“无善无恶”思想，将“虚”“无”等概念进行脱敏，从佛老专有概念这一窠臼中剥离出来，突出儒家使用这些概念的优先性与合法性，并将其上升到“千圣之学脉”的高度。从而讨论他们基于儒家立场，以阳明心学传人自居，但不讳言佛教，常引入佛教概念来说明儒家思想的立场。

其二，浙中王学中王畿不讳言虚无，周汝登不强调儒佛之异，但总体上儒士身份认同仍然是明确和单一的。随着儒佛会通的深入，服膺阳明心学的浙江文人开始出现在《居士传》，儒佛身份的界限变得模糊。其中陶望龄、陶奭龄兄弟等一方面继承王畿、周汝登之阳明心学思想，另一方面又倾心佛法，成为晚明时期儒佛会通一种形态的代表。从佛学的角度看，他们皆深入佛门，有比较深的佛教信仰，是居士身份，同时又基于对佛法的理解和信仰，他们还把佛直接比拟于孔孟。这种儒佛交融的状态在晚明

①邱高兴、黄成蔚：《晚明浙江阳明心学的儒佛会通》，《社会科学战线》2021年第2期。

时期士大夫身上的体现是普遍的，位于阳明先生家乡之阳明学中心地带，以陶望龄、陶奭龄为代表的阳明学人，他们对佛学的信仰与研究更深入地推进了阳明心学与佛学的会通。

其三，晚明党争激烈，政治与思想往往互为表里，思想借政治以标明主旨，政治援思想以为后盾。晚明阳明心学发达，佛学复兴，两股思潮也交汇于“浙党”这一特殊群体身上。他们在朝为官，在政治上参与晚明党争，同时由于成长于浙江这方水土，深受阳明心学与佛学会通之影响。“浙党”由于其地域性与深受党争派系影响的思想倾向，在较大程度上来说是追随阳明心学的，在思想阵营上与以服膺程朱理学为主的东林党人保持距离。而浙党魁首则是在晚明文坛颇具影响力的内阁首辅，浙江鄞县人沈一贯，较能代表浙党的基本特征。总之，阳明心学和佛道二教的交涉，或援儒入佛，或儒佛交融，或亦儒亦佛，或儒释道融会贯通，构成了晚明时代三教一致的思想融合格局。

在阳明后学中，王畿与江右王门的交往最为密切。邹守益、欧阳德皆受王畿点化，聂豹与王畿争辩最为激烈，罗洪先曾追随王畿，后又质疑王畿。关于王畿与江右王门工夫论之比较，林月惠、彭国翔、张卫红等学者多集中讨论王畿与聂豹、罗念庵的工夫论，已经产生一些学术成果。董甲河在上述人物研究的基础上，探究王畿与江右王门工夫论的异同，他在《王畿与江右王门工夫论之比较》[①]一文中从凡圣同体与凡圣相异、觉化私欲与扫荡私欲、上根人与中下根人三方面着手讨论。首先，真性迷失于物欲，是王畿与江右王门共同面对的问题。他从良知见在说出发，强调愚夫愚妇与圣人之间的同一性，调凡人与圣人具有同一性，指出凡人可以成圣；江右王门质疑王畿良知见在说的合理性，反对王畿的良知见在说，主张以致良知工夫为下手处，主要是因为在现实中面对私欲问题，他们深切地感受到私欲对于良知本体的强大遮蔽作用；王畿良知见在说直达本体，

①董甲河：《王畿与江右王门工夫论之比较》，《武陵学刊》2021年第5期。

着重凡圣同体，容易抹杀现实中凡圣的差异性，而江右王门不仅探寻良知本体，更为重视致良知工夫。邹守益提出戒惧说，欧阳德提出循良知说，聂豹提出归寂通感说，罗洪先提出收摄保聚说，皆属于由工夫悟本体路线。其次，王畿立足于先天之学，主张从心体下手，提倡良知见在说，在致良知时讲究"信得良知"，在讲究信得良知的同时，还提倡一念灵明自作主宰，但王畿并没有把私欲问题纳入良知见在说的视域之中，他以直达良知本体化解良知本体与私欲的紧张，然而江右王门加大了良知本体与私欲之间的紧张，故而迫使他们在处理私欲问题时要比王畿考虑得复杂。江右王门都属于渐修路线，而王畿的良知见在工夫属于顿悟路线。在处理良知与私欲关系上，王畿以良知本体觉化私欲，江右王门以工夫扫荡私欲。王畿的致良知路线中，并不以处理私欲问题为主，而是考虑如何保任良知本体，一觉有私欲，当下即化。在江右王门的致良知路线中，因为强大的私欲障碍使他们深切感受个体生命困顿之苦，迫使他们考虑如何去欲。他们一方面体证良知本体，一方面扫荡私欲。其三，王畿与江右王门分属不同的工夫路径，他们之间的互动与激烈争辩，实际上涉及根器问题。在根器判断上，王畿是上根之人，邹守益、欧阳德、聂豹、罗洪先等是中下根之人，王畿保任良知，觉化私欲，江右王门保任良知，扫荡私欲。双方属于不同的致良知工夫路线。

在另一篇关于王畿思想的文章中，认为王畿先、后天之学的蕴义丰富，包罗范围广泛，涉及正心与诚意、体与用、本体与工夫、顿与渐的关系等。[①]文章认为王畿的先、后天之学先从《致知议辩》中他与聂豹的一段对话开始。在聂豹看来，王畿高明过人，不赞同王畿的内外混而合一之说，也批评其见（现）在的现成之说，而主张应有所区别乃至于偏重，如在寂与感的关系上，寂偏于内，感偏于外，他更注重内在的寂。而王畿认为，良知在人本无污坏，虽然极为昏蔽，如能一念自反便会重获本心，如

①汪学群：《王畿先、后天之学的蕴义》，《贵阳学院学报（社会科学版）》2021年第2期。

拨开云雾明体即见，原本并未曾受到伤害。聂豹立足于先天与后天的分别来谈先、后天之学，突出先天中的寂，批评王畿的见（现）在之说，强调工夫的必要性。而王畿立足于先天与后天合一来谈先、后天之学。由此出发涉及寂与感、正心与诚意、良知与致良知、体与用、本体与工夫、未发与已发、性与复性、内与外等关系，并认为它们之间的关系都是内在统一的且无先后，在此基础上突出良知见在的特色。王畿的观点可以从对道与意见、正心与诚意、体与用、本体与工夫、顿悟与渐修做些分析体现：其一，王畿的先、后天之学来源于《周易》，主要是其中的先后天、象数图书的文字。在他看来，心传之道对溺于利欲的人反倒容易，对溺于意见的人却困难。因为被利欲所溺的人，如同腐索缠缚容易解脱，而意见类似于五色线（又叫五彩缕）更吸引人，人见如获至宝很难解脱，而没有有志于道、不善于反省的人，不配谈意见的危害。对于先、后天之学与正心和诚意的关系，王畿提出“正心，先天之学也；诚意，后天之学也”的命题，他还把正心和诚意与人的禀赋联系起来加以考察。心体本无不善，动于意才有不善，一切世情见解嗜欲都由意产生。人的禀赋、气质不同，工夫难易也因人而异。主要分以下两种：一是从先天立根，人动无不善，见解嗜欲自然无所容纳，致知的工夫容易；二是，从后天立根，人不免受世情杂染、生灭牵扰，不容易消融，致知的工夫困难。这是禀赋、气质不同所表现的势造成的。其二，王畿的先、后天之学涉及本体与工夫及体与用之辨，他从良知视角讨论这些问题。王畿肯定良知是本体，把它比作明镜，万物毕照而镜体却未曾动。他认为，良知本体是不学不虑，本来具足的，表现为心有良知，众人的心与尧、舜相同，如同众人的眼睛本来光明，与离娄相同一样。众人的眼睛与离娄不同是诬陷自己，受蒙蔽的眼睛与离娄相同则是欺骗自己。他把良知比喻为天，明亮的天就是广大的天，空隙所见则以为明亮，辽阔所见则以为广大，说明所见有局限而天本身却没有，同理良知没有局限，本身俱足。良知的本体与工夫是统一的，我们想要追求快乐，不免于途辙之累，不能如幼时那样洒脱，都是因为心存机巧功利而不能忘却。其三，本体与工夫又涉及悟与渐的关系，古人的言语都为未悟者设立，而悟就是忘言语，学习知识要从言语、意想、解悟三个角度进入，关键是进入处要有生机，本体与工夫的关系实际上就是顿悟与渐修的关系，顿悟重点在本体，工夫是本体的工夫而非外在；渐修重心是工夫，本体是工夫的本体，是工夫作用的对象。

钱德洪（1496—1575），名宽，字德洪，因避祖先讳，改字洪甫，宁波余姚人，人称绪山先生。钱德洪是王阳明最得意的弟子之一，“以学行知名于世”，毕生不遗余力地传播阳明心学，被人尊为王学之“巨擘”。钱德洪所编辑的阳明文稿，在阳明心学传播中起到不可替代的作用。他的编辑既有坚守，也有妥协，体现出他“致良知”的编辑智慧。张实龙、张星在《坚守与妥协：钱德洪编辑阳明文稿的智慧》[①]一文中，对钱德洪编辑的阳明文稿进行了讨论，其中包括《阳明先生文录》《传习录》《世德纪》等，钱德洪编辑阳明文稿，不仅是要弘扬阳明心学，甚至是要“复中古之政，超太上之意”。“他以讲学明道”为自己的编辑宗旨，实际上就是“致良知”之学，编辑阳明文稿的过程，就是践行“致良知”的过程。他认为，讲学明道最好是口口相传，形诸文字是迫不得已。善于传播的人，不是自己有什么，就向外抖擞什么，而是根据受众的接受能力，来确定传播内容和传播方法。通过对阳明文稿编辑，同时提高了自己的生命境界。

二、江右王门

江右王门作为阳明后学弟子较多的学派，一直是研究的重点，但2021年的相关研究与往年有较大变化，期刊数量较少，主要有牛磊的《试论江右王门的宗族伦理建构——以王阳明、罗洪先、聂豹、邹守益为例》《归寂致知：聂豹的易学思想》、魏志远的《“识仁择术”：刘元卿对耿定向心学

①张实龙、张星：《坚守与妥协：钱德洪编辑阳明文稿的智慧》，《中国出版》2021年第4期。

思想的继承与发展》等。

作为一种教化的哲学，儒学自始便关注于成就自我、教化民众与安顿社会等理想的践履与落实。阳明学兴起后，江右地区的阳明学者从理论创新与社会实践两方面着手，致力于将宗族缔造成道德的、教化的、伦理的“共同体”。值得注意的是，作为宇宙万物的本体实在、心体之呈现的“万物一体之仁”，构成了阳明学者对宗族伦理进行建构的理论基础。其目的，是希望通过“万物一体之仁”的实信与实行，实现良知与天地万物的交流沟通，从而开出光明宏阔的生命真境。江右王学的诸多学者对于王阳明的宗族伦理思想续有发明，并期望通过敬宗收族落实王阳明建设宗族这一道德共同体的理想。可以说，阳明学在江右地区传播的过程，也是阳明学者不断地进行宗族伦理构建的过程。通过这一建构，阳明学者对价值理性、伦理责任、道德义务等伦理学的若干命题进行了更为深入的思考。

牛磊以江右王门罗洪先、聂豹、邹守益等人为例，讨论他们的宗族伦理思想。[①]江右王门的学者普遍抱有理解、支持的态度。罗洪先与聂豹、王畿、邹守益等阳明后学一起，积极推动阳明学乡里实践，促进了阳明学在江右地区的传播。罗洪先在阐发儒家修齐治平的理想时，宗族构成了一个极为特殊的施教对象。在罗氏的文集之中，至少有32篇为当地宗族所作的谱序。这些谱序无疑透露出罗洪先对宗族子弟进行道德教化的长期关注。罗洪先心目中的宗族应是生产劳作、婚丧嫁娶、道德教化高度浑融、“老有所终，壮有所用，幼有所长”的共同体。因此念庵对于促进宗族生活一体化的义田问题给予了高度关注，认为无论居官还是居乡，都应随能力的大小对族人施予慈爱恻怛之情。罗洪先认为，仁德的实现必须从宗族开始，同族之人要相互关心敬爱。但仁的实现绝不止于此，它必须在范围上不断地向外扩展。从宗族向外扩展到一乡、一国甚至整个天下的范围，虽

①牛磊:《试论江右王门的宗族伦理建构——以王阳明、罗洪先、聂豹、邹守益为例》,《中共宁波市委党校学报》2021年第1期。

然有亲疏远近之别，但吾人所以处之之道，不外乎敬之、慈之、爱之。与尊长辈处则敬之，与子侄辈处则慈之，与同辈处则爱之，如此则可以“事人”“使人”“与人”。对于仁德的施用虽存在着处上、处下、处同辈的现实差异，都是对内在价值之仁的扩充长养、都是生命关怀的真实体现。因此，“尽己之性”与“尽人物之性”无别，“各亲其亲”与“万物一体”无异。

聂豹认为，造成祖宗离散的原因归结为“势”，但“势”之中有“义”存。将族人统于一处的最佳办法莫过于修谱。但是族谱的意义不仅仅在于数页白纸、几行黑字，而在于以昭穆之序将族人联为一体，进而“笃名义伦理之亲，以不忘乎一人之初”。族之长幼、尊卑、疏戚、远近，皆是与我一体相关、情同手足的至亲。那么不仅手足痿痹为不仁，那种对同族之人的贫穷患难、茕独鳏寡视而不见、漠然无所动于心的行为同样是痿痹不仁。之所以出现这种病症，原因就在于蔽于一己之私，对主体自觉之境、对人与人的整体和谐缺乏觉解。同族之人既然有血缘关系，就应该相互关爱、相互扶持，而不是以歧视、嫉妒、忿恨的眼光对待彼此。

邹守益极为重视宗族的凝聚作用，他积极参与各地的阳明学讲会，并积极投身于赈济水旱灾害、田土丈量、均平徭役等乡里实践中。邹守益用“气”的含义诠释为人与万物同此良知。因此，百姓民物之于此心，便如同脏腑发肤之于此身。无一发一肤之痛不切于己身，那么也无一民一物之苦不切于己心。

作为阳明后学“主静”派的代表，聂豹的思想主旨以主静归寂为核心命题。聂豹认为心体归寂方可证得良知，但是在时人的理解中，虚寂向为佛道二教所独擅。为了给归寂之学“正名”，聂氏充分发掘《周易》经传的思想资源，力图说明虚寂思想也是儒学的固有内容，并非佛道二教的专属。牛磊在《归寂致知：聂豹的易学思想》[①]一文中，通过对聂豹易学思想

①牛磊：《归寂致知：聂豹的易学思想》，《宁波大学学报（人文科学版）》2021年第2期。

的分析，探究其易学思想的内涵与理路。第一，咸卦：寂以通感。“寂”是最重要的核心概念。具体的寂为情，寂体则为超越具体动静的性，寂为先感为后，寂为本感为末。聂豹进而将虚中之义由心体推到宇宙，指出正因为天地万物都具有虚中清通的特性，所以才能上下周流、品物咸亨。一切事物的发生与终结都是“感”与“应”相互作用的结果。在存有论上充分肯定世界真实性的前提下，聂豹最大程度地突显儒家典籍中论虚论寂的内容，并以《易》之咸卦作为儒家虚寂之学的“金字招牌”。在预设良知为对象性存在的前提下，聂豹将当下一念的良知向上翻转为如如不动的寂体。工夫路数便表现在归寂、主静以涵养未发心体。在这种工夫论的体系内，未发与已发、寂与感、静与动便构成一对对的体用关系。无论是发生上、时间上的先后，还是结构上、逻辑上的主次，前者都拥有着绝对的优先性。守静以趋动，归寂以通感，便能推广到一切事物。聂豹对咸卦义理的诠释，与其说是以我解《易》，不如说是以《易》释我。第二，复卦：复以改过。聂豹对复卦的诠释在于突出其虚静之义，并与改过迁善的工夫论联系在一起。他在《复斋记》中集中阐发了他对复卦义理的理解，其主旨在于宣扬自己守静虚寂之说。先论证无论是对于天地之运还是人心之灵，复之道皆起着至为关键的作用。天地不复则毁，人不复则堕。为了避免自堕于禽兽，因此人们才需要践行复卦所蕴含的复返之学。但是欲复本体反而造成过失的案例极多，其问题出在不善于保养初萌之善端，发用太多而蕴藏不丰，把揠苗助长般的急切求成当作对本体的循序扩充。这种助长对本体的戕害，无异于花树初生便驱赶牛羊食之踏之。第三，艮卦：止以论寂。天下之理，有止则能生，已发之理正寓于未发之中，聂豹之论艮，实则是以止说寂。无论是咸卦、复卦与还是艮卦，聂豹对各卦的解读无一例外都辐辏于归寂主静这一主题下。但是聂豹总是在认知的层面上理解良知。这就使得聂豹在谈虚说寂时极容易泯灭儒家的特色而拐入自己所批判的佛道二教的行列中。虽然聂豹坚持虚寂之说发自咸卦，并且在对复卦、艮卦等卦的诠释中不断申诉这一点。但是作为信仰之维的良知心体的缺位仍然给他造成巨大的紧张，以致聂豹像一位不断进行拆墙、砌墙工作的泥瓦匠，不断地为自己的归寂之学进行辩解。

在阳明后学时期的讲学舞台上，耿定向以挽救王学为己任，成为王学重要的传播者之一。耿定向在地方开办书院、主持讲会，一时间“海内云附景从”，很多学者慕名而来，执贽于其门下，其中不仅包括后来被《明儒学案》归入《泰州学案》的管志道、潘士藻、焦竑、祝世禄等人，还有出自江右学派的邹德涵与刘元卿。魏志远在《“识仁择术”：刘元卿对耿定向心学思想的继承与发展》①一文中，对刘元卿受耿定向思想的影响做了讨论，刘元卿早年曾师从于阳明弟子刘三五，并接受了他的“立志说”和“拔本塞源”论，此后又分别受学于徐鲁源、耿定向等阳明后学学者。尤其是通过与耿定向的交往，刘元卿领会了耿氏的“真机不容已”之旨与“学有三关”说，并将其学说作为挽救当时王学末流“耽虚执见”“情识而肆”等学术流弊的醇正平实之学而加以推崇并积极传扬。首先，刘元卿关于“生生不容已”之仁的阐释是受到耿定向“真机不容已”学说的影响。但是，耿氏侧重言仁根之“虚无”，此“虚无”不是存有之虚无，亦非那些心学末流口中喜谈之虚无。真正的“虚无”是人生境界之虚无，是在实践过程中不容已之心无思无为、无所造作，自然显发的精神状态。刘元卿则很少言仁之虚无，更强调仁之“生生”的一体呈现。其次，刘元卿的择术思想源自耿定向的“学有三关”说，“三关”者，分别是指“即心即道”“即事即心”及“慎术”（择术），耿定向通过“礼”将“真机不容已”之旨与“慎术”说联系了起来。刘元卿十分推崇耿定向的“慎术”说，择术的关键是“处仁”。仁之本心（良知）“生生不容已”，体现为一种持续不断、难以遏制的道德创生性。择术首先是要“识心”，“识心

①魏志远：《“识仁择术”：刘元卿对耿定向心学思想的继承与发展》，《井冈山大学学报（社会科学版）》2021年第3期。

则知其必善，又知其不必善。是直接立根于人之本心，对心之不容已进行辨析，进而在“欲明明德于天下”这一为学之志的引领下，主动落实“诚意”工夫，最终实现“与天下同体”之至善本心的自然发用。

另外，刘桂娟、吴航[①]对邓元锡《皇明书》的研究情况进行了综述，并提出了今后研究《皇明书》的几点建议：一是挖掘《皇明书》体例创新之处，结合明代思想史的发展脉络，探讨其创新缘由。二是将《皇明书》与明代官、私史著进行比较研究，追溯其史源，考订其中讹误。三是综合对《皇明书》体例创新、记载正误的认识，试图对其史学价值作出相对公允的评判。

三、南中王门

唐顺之是南中王门重要人物，关于唐顺之的研究成果也颇为丰富，2021年也一样，本年度关于南中王门的研究仍然集中在唐顺之，包括刘尊举的《从观念到文本：唐顺之古文与八股文的文体互动》，李德锋的《明唐顺之〈左氏始末〉刍议》、芮赵凯的《疾病与人情——再论唐顺之晚岁之出》、杨骁翾、马勇的《论唐顺之〈荆川先生精选批点史记〉》、徐勇、欧阳康的《经纬文武的大家——试论唐顺之在蓟镇核查军务与诗文创作》等文章。

唐顺之史学著作颇丰，著有《左编》《右编》《广右战功录》《左氏始末》《两晋解疑》《两汉解疑》等，其中《左氏始末》改《左传》编年体为纪事本末体，突出了纪事原则，《左氏始末》以《左传》作为基本史料来源，还充分参考了《国语》《史记》和后出的其他文献，李德锋的《唐顺之〈左氏始末〉刍议》[②]一文，认为唐顺之的《左氏始末》体现了传统体裁由以纪年、记人向纪事转变过程中的变化，反映了唐顺之本人对春

①刘桂娟、吴航：《邓元锡〈皇明书〉研究综述》，《职大学报》2021年第5期。

②李德锋：《唐顺之〈左氏始末〉刍议》，《南开学报（哲学社会科学版）》2021年第2期。

秋时代“无义”的整体历史评价，突出了在传统“以史证经”的思路下，对史学价值的特别认可。作者认为，单纯从具体的分类来看，有些也存在名实不相符的缺憾，如密康公为周诸侯国密国国君，放在“后”类下，列“密康公”一目，显然不合适。但如果就密康公贪恋三个同姓女子而致灭亡的史实来看，这与褒姒、敬嬴、骊姬以女祸乱政的实质是一样的，归于“后”类亦未尝不可。在《左氏始末》编纂意义上，大致有三：首先，关于《左氏始末》对于《左传》的错综排比，在介绍此书的史料来源时多少已有涉及。其次，唐顺之对春秋战国这段历史的评价最为直观地体现在其《左氏始末》的分类上。唐顺之对于春秋战国这段历史以及《春秋》“微言大义”的理解较多地是认为春秋“无义战”“无义会义盟”“无义杀”。再次，经史关系认识中唐顺之史学是自觉意识一定程度的觉醒。虽然史学在唐顺之的学术思想中已得到了一定程度的重视，但史学仍然是作为经学的一种附庸而存在，并没有具备独立的学术品格和地位。而史学有关于这一点真正意义上的突破，到了其后的王世贞、李贽那里才出现。

杨骁魍、马勇[①]则对荆川的《荆川先生精选批点史记》进行了讨论。作者首先对该书的版本及刊刻时间进行了介绍，认为现存最早的是嘉靖刻本，目前有三个被明确标为明嘉靖刻本的本子，分别藏于上海图书馆（以下简称上图本）、美国国会图书馆（以下简称国会图本）与日本内阁文库（以下简称内阁文库本）。然后总结了《批点史记》具有的三个特征：其一，篇目编排遵循以类相从的原则。比如，《批点史记》卷六包括《田单》《韩信》《曹参》《卫青》《李广》五篇传记文，其最突出的特点是传主均为叱咤风云、克敌制胜的著名将领，故可将卷六称为“《史记》名将传”。其二，选文节抄遵循以传主为中心的原则。例如，《史记·秦始皇本纪》记叙秦始皇嬴政与其子秦二世胡亥两代人的史事，而《批点史记》的《始皇》篇以秦始皇为中心。其三，评论批语多为文学评论，大多

①杨骁魍、马勇：《论唐顺之〈荆川先生精选批点史记〉》，《玉溪师范学院学报》2021年第5期。

是对《史记》叙事笔法、行文布局等方面的论述。《批点史记》具有评点性质，书中有大量的评语和圈点：其一，作为提示的眉批可以加深读者对文中叙述的历史事件的认识。其二，作为注解的眉批有助于读者更好地理解文本，尤其是对文中一些生僻字词的注解，方便读者阅读。《批点史记》对诸种《史记》评点著作也具有影响：其一，《史记评林》中有不少眉批引用唐顺之的评语。例如，在《史记评林·秦始皇本纪》中有"唐顺之曰：将言始皇并天下，先提出此"的眉批。其二，《史记评林》的部分眉批直接袭用自《批点史记》的旁批。如《史记评林·秦始皇本纪》中，"吕不韦为相"一句上有眉批"拜相书"，"元年，将军蒙骜击破之"句上有眉批"定反邑书"等。

明清古文与八股文的关系，是近二十年来一个颇受关注但也十分棘手的问题。相关研究成绩显著，但也还存在两个突出的问题：一是大都侧重于外部研究或观念研究，或是探讨科举制度与八股文写作对明清文人创作心态、思维模式以及整体的文化生态的影响，或是论述明清文人关于古文与八股文关系的讨论、认知以及相应的创作主张，而基于文本分析的文章学或文体学的内部研究明显不足；二是关于"以古文为时文"的研究比较深入，而"以时文为古文"的研究则相对薄弱，且同样是以外部研究和理论层面的探讨为主。刘尊举对唐顺之的古文与八股文的互动进行了研究。[①]综合考察唐顺之的理论主张与创作实践，通过细致的文本分析，揭示其古文与八股文互相渗透的文体现象，并在各自的发展历程中审视其文体史意义。唐顺之古文与八股文之间的文体互动建立在观念会通的基础上。"真精神"既是唐顺之论文的宗旨与命脉，也是他对古文与八股文的共同要求。"法寓于无法之中"是唐顺之理想的法度观，包括"文之必有法"和"神明之变化"两个层面。共同的创作宗旨和衡文标准是文体会通的基

①刘尊举：《从观念到文本：唐顺之古文与八股文的文体互动》，《西北大学学报（哲学社会科学版）》2021年第4期。

本前提，严谨而通达的法度观则赋予其实践品格。在“以古文为时文”和“以时文为古文”的创作实践中，唐顺之的古文和八股文实现了真正意义的文体互动，并从中感知明代文章家探索文法的现实驱动力及其用力之所在。作者认为，通过对唐顺之古文与八股文关系的探讨，可以发现两种文体之间的确有实质性的互动关系，而且这种互动是建立在作者明确的主观意愿的基础之上。从散文史的角度看，可以借助这一视角，更加准确地把握古文文体的新变化，及其变化的原因与机制：从文章学的角度看，可以从具体的八股文创作形态中，感知当时文章家探索文法的现实驱动力及其用力之所在。

唐顺之年少成名，取得会试第一、廷试第四的傲人成绩，在官场本应大有作为，然而却因先后触怒权臣张璁与嘉靖帝两度遭黜，在34岁时被革职为民，开启了长达18年的隐居读书生涯。芮赵凯讨论了唐顺之晚年出仕的原因[①]。唐顺之晚岁出仕这一举动因严嵩、赵文华的参与，历来颇多争议。梳理唐顺之数十年间与诸人的往来信件可知，在经历了早年仕宦生涯两度罢官的挫折后，其专心于研学及授徒，然而阁部重臣严嵩、徐阶、聂豹、赵文华等人数年以来为其复官多番运作，最终在嘉靖三十五年获嘉靖帝同意，得以起复。唐顺之晚岁出仕，一为报答严、徐等人援引厚恩，二为尽臣子致身之义。至于自身的福祸已置之度外，实乃舍生取义之举。两度罢官的挫败感促使唐顺之一心克欲修身，专于研学及授徒，学问文章誉满天下的同时桃李满园。嘉靖二十九年罹患囊痈重症后，身体状况急转直下，对于世事也愈加心灰意冷，更于仕途无意。然而自此时开始直至嘉靖三十六年，严嵩、徐阶、聂豹、赵文华、李本、许论等阁部高官，挚友罗洪先，弟子姜宝等人为其复官多方运筹，恩情厚重。而唐顺之早年策名就列，并非处士之身，于是当嘉靖帝同意其复官后，君恩君命皆难违背。因此，唐顺之晚岁之出，实乃出于报诸公相引之恩与尽臣子致身之义。

①芮赵凯：《疾病与人情——再论唐顺之晚岁之出》，《历史教学问题》2021年第6期。

由于唐顺之颇为丰富的人生阅历，导致其在不同年龄阶段的创作具有不同的意义，徐勇和欧阳康以唐顺之在蓟镇核查军务与诗文创作为中心进行讨论[①]，嘉靖三十七年（1558），唐顺之二次复出后不久，受命来到蓟镇核查军务，历时两个多月。这段时间，唐顺之认真核实当地驻军情况，并向明廷进行了详细汇报，他曾四次上疏，从不同角度提出各类巩固边防的建议。唐顺之和戚继光曾切磋过枪法，两位都是文武兼备之人，带兵经验非常丰富且著述颇多，而唐顺之在核查军务中提出的这些思想，亦被十余年后到蓟镇戍守的戚继光所吸收。唐顺之还在考察风土人情、山川地理之余，寄情于蓟镇秀丽的山水之间，写下了近四十首诗作和一篇赋，为这段短暂而不平凡的军旅生涯增添了文学色彩。

另外，本年度对南中王门的研究还涉及徐阶。徐阶作为中国历史上的风云人物，他的文学著述自然不能被忽略。《少湖文集》是徐阶早年作品集，成书于嘉靖十三年。中国明代著名目录学家黄虞稷编撰的《千顷堂书目》，就收录了包括《少湖文集》在内的徐阶的大部分作品，前人尚有诸多赞美之词，刘梦琦、胡淑娟在《论徐阶诗歌的内蕴——以〈少湖文集〉为例》[②]一文中，认为《少湖文集》内容涵盖了感世咏怀诗、吊古感时诗、山水纪行诗、咏物寓意诗、哀事缅怀诗、交友赠答诗等，在风格上具有平实质朴、感情充沛、意象丰富、形象生动、善用典故、精于炼字等特征。

四、北方王门

嘉靖时期，河南府洛阳县人尤时熙（1503—1580，字季美，号西川）启其端，将阳明学传入了河洛地区。尤时熙传孟化鲤（1545—1597，字子腾，又字叔龙，号云浦，河南府新安县人），孟化鲤传王以悟（1557—1626，原字希赐，后改字幼真，号惺所，河南府陕州人）、王以悟传张信民（1562—

①徐勇、欧阳康：《经纬文武的大家——试论唐顺之在蓟镇核查军务与诗文创作》，《孙子研究》2021年第6期。

②刘梦琦、胡淑娟：《论徐阶诗歌的内蕴——以〈少湖文集〉为例》，《文教资料》2021年第9期。

1633，字孚若，号抱初，河南府渑池县人），由此逐渐形成了一个延宕至明末的、颇具时代性和地方性特色的阳明学流派。钟治国在《河洛王学的“万物一体之仁”说通论》[①]一文中，以“万物一体之仁”为核心进行讨论，以呈现这一学派的学术特色和发展脉络。

河洛王学是自明嘉靖而始延宕至明末，形成于洛阳及其周边地区的一个阳明学流派，以尤时熙及其弟子孟化鲤、再传弟子王以悟和张信民等人为主要代表。这一学派特重阳明的“万物一体之仁”说，以求得此一体之仁为根本学的，以见之于日用伦常的知分、安分、尽分为核心工夫。天人一理，万物一体，良知、仁德万物皆备，皆统摄于此原本的一体流行之中。他们认为，致良知就是求此“万物一体之仁”，在工夫上便是任运人人本具的良知、仁德的自然呈露，安于见在之分，随所遇而尽其分，是为“第一义”的顺适工夫理路。同时，用工夫以复本体的工夫理路也未被忽视，他们多从常人如何用功的层面上，主张无我以复真我、去嗜欲之遮蔽以复本体之精明的工夫，表现出了丰富、整全、切实的工夫面相。在“分与一”方面，“一”与“分”“多”对言，“一体”是“分别”之一体，反之亦然。万物一体之仁，绝不是以取消人际以及人与物的差别、区分为前提的。在这个一体的生存境遇中，人人皆有其“分”——本分、分位。每个人都具有多重伦理身份、位置，因此便须着力承担并圆满完成这些身份、分位所要求的责任、义务，是为尽分、安分之学。而安分、尽分工夫，不分大小贵贱，皆是尽其性分之固有，皆有当下可为之实功，它不因所用事情的大小而或用或否。由此可见，这一工夫在具体的工夫上具有非常细密、入微、切己、踏实的特点。在去欲与一体方面，仁、义、礼、智皆是良知、性分所固有者，从人情的本然状态来说，也原本是相与为善、相亲相爱的，因为万物一体、人我一如，人与我原本一体相连、痛痒相关。因此，如果人循其性情之本然而为，工夫便顺适、平实、简易。人承

①钟治国：《河洛王学的“万物一体之仁”说通论》，《西南民族大学学报（人文社会科学版）》2021年第4期。

担的诸重伦理身份所提示的，应然或当然（应当如此）的义务、责任便不是外在强加的，而是由本性、良知之不容已地显发、情感之不可遏制地呈现使然。

作者最后总结，认为河洛王学作为一个颇具地方性传承特色的阳明学的分支，既承袭了阳明学的致良知宗旨，又突出强调了“万物一体之仁”这一核心理念，由此发展出了一套以知分、安分、尽分为核心的工夫论体系。万物一体，皆备于我，这是人人本具的性分之固有者，因此从工夫论来看，这一学派的学者普遍重视任运本体自然流行的“第一义”工夫，并未陷入黄梨洲所批评的不识本体之弊。此外，他们普遍具有重视在日用伦常中用工夫的特点，而安分、尽分工夫落实在日用当中，必定会因人的资质、所处的具体情境的不同，而有不同的表达形式，以故常人的去私去蔽以复本体的工夫，也得到了他们的一致强调。从本体体认和工夫实践这两方面来看，这一学派传承了阳明学的真精神，可谓是阳明学的正脉。但需要指出的是，包括河洛王学在内的整个北方王门后学的现存文献不多，且有相当一部分尚待访求、整理。

在另一篇关于河洛王学的“一体”“安分之学”的文章中，钟治国以孟化鲤为中心进行讨论，[①]认为孟化鲤之学承袭了其师尤时熙之说而更趋平实、细密。孟化鲤认为孔门的学问唯在求仁，求得天地万物一体之仁是为学的根本目的。其万物一体之仁说，融贯了宇宙论和心性论两种诠释理路于一体：天地以生物为心，而人是天地之心，人与天地万物原本一气贯通；故天地之心即人之心，天地生生之仁即人之心性之仁。由此，在工夫论上，学者须突破一身、一家之小我的局限——是为无我，去除私欲私智对此仁的遮蔽——是为无欲。由是，孟氏又屡屡阐扬安分之学，主张在见在、当下的职分、分位上用功，随各人之分量气力而尽其分，立己立人，成己成物，知行合一，以达至万物原本一体的仁的境界。在万物一体

①钟治国：《论河洛王门学者孟化鲤的一体、安分之学》，《现代哲学》2021年第6期。

之仁方面，孟化鲤认为，仁是人之心性的固有者，而人是天地之心，天地以生物为心，天地生生之意即人心之仁，心性之仁有宇宙论上的依据、来源。孟化鲤之论万物一体之仁，包含了宇宙论和心性论两种进路，而且这两种进路紧密联系在一起：因心性之仁得自于天地生生之仁，故二者是二而一的。在安分尽心方面，孟化鲤的“分”有三个内涵：分别、区分；本分、分位；分量、能力。首先事物以及人之间的分别、差异是其各自存在的前提，“一体”是以分别、差异为前提的“一体”，万物一体之仁绝不是以取消人际以及人与物的差别、区分为前提的。其次，安分之学也有竭尽所能地完成本分、分位所要求的责任的意味。最后的义涵是知行合一。由此，作者认为，孟化鲤之学，以求得万物一体之仁为归的，其无欲、无我、安分、尽分诸说，既重视去私去蔽以复其本体的工夫理路，又不忽视任运本体流行发用的工夫理路。就其在日用平常处用功的工夫论主张而言，云浦之学确实极为平实、真切、细密，孟化鲤既着力于纠正其时学风的偏弊，从而有工夫论上的重视躬行实践的平实面相，又对高明的本体（特别是万物原本一体这一本体）有较深切的体验，因此尽管他并未以良知为其形式上的论述核心，但就其能把握阳明学的真精神而言，视之为一个纯正、通达的阳明学者是可以成立的。

另一篇关于南大吉的文章，认为在美育的意义逐渐彰显，地位日益重要的当代社会，如何从“致良知”推广到“致美育”，将“致良知”思想进行美育领域的现代性转化，是目前值得关注的问题。而“以致良知为宗旨”，是南大吉思想的重要目标与理论定位。在“致良知”宗旨的引导下，南大吉思想形成了“识良知——辨良知——致良知”的内在机制，为获得“良知”而“致”的过程，勾勒了南大吉思想的动态发展轨迹，也内蕴着思想的“习得”衍化。文章从南大吉思想的“致良知”主题入手，发挥高校文化传播的场域优势，围绕“习得”问题挖掘南大吉“致良知”思想在当代高校美育中的时代意义投射，以“良知”发现育人之“美”的深刻内容，以“致”探索美育的效果习得。①

五、泰州王门

本年度泰州王门研究主要集中在：其一，对泰州学派的整体研究。其二，对个案的研究（王艮、赵贞吉、焦竑以及周汝登等人）。

余英时考察宋明理学有一个重要的标准，即“得君行道”和“觉民行道”，他把王学以及王门后学的泰州学派作为“觉民行道”的主要范例。但在杨国荣教授看来，这一看法并不合乎思想的实际演化过程。杨国荣教授认为，正是“日用即道”，而非“得君行道”或“觉民行道”，构成了儒家的重要传统，明代王学包括泰州心学的重要特点，在于上承和突出了这一传统，并由此进而提出“以事行道”。泰州学派的重要特点首先就体现于把“事”和“道”联系在一起，“以事行道”并不是抽象的观念，它不仅涉及日用常行，而且关乎广义的经世活动，后者既包括人和对象的相互作用，也指向社会治理和人与人之间的交往过程。“以事行道”以人为行事主体，肯定“以事行道”，在逻辑上也包含着对人的作用的关注，后者体现于泰州学派所提出的“造命由我”观念。对主体力量的注重，逻辑地导向对自我的理解和定位。在“淮南格物说”“明哲保身论”之中，泰州学派这方面的思想得到了具体的体现，后者可以视为“以事行道”观念在社会领域中的进一步展开。②

“觉民行道”和“以事行道”导致了明代“身”与“道”分裂的时代难题，泰州学派标举知行合一、践履儒家道统、突出士人之“身”的自觉反思意识，在“身”“道”互动中重塑士人主体的审美感知经验。童伟从审美现代性的视角出发，梳理了泰州学派的身道观，认为泰州学派自觉地践履儒家审美理想的“身”“道”一贯性，则“身”“道”两难带来的风险

①刘鑫：《南大吉“致良知”思想的当代高校美育习得透视》，《科学咨询（教育科研）》2021年第7期。

②杨国荣：《以事行道——基于泰州学派的考察》，《文史哲》2021年第6期。

累积越盛，“任道”在很大程度上导致“害身”“杀身”。在对“任道”后果无法回避的自觉体认中，泰州学派反向强化了“爱身”“保身”的私性自主意识，从而加速了任情纵欲等自然情性话语的“旅行”，促成了中国审美现代性独特的双重指征：任道与任情共生。作者结合泰州学派士人以身任道、知行合一的讲学实践解读其身道观。认为泰州学派身道观中隐含的任道与任情的主体性与审美现代性的自我感知较为相契，而这也是推动明朝中后期文艺新思潮到来的一大动因。①

泰州学派“百姓日用即是道”的思想及其审美观念，也是其在当时得到广泛传播的动因之一。钱晔认为，泰州学派传播与流行的原因主要有三个方面，即学派思想契合市民阶层的要求；传播手段亲民化、多样化；学派领袖以自身品格感染群众。②泰州学派思想的广泛传播，对当时的文艺思潮也产生了巨大的影响，推动了晚明儒学平民化时代通俗文艺思潮的形成与流行。钱成从这一前提出发，研究了明清以来泰州戏曲“倍盛于前”，成为“江南文脉”视域下地域文化的突出代表，也成为“江南文化”渡江北上的现实体现。他认为，泰州戏曲文化的勃兴，一定程度上根源于泰州学派“百姓日用”平民儒学思想和“言情”文化思潮。从泰州戏曲文化的繁荣，讨论泰州学派的文艺思想深刻影响了晚明以降诸多艺文活动，它是社会转型时期启蒙思想积极、主动推动文化发展的生动实践，在社会教化和文艺发展进程中有着独特的地位和影响。③

王艮是泰州学派的创始人，作为泰州学派的开山鼻祖，他正视明中叶的社会危机，并且不囿于其师王阳明的治理思想，创造性地提出了以“身”为本、心怀百姓的路向，将政治治理付诸实践，凸显了“平民儒者”的天下使命。杨明和马洁以王艮的“身”为核心，讨论其社会治理思

① 童伟：《任道与任情共生——审美现代性视域下泰州学派的“身”“道”两难》，《江苏社会科学》2021年第1期。

② 钱晔：《泰州学派文化传播与流行原因考察》，《汉字文化》2021年第10期。

③ 钱成：《论泰州学派“平民儒学观”对通俗文艺思潮之影响》，《常州大学学报（社会科学版）》2021年第2期。

想，作者认为，首先，王艮视身与天下国家统一于“一物”，以“本末”分析此物，得出“身”为本的结论。“身”具有个体、身躯与精神的三重内涵，王艮视身躯之“生”为根本，进而推衍出“身”生为身之根本。他以“即事是道”解“道”，故“尊身为道”，又将“道”具体化为“百姓日用”。其次，王艮以“身”生为普遍原则，从个人之安身与百姓之安身两个层面构筑社会治理的理路，而治理效果最终落脚于个人修身层面。最后，王艮将身与心分离，从顺性乐心与反己自修的统一来推进修养工夫的落实。王艮从“身”本体出发向“身”本性回归，由“身”思天下，以安身治社会、反己修身的治理思路，超越了以往阳明学致思模式，有别于传统儒家政治治理理念，具有十分重要的理论价值。①

崔东海则以本体、工夫、发用三个环节来考察王艮之义理，认为其实际上含有儒道两重结构，第一重结构，在本体上以良知是自然天则，先天具足，当下即是；故在工夫上，直接以百姓日用是道；在发用上则以淮南格物为基础，安身为本，倡明哲保身之说。第二重结构，在本体上将心体定为未发之中；在工夫上知中修中养中执中，致中和之乐；在发用上则秉持道德的理想主义，欲建设王道社会。此两重结构，表现出较大的矛盾性与冲突。第二重义理是在宋明道学领域内的正常发育，而第一重将人性自然化，此类于庄子，以日用为道又无异于魏晋玄学越名教而任自然，以保身为宗旨无疑又近于杨朱等人，从而使自身渐离阳明心学，前者素被忽视，后者则使其与正统儒学区别开来，有道家化之倾向。②

《大成学歌》是王艮晚年对自己一生思想的总结，以诗歌的形式所作，内容非常丰富，把自己学说的精华与社会理想皆囊括其中。“大成学”的内容有五个方面。一是充满崇圣情结，断言只要“心中”体悟到“大成学”，就可成为圣人了。二是合“乐学”观与“道尊身尊”论为

①杨明、马洁：《王艮源于“身”的治理思想研究》，《伦理学研究》2021年第3期。

②崔东海：《王艮义理的两重结构与道家化倾向》，《贵阳学院学报（社会科学版）》2021年第6期。

一，即“至易至简至快乐，至尊至贵至清奇”。三是认为“大成学”是由孔子创立而为孟子所继承，以后鲜为人知。把“大成学”整理出来，就能随时随地与他人同乐，让人们明白心中的“良知”，是能够主宰乾坤的。这样大明江山就能万世传承下去了。四是说传承了“大成学”的人，就能成为“出则必为帝者师，处则必为天下万世师”的“师”，即“说与此人便是师”。五是以“太平万世”为其社会理想，这一理想的实现是以“同得斯人说斯道”为前提的，这个“道”就是“大成学”。前三条是理论，后两条是应用。王艮的目的，是让“大成学”在社会中广为传播，“随大随小随我学，随时随处随人师”，以期达到“太平万世还多多”“大明万世还多多”的社会理想。朱义禄从王艮的“大成学”出发，讨论其接替者颜钧的“大成仁道”学说，颜钧的“大成仁道”学说由“大中哲学”“耕心樵仁”与“制欲非体仁”三部分组成。其思想上承王艮“大成学”，下启其学生罗汝芳“赤子之心”说，对泰州学派的文脉得以薪火相传起到非常重要的作用。①

赵贞吉，字孟静，号大洲，四川内江人，嘉靖十四年（1535）进士。在明清两代，由秦入蜀多循连云栈道，紫柏山是连云栈道上的道家名山，风光秀丽，又具仙名，文人墨客途经此地多有诗篇。今留坝县张良庙拜石亭中有明人赵贞吉诗碑一通，即赵贞吉《望紫柏山》。王超以《望紫柏山》为中心，讨论了赵贞吉及其后诸多文士紫柏山相关的诗词，作者认为，赵贞吉的《望紫柏山》诗表达了作者一生中与严嵩、高拱等数次政治斗争失利后的消沉心绪，亦有全身而退后以“怀山”自我宽慰的复杂心情。整首诗的押韵特点也印证了这样的节次划分。全诗每句押韵，前六句中，一、三、四、六句的韵脚“道”“好”“老”“早”四字在《平水韵》中属上声“皓”韵，而二、五句的韵脚“鸟”“了”属上声“筱”韵。偶句韵脚

①朱义禄：《论王艮的“大成学”及其接续者颜钧的“大成仁道”说》，《贵阳学院学报（社会科学版）》2021年第1期。

出现了在未换韵的情况下使用邻韵的情况，因此不宜将其划为普通的七言体式，若以节式视之，则押韵殊为合理。后世官员、文士途经紫柏山，常次韵和之。据今张良庙所存诗碑及相关文献记载，明清两代共计九首次韵，与原诗构成《望紫柏山》组诗。作者认为，连云栈道作为明清时期的入蜀官道，留下了无数明清士人往来的足迹。紫柏山这一途中胜景，见证了明清士人形形色色的人生感怀，记录了丰富的文学作品。赵贞吉的《望紫柏山》以类似民歌的表达形式，慨怀人生境遇，情感真挚动人。后来者瞻拜之余，感触良多，继而题作次韵，次韵既多，水准亦高，形成了《望紫柏山》组诗。《望紫柏山》组诗的形成过程跨越明清两代，历经了人事和景观的发展变化。此组诗既有记录历史变迁、诗人生平的文献价值，又为紫柏山这一本地名胜增添了丰富的文学意蕴，提升了文化品位。[①]毛建威从赵贞吉的《赵文肃公诗文集》出发，对其诗中刘三正（怡溪）这一人物的生平、习行等进行了考证。[②]

罗汝芳，字惟德，号近溪，是阳明后学泰州学派的主要人物。近溪思想较为丰富芜杂，且为学多变，如其弟子所说，先生“德无常师，善无常主”。王龙溪认为，近溪之学大体不差，然而，错就错在“尚未离见在”，即太过于关注当下具体地呈现。那么，近溪之学是否真如王龙溪所说，仅仅是取消了精微工夫，走向了禅学一路，还是如牟宗三先生所说，真正属于王学。我们究竟该如何理解近溪思想的学问宗旨，以及如何明确近溪思想的独特价值。盛珂从这一问题入手，认为应该回到近溪所处的思想和哲学的历史语境之中，才能更好把握近溪面对的问题以及其学说的独特价值。作者从“从有入无”与“从无入有”，“通贯只是孝弟慈”，“孝弟慈”与“格物”，“孝弟慈”与“达之天下”等四个方面入手进行论述，认为罗近溪针对以王龙溪为代表的王门后学“虚玄而荡”的流弊，

①王超：《赵贞吉〈望紫柏山〉与诸次韵考述及文学意蕴》，《陕西理工大学学报（社会科学版）》2021年第2期。

②毛建威：《赵贞吉诗中的“刘怡溪”考订》，《内江师范学院学报》2021年第9期。

“从无入有”，“专以孝弟慈为本”，试图修正阳明良知学可能存在的问题。一方面，以“孝弟慈”彰显良知本体“纯然至善”，另一方面以“孝弟慈”的真实、自然之情，充实良知本体化可能造成的虚玄之病。近溪后期更以“孝弟慈”发展阳明良知思想在“外王”论述方面的不足。“孝弟慈”既可以指“不学而知，不虑而能”的先天良知，还指向人的现实存在的三种基本人伦关系，以及处理这三种关系的理想状态。近溪通过将人的全部现实生活都归结为这三种基本人伦关系，将政治问题转化为道德问题，使得“孝弟慈”能够由内圣直达外王，成为贯彻本末始终的理论宗旨。①

此外，王敏以焦竑所留下的有关女性的碑文，讨论了焦竑所书写的知识男性对女性品格的构想以及对现实社会的关怀，并流露出不同于传统儒家的文化观念。②兰军则讨论了周汝登万历年间，在嵊县鹿山书院、海门书院、绍兴阳明书院等地的讲学实践，及其学术思想之成熟、门人弟子增多，周汝登逐渐由剡地讲学士人领袖，成长为继王畿之后浙中阳明学宗主。③

六、黔中王门

在黄宗羲《明儒学案》当中没有关于黔中王门的记录，“黔中王门”作为阳明后学的一个流派进入学术领域的时间较短，甚至“黔中王门”这一说法至今仍有争议。但随着研究成果不断增多，这一流派也逐渐为学界所熟知与认可。其代表人物主要有孙应鳌、李渭等。2021年度关于黔中王门期刊文章的重点，也在孙应鳌与李渭二人。

孙应鳌（1527—1586），字山甫，号淮海，别号道吾，人称淮海先生，

①盛珂：《“从无入有”：罗近溪“孝弟慈”说对阳明良知学的修正与发展》，《中国哲学史》2021年第4期。

②王敏：《从焦竑女性碑铭文看其新儒学文化观念》，《开封文化艺术职业学院学报》2021年第6期。

③兰军：《万历年间周汝登的书院讲学实践》，《南昌师范学院学报》2021年第5期。

谥文恭，贵州清平卫（今凯里市炉山镇）人，先世籍贯为南直隶如皋（今江苏省如皋市），明初占籍贵州清平卫。其祖先以军屯移民方式入黔，历经数代人的努力，通过科举转换社会身份，成为诗书礼乐世家，跻身士大夫阶层。作为明代大儒，孙应鳌早年多受姚江、江门两派学者影响，思想成熟则主要在提学关中时期，他一生著述颇多，成就亦高，学统与政统合一，实为双重实践的产物。但其撰作清初即遭抽毁，散佚数量甚多，张新民教授以孙应鳌及其传世著述为中心，一一爬梳，考论真伪，从而还原黔中王门发展的真实面貌。[①]孙应鳌之家世渊源，可说由武而文，以致水到渠成，缓慢转型，成为边地移民一代成功典范。而其对阳明心学的传承，也是积微成著，从而薪传不断渐成气候，遂跻身王门学者代表性人物行列。如果说科举中试开启了孙应鳌的外在宦海沉浮之路，为他提供了政治活动的舞台或空间，那么与徐樾、蒋信的交往则点燃了他内在心灵探寻之灯，极大地坚定了他的精神发展方向或价值诉求目标。而他后来与王门亲炙弟子王畿、南逢吉等人多有交往，外在的政治理想活动和内在的心性涵养工夫，相互交织，成为他人生中长期不断的双重奏鸣曲。

孙应鳌今传世著作有《淮海易谈》《左粹类纂》《四书近语》《教秦语录》《律吕分解》《庄义要删》等，在《淮海易谈》中，孙应鳌认为阳明所说的良知之“知”，即是《易》理，《易》理极真实，极光明，随他发见流行处，当下具足，更无去来，不消假借；其发见流行处，轻重、大小、厚薄、张弛，毫厘爽失不得，增减不得，物即是我，我即是天地。闻者闻此而已，见者见此而已，故闻见即知，非有闻有见而后知也；知即闻见，非待闻待见而后有知也。《左粹类纂》十二卷，凡八册，分制命、谏诤、诫谕、辩说、议论、赋诗、盟载、谣诵、隐语、谋略、政事、荐举、节义、辞让、逆料、

①张新民：《孙应鳌及其传世著述考论》，《孔学堂》2021年第1期。

梦卜十六门，今尚有嘉靖年间安国弘仁堂刊本，北京图书馆、南开大学图书馆均有收藏。《四书近语》六卷，分别阐发《大学》《中庸》《论语》《孟子》义旨，最后成书当在孙氏晚年“以病废家居”时，可说一生心力均萃于孔、曾、思、孟之书，而笃实、躬行、淑世之志亦蕴藏于书中。其解读“四书”之核心宗旨，大要仍在返本孔孟，折中陆王与程朱，而不失其心学基本立场。《律吕分解》一书，涉及十二律各律等诸多问题，或可追溯到《国语》，《左传·昭公二十五年》也提到“为九歌、八风、七声、六律，奉五声”。孙氏承续前人余绪，多有个人发挥，上引翁方纲之说，评价相对公允客观。孙应鳌的子学研究成就，主要见于《庄义要删》一书，凡十卷，主要取褚伯秀《庄子义海纂微》，参以其他诸家注《庄》之书，删其繁而存其要，遂自成一家之书。其前后数次校录，间附以己意。他以儒学改造《庄》学，帮助儒学的发展，其本身也在多方面地吸取或整合各种思想文化资源，不断地丰富自己的理论形态及实践品格。他以儒释道或摄道归儒，亦对道家进行了儒学化的改造，明显表现出儒家文化立场及其价值取向。

唐明贵则以孙应鳌的《四书近语》中的《论语近语》为中心，讨论了他解经的特色。认为孙应鳌在承袭阳明心学本体论的基础上，以仁释心，以仁体归同于心体，又用天理将仁与心贯穿起来，突出地显示了其心学理论的独特之处。在承袭阳明学“知行合一”的基础上，不仅对以朱熹为代表的“知行分离”说予以了批评，而且又从慎独、学思、中、明道进德等角度对此进行了详尽的解读，进一步丰富和充实了知行合一说。在解释过程中，他承袭了阳明学“学贵得之心”的解经方式，注重融贯大意，详说反约，颇多新意，成为黔中心学《论语》诠释中的翘楚。①

《与李文麓求亡弟应豸圹铭》是录入孙应鳌《孙山甫督学集》中的一篇佳作，全文共十三段。文章起笔，即无限悲苦之意笼罩全篇，在叙事与

①唐明贵：《孙应鳌〈论语近语〉的诠释特色》，《贵阳学院学报（社会科学版）》2021年第5期。

描写的艺术方面有独到之处，文章用家常语叙述了弟弟应豸从出生至病死十三年短促生命中的事迹，刻画了一位天赋醇秀、孝友绝伦然而不幸天夺其年的奇童子，抒发了痛失手足的悼伤之情，具有凄怆感人的艺术魅力。赵广升、赵蕙认为，这篇文章以质朴无华的家常语叙述幼弟应豸短促生命中的家常生活琐事，于欢喜和哀苦的变换中益见伤悼之痛，体现了应鳌散文主性情和本色的鲜明特色。从现代价值来看，当前社会转型时期，传统的家庭伦理道德受到冲击，对以“孝弟慈”为核心的传统家庭伦理道德进行批判继承与合理改造，对建设新时代的良好家风、文明乡风和民风大有裨益。①

孙应鳌的人生并非一帆风顺，嘉靖三十二年，二十七岁的孙应鳌在历经屡次落第、患病、丧祖、亡师之后，在第三次参加会试时，终于以二甲第六十五名的成绩考中进士，廷试入选庶吉士，从上踏上了长达二十四年仕宦之旅。为政之余，孙应鳌广交天下阳明学者，为其学术思想的形成和最终定型奠定了坚实的基础。廖荣谦将其交游经历可分为三个时期，第一个时期为读书中秘时期（嘉靖三十二年至三十三年），结识了徐阶、陈梅山、蒋信、陈珊等人。第二个时期为初入仕途时期（嘉靖三十四年至三十五年），在京城两年的任职期内，主要结识了靳学颜和游行野二人。第三个时期是出补江西时期（嘉靖三十六年至三十九年），迁入江西，在江西任职的四年中，与浙中王门王宗沐，江右王门罗洪先、胡直以及明“后七子”之一的吴国伦等人交往甚密。孙应鳌的一生，历经嘉靖、隆庆、万历三朝，足迹遍布近半个中国，广交阳明后学弟子，在与名儒硕学的广泛接触和交往中，不断吸收其思想精华并融会贯通，形成了自己独特的思想理论体系。同时，通过矢志不渝地践履阳明心学，积极参与学术共同体的建构，最终促成了地域学术共同体——黔中王门学派的形成。②

①赵广升、赵蕙：《性情之文 本色至真——孙应鳌〈与李文麓求亡弟应豸圹铭〉浅析》，《名作欣赏》2021年第35期。

②廖荣谦：《明代“理学名儒”孙应鳌的交游与黔中王门的建构》，《内江师范学院学报》2021年第11期。

李渭作为黔中王门代表人物，其思想备受学界关注，在22岁中举后，即开始讲学授徒。其后他在思南培养了众多弟子，远近问学者数以千计，王路平与石祥建对李渭门下的弟子进行了考证，认为李渭弟子在黔中王门三大黔籍弟子群中，人数最多，名声最盛，影响最久。其弟子可考者十有七人，其中从学者不仅有本地人，还有远至江西等地者。如贵州思南人萧重望、熊时宪、郭宗荫、冉宗孔、安岳、安岱、李宗尧、李廷鼎、李廷谦、李廷言、罗国贤、罗廷贤、罗明贤，印江人田惟安，务川人胡学礼，江西人赖嘉谟、徐云从等，一时俊彦皆慕名至其门下，使得阳明心学传播到黔东北土家族地区，思南成为贵州阳明心学的五大重镇之一。[①]

李渭一生著作颇丰，有《同野诗文集》三卷、《先行录问答》三卷、《毋意篇》一卷、《简寄》二卷、《杂著》一卷、《家乘》十二卷、《大儒治行》三卷等。这些著作多已亡佚，现只有部分诗文见录于《黔诗纪略》卷三、《思南府续志》卷十及《铜仁府志》卷五。唐燕飞以李渭的诗文为中心考察其"仁"的心学思想。[②]作者从李渭所存诗作为五古组诗《和李别驾郡城六咏》六首，另有五古《嵇公泉》一首，七律《中和山》《普济亭》《三台山》三首。《和李别驾郡城六咏》组诗分咏思南诸处景观，表达了对家乡风物的喜爱和抱朴归真、寄情山水的情思。另有《思南府续志卷之十〈艺文门〉》保存下来的《思南府学射圃记》《修思南府学碑记》《修观音阁碑记》《婺川县迁学记》《世侯安绍南荣受封典序》等，从中可见其以"仁"为中心的心学思想。

七、李贽研究

在黄宗羲的《明儒学案》当中，没有关于李贽的记载，但当今学界有不少学者认为李贽是泰州王门的重要代表。因此，我们采取折中的做法，

①王路平、石祥建：《黔中王门大师李渭门下弟子考录》，《贵州民族大学学报（哲学社会科学版）》2021年第1期。

②唐燕飞：《明代文人李渭心学理论及其诗文创作探析》，《名作欣赏》2021年第18期。

把关于李贽的研究单列。由于李贽特殊的地位及颇丰的著作，关于李贽的研究，历年的成果都不少，本年度也不例外。从知网上可见相关研究论文大约有二十篇。

狄百瑞是美国哥伦比亚大学教授，国际汉学研究领军人物之一，长期从事东亚文明及理学研究，在英文学界相关学术领域产生了长远而深刻的影响。狄百瑞是西方理学研究的开创性人物之一，他站在东亚文明与世界文明对话的学术高度研究理学及中国哲学，为理学及中国传统文化的现代化、世界化作出了重要贡献。狄百瑞在《晚明思想中的个人主义与人道主义》（以下简称“《个人主义》”）一文中，深入阐发了发端于王阳明，中经王艮、何心隐，至李贽而造其极的晚明“个人主义”的发展历史，并以近乎一半的篇幅辨析了“极端个人主义者”李贽的“私人的或消极的个人主义”十个方面的内容。狄百瑞一面继承了“左派王学”的研究学脉，一面借鉴岛田虔次及侯外庐的问题意识，以晚明何心隐的“积极个人主义”和李贽的“消极个人主义”为主体，深入探索了“儒家个人主义”的具体内容、理论价值及现实意义。在其专著《为己之学：论理学思想中的个人》中，狄百瑞又以《李贽：极端个人主义》为篇名，几乎全文过录了《个人主义》中有关李贽的内容。《理学教化及十七世纪的“启蒙”》《儒家个人主义与人格》等文谈及李贽的内容亦与《个人主义》密切相关。总之，《个人主义》是狄百瑞探究李贽思想最重要的文本。基于此狄百瑞的研究，王宝峰讨论了对狄百瑞之李贽研究的内容、方法及意义。①

王宝峰认为，狄百瑞将李贽的思想特质定位为“消极个人主义”，实则是一个自相矛盾的说法。就实践而言，李贽表面脱离社会关系的消极逃遁与内在“闻道”“事业”的积极有为之间存在矛盾。从形式上看，李贽辞官不做、远离故土、舍弃妻儿、落发出家等一系列“最任性的唯我主义” 行径，都是脱离社会的极端个人化的“消极个人主义”者的选择。

①王宝峰：《狄百瑞“儒家个人主义”视域下的李贽思想研究》，《周易研究》2021年第4期。

从外在的僧侣身份来看，李贽似乎是一位“消极个人主义”者。但是，当我们以学者和哲学家的身份重新审视李贽的所作所为，就会发现他是一位“积极的个人主义”者。李贽从世俗关系退隐（这里且不说他始终看重并坚守朋友一伦），完全是表面现象。他的“消极”逃禅，实则是为了更有效率地著书立说，并试图以其极具学术创新性的思想理论，积极有为地影响思想界、学术界。作者认为，深入反思狄氏比较视域下的李贽思想研究，对于思考中国传统文化的现代化、世界化问题有一定意义。其一，儒家特有的关系型“自我”观、以“积极个人主义”所展现的“《大学》范式”为特点的“儒家个人主义”对于克服西方原子式的个人主义的流弊，具有一定的理论价值。其二，狄百瑞的李贽哲学研究，有益于深化我们对儒家哲学及中国哲学的认识。狄氏的“儒家个人主义”观，对于当下学界讨论儒家思想的现代价值，亦不无积极意义。

《藏书》是李贽著述当中比较重要的一部，该书对历史上的八百多个历史人物进行重新评价，反对以义理纲常为唯一的评判标准。本书一出现就备受争议。认同《藏书》者认为这部著作敢冒天下之大不韪、公然声称“孔子不足法”，有启蒙思想家的风范；激烈反对者则认为他有“异端”之嫌。《明史·李贽传》对其思想盖棺定论，称其“专崇释氏，卑侮孔、孟”。可见，《明史》苛责李贽及其《藏书》是因为他对历史人物的重新评价和认识超出“常理”，往往“无以孔夫子之定本行罚赏也”。曹珊珊以李贽《藏书》中的12篇总论为核心，讨论了李贽对历史人物的评价所体现出来的“历史评价无是非论”的观点。作者认为，李贽提出历史人物评价具有相对性，他在历史发展脉络中评价帝王，在以史实为依据中评价臣子，提出了“无求备于一人”的大臣观，急世之所急、注重功效的名臣观，德行合一的儒臣观，智信仁勇严的武臣观，修己安民的外臣观等。李贽在历史人物评价标准上走出新路径，敢于依据时代、人物特性透析人物行为，揭示政治、社会、经济等与历史的关系，为历史人物评价树立新范式。《藏书》能在明晚期风靡一时，对明末清初三大思想家都产生影响，最重要的原因不在于其是否是“异端”的争议，而在于李贽敢于依据时代、人物特性透析人物行为，揭示政治、社会、经济等与历史的关系，走出历史人物评价标准的新路径。①

《〈忠义水浒传〉序》是《水浒传》主题解读中一篇极为重要的文献，同时也是李贽《水浒传》评点中目前唯一可以确定为出自其本人手笔的文字。在《〈忠义水浒传〉序》之后，原本流于概念与表象的“忠义说”被李贽赋予了内在的灵魂与深层的内涵。陈刚以《〈忠义水浒传〉序》为中心，讨论了李贽的豪杰观，认为《〈忠义水浒传〉序》的写作和李贽的豪杰观之间有着十分密切的联系，水浒英雄正是李贽心中豪杰奇人的一个文学范本。而李贽的评点思路又决定了该序关注的重点并不在于文学技巧层面，而是和晚明诸多历史人物、事件纠缠在一起，进而形成一种政治思考与社会批判。因此，不了解其背景，便无法复原该序的历史语境，更无法深入理解序言的真正内涵。在《忠义缘何在水浒？——李贽的豪杰观与〈《忠义水浒传》序〉之再解读》一文中，陈刚首先对李贽的豪杰观加以梳理归纳，其次通过张居正、林道乾、梅国桢这三个历史人物逐层捋清李贽此文写作的思想理路，最后再结合此文写作的历史背景对李贽《〈忠义水浒传〉序》的深层意义加以细致分析，以期对这一问题产生更新的认识。②

八、综合研究及其他

关于阳明后学的研究，不仅仅包括对阳明后学某一个学派或者某一个人物的研究，还包括阳明后学学派之间的比较研究，以及学派之间不同人物的比较、综合研究，阳明后学在传弟子研究等等，介于分类便利，以上

①曹珊珊、李艳红：《李贽历史人物评价标准的新路径》，《广西社会科学》2021年第12期。

②陈刚：《忠义缘何在水浒？——李贽的豪杰观与〈《忠义水浒传》序〉之再解读》，《求是学刊》2021年第6期。

内容均纳入此版块综述。

《周易》向来都是研究传统儒道思想的必修内容，阳明及其后学也通过解读《周易》卦象来阐释自己的思想。孙德仁在其《阳明后学的复卦诠释进路及其走向——以王畿、颜钧、罗汝芳为中心》[①]一文中，以阳明后学对《周易》复卦的诠释为中心进行讨论，认为宋明诸儒中对《周易》复卦的诠释，主要集中于宇宙图景和工夫次序的表达上面，文章从三个方面进行论述，第一，“天地之心”：宇宙图景的主体化落实。阳明后学对复卦“天地之心”的解读沿袭了阳明的心学诠释进路。就诠释方向而言，从王畿到罗汝芳则都表现出异于师说的本体主体化趋势。所谓本体主体化，指王、罗二人对本体的追求是从本体内含于主体的角度出发，以主体的一念灵明实现本体的确立。王畿将“易”与“太极”的内涵予以主体化表达，故有“心易”“心极”之说。而为了突显此“心极”为天地万物的主宰，他在宇宙生成论中强调，良知为宇宙万物间顺逆相生的造化之机，无时不造、无时不化。他对天地之心的强调看似是即用而见体，实则为销体而归于用。王畿、罗汝芳诠释复卦“天地之心”所表现出的本体主体化趋势，是对阳明以主体本体化建构“人为天地之心”的一次方向性扭转。这一扭转不仅成为阳明学内部复卦诠释的新动向，也是对理学之复卦诠释脉络的更新。邵雍将“天地之心”定格在天道性命相贯通的关系视角下，朱子讲“天地以生物为心”为“天地之心”，阳明则言“人者，天地万物之心也”，由此形成了朱子与阳明在狭义理学与心学上的两种不同复卦诠释进路，但二人在诠释中亦表现出对作为本体存在的天理的共同服膺。在这一点上，反倒是作为心学传衍的王畿、罗汝芳以本体主体化的方式有所逸出，将“天地之心”落在当下现成的造化之机与切己吾身上，无疑是对本体的消解。就此而言，阳明后学与朱子、阳明在诠释方向上的差异，构成了理学“天地之心”诠释脉络的新动向。第二，“不远复”：工夫进路

①孙德仁：《阳明后学的复卦诠释进路及其走向——以王畿、颜钧、罗汝芳为中心》，《周易研究》2021年第6期。

的现成化诠释。宋明理学对复卦的关注焦点逐渐从最初的宇宙论转向工夫论，王畿与罗汝芳对“不远复”的解读虽然在理学改过迁善的工夫范围内，但他们更加关注改过工夫如何做到不远而复，故取径良知的见在、现成化，由一念即觉实现不远而复。此意义上的“不远复”，就成为王门见在、现成派的重要工夫法门。整体而言，“不远复”的工夫意蕴受到阳明后学的普遍关注，其诠释差异的焦点在于体用关系张力下工夫的见在、现成化问题。在此问题上的互补互绌，显豁出阳明后学复卦工夫进路的不同走向。第三，“七日来复”：工夫次序的宗教化表达。泰州学派还注意到复卦“七日来复，利有攸往”的工夫意象，并在具体诠释中显现出鲜明的神秘色彩与宗教意味，这以颜钧所提倡的“七日闭关法”为代表。颜钧将卦爻的变化演绎成工夫次序的变化，将“七日来复”作为心学工夫次序表达的经典意象。颜钧思想的宗教性格，形成于“七日闭关法”的悟道法门。

总之，阳明后学以心学进路发掘出丰富的复卦义理，这些复卦意象也成为了表达心学观念的重要内容。这种双向互动显豁出以下意义：其一，丰富理学之复卦诠释的义理结构与内容。相较前人，阳明后学以共同的心学旨趣关注到复卦更为丰富的理学意象。其二，建构阳明心学的易学话语。阳明后学的易学观虽出于阳明，但心学易的话语建构是由阳明后学完成的，他们的复卦诠释进路与内容是心学易的重要构成部分。其三，复卦意象为阳明后学表达心学宇宙论与工夫论提供了必要的经典元素。阳明后学围绕如何复见天地之心，通过“不远复”与“七日来复”的诠释呈现出心学特色鲜明的宇宙论与工夫论。其四，阳明后学的复卦诠释蕴含着理学发展的新动向。主体化、现成化、宗教化作为阳明后学复卦诠释的主要特点，其自身也蕴含着明清之际思想转型的重要契机。阳明后学的诠释进路所揭示的复卦诠释特点及其走向，对于把握阳明学派的易学话语建构与明代中晚期的儒学动向具有重要意义。

阳明之学以龙场悟道，悟得“吾性自足，不假外求”为界，有前三变与后三变之分。后三变的理论脉络，对于理解王门后学繁复驳杂的演进理路尤为重要。阳明言“心即理”，认为致知格物之训，所要在于推至吾心良知天理于事事物物，使之皆得其理。但是，龙场悟道后三变，无论是知行合一与静坐悟入性体，江右之后专提致良知与已发未发、体用论，还是居越之后易简直截的圆熟化境与天泉证道四句教，语义中都潜隐着基于形上形态的二重进路，这样的形上理路分判在王门后学中得到充分展露。黄琳在《“人病”抑或“法病”？——形上形态建构下的阳明后学》一文中，基于牟宗三提出的“人病”和“法病”观念，认为在超验观念的理与气、性与情截然二分的形上形态下，不只是“人病”，更是“法病”，更能揭示其后蕴蓄的形上形态与道德实践工夫论的逻辑关联。现成派“亚流”之虚玄而荡，情识而肆，非止人病，更是形上理路的法病，哲学形态若无此病，人病必不至于此。[①]第一，形上形态下的阳明心学，认为阳明之后，王门后学究竟如何致吾心良知于事事物物，无论从工夫论形态，还是哲学形上形态，皆有细密精微的理论区分，不可不辨。阳明后学诸派之争不仅在于工夫，工夫问题的畸轻畸重与偏重取舍，其后透显的是哲学形态的根本问题。依工夫理论与形上理路的内在逻辑关联，阳明后学呈现出双重进路：一者以良知现成自有，惟待觅、悟、守可得，潜隐于后的是一空间概念化超验纵摄的观念形而上学架构，由超验的形上本体之理，统摄、决定甚至强制形而下情、意、物、事的实现。一者以性与情、心与理、知与行、心与物（事）在往来交错、感通激励的彼此互动中，开显、呈现于事事物物之上的存在论直观形而上学，从始至终都有工夫的培养问题，潜隐于后的是情与理在绵延俱进中对治对决、往来互动的一体一元纵贯形态。阳明后学中，以邹东廓、欧阳南野、季彭山为代表的修正派，东廓“戒慎恐惧”，彭山“龙惕”之说，都未在情、意、欲、念、物（事）之先，推

---

①黄琳：《“人病”抑或“法病”？——形上形态建构下的阳明后学》，《中国哲学史》2021年第4期。

想另一个存中未发的本体之物，与其哲学形态相应，强调在绵延纵贯中的工夫培养。第二，“觅”良知：归寂派与现成派的形上理路。归寂派的聂双江之学，重“未发”工夫，故其立论，常强调“心之体”，所谓“归寂”之说，正是对此性体、知体的廓清、净化、培养与复归；王龙溪言“现成”，以为能“悟”“信”良知，则必能应事，因此，龙溪扫除一切情尘知解，良知犹如空中鸟迹、水中月影，像无像有，似沉似浮，趋转相背，神气妙应，本体即空，既无阶梯可循，亦无途辙可守。虽然聂双江以“归寂”为工夫，复归虚明、虚灵本体，龙溪强调“顿悟”“相信”，具体而微的工夫枢纽不同，但并不妨碍两派相近的形上形态。第三，天泉问答与心意知物梳理。阳明“四句教”中的心意知物，既非时间顺序，亦非先天逻辑推绎上的先后。心、意、知、物不同其概念、范畴，并非层层推进的逻辑层次，而须置之于绵延流动、相携俱进、一体一元纵贯的哲学形态中开显、呈露。王阳明形上理路中的心体，亦即心之本体，并非别有一物，而是性与情、心与理、心与物（事）、知与行在往来交错、感通激励过程中，复归心性情、心意知、心物理原初同体合一心之本然状态的形上理路。第四，心性情、心意知、心物理的交融互动。良知、心体、性体是在与情意欲念绵延俱进、对治对决的此起彼伏、往来交错中显现而出的，因此，此过程必然包含着认知层面经验的累积之功，归寂派是以阳明悟道后的前期思想为基础，现成派则是以阳明悟道的后期思想为学的，孤立心体、性体、知体，使之无从融入现实的经验世界，势必造成道德理性与行动践履的割裂，失去彼此真实联系的困境。

河洛王学是自明嘉靖而始延宕至明末的、在洛阳及其周边地区形成的一个阳明学流派，以尤时熙及其弟子孟化鲤、再传弟子王以悟和张信民等人为主要代表。钟治国以河洛王学的“万物一体之仁”为中心，讨论其相关论述，以呈现这一学派的学术特色和发展脉络。作者从“分与一”“去欲与一体”两个方面进行论述，而后得出结论，认为河洛王学作为一个颇具地方性传承特色的阳明学的分支，既承袭了阳明学的致良知宗旨，又突出强调了“万物一体之仁”这一核心理念，由此发展出了一套以知分、安分、尽分为核心的工夫论体系。万物一体，皆备于我，这是人人本具的性分之固有者，因此从工夫论来看，这一学派的学者普遍重视任运本体自然流行的“第一义”工夫，并未陷入梨洲所批评的不识本体之弊。此外，他们普遍具有重视在日用伦常中用工夫的特点，而安分、尽分工夫落实在日用当中，必定会因人的资质、所处的具体情境的不同而有不同的表达形式，以故常人的去私去蔽以复本体的工夫也得到了他们的一致强调。从本体体认和工夫实践这两方面来看，这一学派传承了阳明学的真精神，可谓是阳明学的正脉。但是，因为包括河洛王学在内的整个北方王门后学的现存文献不多，且有相当一部分尚待访求、整理——比如黄宗羲就曾承认其在写作《明儒学案》时尽管搜罗颇广，但穆孔晖的集子见而复失，以故他误将穆氏归于北方王门后学，因此与经梨洲的表彰而蔚为阳明后学主流的浙中、江右学派相比，该学派在当时及后世的影响力隐而不彰，亟待学界予以深研、阐发。①

①钟治国：《河洛王学的“万物一体之仁”说通论》，《西南民族大学学报（人文社会科学版）》2021年第4期。

柒

阳明后学研究著作文献综述

阳明后学人物可谓蔚为大观，非常庞杂，且不同的分类方式，其人物变化差异又很大，更有甚者把近现代学者都归为阳明后学。此处不对此做讨论，仅依照黄宗羲《明儒学案》中记载，并稍加拓展，新增黔中王学及李贽等人。由此而见，2021年王门后学著作依旧比较丰富，覆盖面非常广泛，此处仅对其要者分类作简单介绍。

一、专著类

从笔者搜集资料的情况来看，本年度阳明后学重要著作大致包括：王晓昕所著《王阳明与黔中王学》、李德锋的《明中叶唐顺之的史学世界》、周群的《泰州学派研究》、杨朝亮的《北方王门学案研究》、程海霞的《良知学的调适：王塘南与中晚明王学》以及张宏敏的《台州阳明学研究》等。

王晓昕所著《王阳明与黔中王学》[1]由人民出版社出版，主要讨论王阳明思想与贵州的关系、阳明在贵州境内弟子的成就以及阳明及黔中弟子与王门后学其他流派之间的思想互动。作者认为，本书的一个基本立场是“将明代黔中王门作为一个在历史上真实存在的整体，从时间上梳理其百年发展历程，从空间上考量其流布、辐射与影响，以此为基础，从哲学层面，以思想义理的分析为主，兼以文献考据，尽可能借助于可靠材料，对黔中王门的易学思想、经学思想、知行学说、良知学说以及经世致用的理论与实践展开系统而深入的讨论”，特别是对孙应鳌、李渭、马廷锡三人进行重点讨论。同时，本书还以思想互动的形式，将黔中王门及其思想，与同时期浙中王门、江右王门、泰州王门、楚中王门等进行比较，从而凸显黔中王门思想特征。

全书内容包括三个部分：思想缘起、思想内涵、思想互动。其一是对“黔中王学”进行界定，黔中王学时间界限自王阳明龙场悟道起至明朝

①王晓昕：《王阳明与黔中王学》，人民出版社2021年版。

末年一百余年的时间。大致经历了四代人物、三个阶段。其人物以黔籍人物为主，另外包括部分赴黔人物。其二，探究黔中王学发生的根源，除对阳明赴黔前贵州思想文化的历史现状进行梳理和分析外，还特别考察王阳明居黔时期的思想尤其是王阳明龙场悟道的性质和阳明此时的“治经”思想，以及阳明通过悟道而确立的立志成圣的儒家目标理想学说。其三，对阳明心学在贵州的创立、展开、衰微三个时期的主要人物、典型事件、思想特征等做了大致的讨论和介绍。其四，将黔中王学主要人物的主要观点及主要成果作为重点加以研究。包括孙应鳌、马廷锡、李渭三人，其中又以孙应鳌为重中之重。作者从思想义理方面进行深入挖掘，对孙应鳌的心学主脑和特征的医学思想进行研究。其五，对黔中王门与其他王门思想进行比较，包括浙中王门、江右王门、楚中王门及泰州王门等进行互动研究，这样更有力地证明黔中王门作为阳明后学一个学派的客观事实，从而彰显黔中王门独特的思想特征与历史贡献。

张立文教授在该书的序言中，从三个方面对此书作了比较详细的评价：第一，从时空跨度而言。即从汉代黔中舍人、盛览、尹珍三杰到明后期贵州二十四进士均有提及。尤其是理学三先生，构成了黔中王学的学派。第二从教育实践上而言，阳明主讲的龙冈书院、文明书院，席书的加持等，促进了阳明心学在贵州的传承。第三，就学术交流而言，人员互动，互学互鉴，黔中学者与黔外学者的交流，促使黔中王学得到更加深入的发展。

关于泰州学派的著作，吴震教授在2009年出版的《泰州学派研究》一书中，对泰州学派的几位重要代表如王艮、王襞、王栋、颜钧、罗汝芳、何心隐等进行了逐一研究，而对赵贞吉、耿定向、李贽等尚有争议的后学，则讨论了他们与泰州学派之间的关系。通过对他们思想及行为的分析以略窥“泰州学派”的思想全貌，作者认为，泰州学派的思想特征有浓厚的社会取向、政治取向以及宗教取向，其思想立场大多有取于阳明心学的“现成良知”说，同时又有“回归孔孟”的思想诉求。他们的思想言行既是阳明心学的产物，同时又极大地推动了阳明心学运动向下层社会的迅速渗透以及儒学世俗化的整体进程。而2021年周群的《泰州学派研究》[①]一书，肯定了泰州学派为儒学重新注入现实活力和实践品格，客观地分析了泰州学派在儒学思想目前的地位。该书的侧重点是依循思想发展的逻辑进程，对泰州学派的形成、发展以及接受和影响进行了全面深入地考察，通过文献研读以及社会心理，不仅对淮南三王以及颜、何一派的思想、行为进行了客观细致的分析，提出了诸多新颖的见解。还对前人鲜有论及的徐波石、赵大洲、邓豁渠一脉进行了分析与梳理，对徐樾、赵贞吉、邓豁渠三人分别进行了专章讨论。揭示了泰州学人豪杰精神背后的淑世情怀，以及他们为不得其位的儒士在“穷”“达”之外，开辟了经世途径和施展理想抱负的空间，这一点上，吴震教授的书中尚未提及，但本书对李贽这位有争议人物的思想依旧尚未提及。

一般而言，诸多学者认为，北方王门分为河南王门与山东王门两个支系（不含穆孔晖）。其中河南王门是王阳明—刘魁—尤时熙—孟化鲤—张信民、吕维祺—冯奋庸，因其主要流传于河南一带而得名；另一支系是王阳明—徐樾、颜钥—张后觉—孟秋、赵维新等以山东地区为传播阵地的学者。关于北方王门的研究，黄宗羲在《明儒学案》当中罗列了穆孔晖、南大吉等八人，杨朝亮的《北方王门学案研究》[②]一书，大抵沿袭了黄宗羲的思路，但至第二章为北方王门列传的时候未见王道（后宗程朱）一人。作者以北方王门为研究对象，认为目前北方王门研究的成果非常之少，有的只占研究著作的一个章节，甚至只有千余言或寥寥数语，在已有的研究成果中，有的只是简单阐释北方王门在某一区域，或者某一学术领域的传播和发展状况以及他们的学术成就和价值，有的仅仅是对北方王门其中一

①周群：《泰州学派研究》，南京大学出版社2021年版。

②杨朝亮：《北方王门学案研究》，商务印书馆2021年版。

位学者的生平作简单梳理，而没有对其学术、政治、教育等思想产生的背景、思想特点和意义进行深入挖掘和系统探讨。作者在总结了前人研究成果的基础上，归纳出目前北方王门研究的几个不足之处：其一，北方王门学术思想、政治理念和教育实践研究尚未引起学术界足够重视。其二，依然以零散的个案研究为主。其三，缺乏整体性、综合性的全面系统研究。其四，北方王门研究资料还有待于进一步的搜集和整理。而该书相对已有的研究成果而言，有几个创新之处：第一，多层面、系统地考察北方王门是如何致力于王阳明心学学术的，分析他们的政治倾向及其教育实践特点。第二，对他们的论著及相关著述进行全面系统深入剖析。第三，把北方王门的思想置于当时社会大背景下加以透视，整理出阳明心学在北方王门努力之下，逐渐向前发展的基本线索，了解阳明心学在北方广大区域发展的基本脉络和特征。第四，较为客观地论证北方王门在宋明理学史，尤其是陆王心学发展史上的重要地位。

在内容上，该书在前言部分讨论了阳明心学发展的源与流。之后概述了黄宗羲《明儒学案》的背景、内容及其中所涉及的八位北方王门的后学，并对其中七人（不含王道）做了小传，进而论述七人在“心”“良知”等方面的内容，从政治、教育方面讨论北方王门的影响及其现代价值。

张宏敏所主持的国家社科基金项目“清代阳明学文献整理与思想演变研究”，经与上海古籍出版社合作，形成《台州阳明学研究》[①]一书，对台州籍阳明学人学术思想及文献进行了研究。全书围绕“交游”与“文献”两个关键词展开。“交游”指的是王阳明与台州籍弟子，诸如黄绾、应良、林元叙、林元伦、赵渊等人之间的结识与交往，王阳明针对台州籍诸弟子，如黄绾、应良、金克厚等人不同的学术根基与禀赋志趣而进行的传“道”（圣人之道）、授“业”（良知之教）、解“惑”（致良知之法）的具体过程，也包括以黄绾为中心的台州籍阳明门人群体之间的相互交往

①张宏敏：《台州阳明学研究》，上海古籍出版社2021年版。

与学术切磋；“文献”是对台州籍阳明弟子的文献史料的盘点与梳理，主要包括黄绾、叶良佩、王宗沐的著作文献的编撰缘由、传世版本、文献价值等，还包括围绕江右王门学者邹守益佚文《应方伯良墓志》而对应良的生命历程与学术交游的梳理，浙中王门学者王畿佚文《明故南京通政司经历石洞黄公墓志铭》而对黄承文的生平学行的论述。

何善蒙在序言部分对该书做了评价，认为该书具有开拓性意义，以“交游”与“文献”为关键词，对台州籍阳明弟子以及阳明学者群体进行了深入地考察，由此呈现出了台州阳明学的一个基本发展脉络。将“台州阳明学”作为一个学术命题重新确立起来，是一个巨大贡献。认为该书的出版，有三个重要意义：其一，将“台州阳明学”作为一个议题提出来，是一个值得认可的举措。其二，“交游”与“文献”作为两个侧重点，也是该书的着力点，从学术研究角度来说，具有非常扎实的功底。其三，对台州阳明学的总体特质以及它在阳明后学中所具有的理论特质的概括，极具学术价值。

全书共由八章及附录部分组成。第一章讲述阳明学与天台山。对天台山文化、天台山与儒释道思想的关系、王阳明及阳明学者与天台山之间的关系做了梳理。第二章主要内容是黄绾与阳明之间的交往。讨论了黄绾与阳明的认识、黄绾与正德六年的科举进士群体的交流、黄绾拜别阳明归隐、黄绾对阳明“致良知”之教的服膺、大礼议前后的黄绾与阳明学士人之间的关系，阳明去世后黄绾的所作所为，以及晚年黄绾的阳明良知学的态度等。第三章讲述应良的生命历程与学术交游。讨论了邹守益的佚文《应方伯良墓志》及应良的生命历程与学术交游。第四章对林元叙、林元伦、赵渊、金克厚、石简、林应麒等人的思想、相互之间的交流、金克厚师从阳明的经历以及他们同阳明之间的“辩诬”等进行了研究和讨论。第五章讨论叶良佩的生平学行与著作文献。对叶良佩的为学仕宦经历、著作以及与黄绾等人的交游进行了研究。第六章主要内容是黄承文的生平学行及其阳明学之间的关联，讨论了黄承文的生平学行与阳明学之间的关联，王畿佚文《明故南京通政司经历石洞黄公墓志铭》等。第七章研究王宗沐的生平学行与著作文献，讨论了王宗沐的年谱、“不息之学”、史学著述、子学及其他文献以及诗文集等内容。第八章讨论台州阳明学在阳明学发展史上的学术地位与理论特质。对台州阳明学发展的学术谱系、学术地位以及“实学”品格、“实践”属性等进行了归纳总结和提炼。在附录部分，作者对王宗沐的遗迹考察历程进行了详细介绍。

在本年度阳明后学专著研究中，除了对各学派整体研究之外，还有对阳明后学学者的研究，其中程海霞的《良知学的调适：王塘南与中晚明王学》与李德锋的《明中叶唐顺之的史学世界》两部专著，可谓是本年度的力作。

关于王时槐（塘南）的研究，目前大致有三种路径：派系研究、个案研究、专题研究。程海霞的《良知学的调适：王塘南与中晚明王学》[①]一书，基于前述三种研究路径的分析，提出了通过阳明后学研究现状中体用观的反省以及体用观本身所具有的丰富意蕴，来为王塘南思想的具体层面提供架构，从而呈现王时槐思想本身的深度与广度。作者认为王塘南作为阳明后学的二传弟子，他在良知学的“展开”与“转折”之间，开创出良知学的“调适”路向。此既体现在本体论上，又体现在工夫论上。在本体论上，不论是对心性本体的由体而用而体用合一式的理解，还是对心性本体与经验世界关系的中道诠释；在工夫论上，不论是对彻悟本体的工夫原则的把握、对先默识后敬存的工夫框架的建构，还是对研几与收敛这两种特色工夫的强调：皆是此种“调适”路向的丰富展现。由此形成了王塘南思想集中晚明王学之大成、熔宋明儒于一炉的特征，从而奠定了王塘南思想在宋明儒学思想序列中的独特地位。

在绪论部分，作者对全书的研究进路与研究框架做了详述。认为体用

①程海霞：《良知学的调适：王塘南与中晚明王学》，中国社会科学出版社2021年版。

关系主要表现在五个方面，即一是由体指向用，二是体用对等的关系，三是体用同质的关系，四是体用相消的关系，五是体用生成的关系。这五个方面的关系可以划归为本体论与工夫论两个板块，第一、二种属于本体论板块，第三、四、五种属于工夫论板块。基于体用关系本身所包含的丰富层面，以及王塘南体用层面指涉的本体、现实、工夫等方面，作者从本体与工夫两个层面对王塘南思想进行研究。具体结构如下：

全书分为六章。第一章主要就“先考之训”“先师之教”与“良友夹持”三个方面介绍王塘南五十岁以前的学思过程，强调王塘南五十岁以后思想得以升华的思想资源。第二章和第三章，主要论述王塘南哲学思想中的本体论。第二章就本体界体用关系所具有的不同内涵，对王塘南五十岁以后的思想中关于本体理解的变迁作阶段性划分。第三章通过“心性与事物”“性与气”“性与病”“性与命”等关系来探讨王塘南对本体界与经验界关系的理解，其中涉及本体的形上流行（本然流行）与本体的形下流行（现实发用）两个方面，后者体现的是善恶并存的现实，而前者则体现了本体对现实可能具有的导向作用。第四章到第六章主要探讨王塘南错综复杂的工夫论系统。第四章探讨王塘南工夫论的彻悟本体的原则，以及在此原则的指导下，王塘南先默识后敬存的工夫论框架。由此来反观王塘南对悟修关系的理解，尽管王塘南有先悟后修与先修后悟两种悟修关系的理解，但是先默识后敬存的框架主要指向的是王塘南先悟后修的悟修关系。第五章主要探讨王塘南之“研几”思想。在阳明后学中，对于研几的讨论实非个别现象，王塘南之研几从提出到融通，皆是在阳明后学之背景下进行。在先默识后敬存的工夫论框架中，王塘南研几实属于默识工夫。第六章主要探讨王塘南之收敛思想，与研几相类，在阳明后学中，实亦有关于收敛思想之派别划分，王塘南对收敛的强调亦与此背景密切相关。王塘南基于收敛工夫的实践用途为收敛工夫寻找义理根据。在此义理根据的寻找中，收敛与研几工夫之间的关系亦须加以处理。此又涉及本体与工夫、工夫的着意与自然、从后天入手与归于先天此三重关系。在此基础上，王塘南收敛工夫的实质亦须加以揭示：一是负的讲法，一是为中下根人立言。

在结论部分，作者对王塘南思想集阳明后学之大成、融贯宋明儒之思想特色做了论述，并对王塘南思想在宋明儒学史中进行具体定位。在此基础上，笔者对当下涉及王塘南的派别划分进行简单回应，并对王塘南的为学宗旨进行概括。

唐荆川是阳明后学南中王门的一位重量级人物，关于唐荆川的研究论著颇多，本年度有一部从史学角度研究唐荆川的专著，即李德锋的《明中叶唐顺之的史学世界》[1]，本书是在李德锋博士学位论文基础上形成的，并获得了国家社科基金后期资助，由中华书局出版。本书中，作者力图超越以前学者过多关注和研究著名史家及其著作的途径和方式，用一种“心平气和”的方式来研究普通史家及其史学著作。因为一段历史的大部分内容是由普通史家及其论著构成的，他们表达着史学在社会中一种更为普遍的一般存在。因此作者选取唐荆川为个案，进行相对客观、理性的认识和研究，以期更为公允地评价，这是一个新的尝试。

在研究方法上，作者基于两个视角：一是唐荆川及其时代，二是唐荆川史学与明代史学。其目的是希望研究能够固守于“历史的”范围内，尽量避免作出偏离客观的评价，而历史所描述的轨迹，总是游走于必然与自由之间。所谓必然，即唐荆川编纂了大量的历史文献。而其中又蕴含了“自由”的因子，如“六编”的称谓及其内涵，这些自由的因子很大程度上体现了唐顺之对明后期史学的影响。作者试图在“必然”与“自由”之间寻找一个平衡。

在唐荆川及其时代视角方面，作者系统地探讨了正德、嘉靖年间的典型政治异动、思想格局、史学思潮等诸种社会因素与荆川及其史学之间的关系，主要包括荆川所经历的武宗“失德”和嘉靖“大礼议”对荆川“气

①李德锋：《明中叶唐顺之的史学世界》，中华书局2021年版。

节”形成所产生的影响；程朱理学的继续传播和阳明心学的兴起、发展，对荆川“合会朱、陆”学术特征之间的关系；明中后期兴起的崇实黜虚、启蒙和经世致用与唐荆川具体史学特征的关系等。在唐荆川史学与明代史学视角方面，以唐荆川的史学作为研究主线，但不限于此，把荆川置于明代中叶史学发展和变化的时代大势中予以考察。

二、文献整理、集释类

本年度关于阳明后学文献整理、集释类的学术出版物较少，主要集中在李贽文献的整理。其中陈蔚松、顾志华译，李国祥、曾枣庄审阅的《李贽文选译》以及张建业译注李贽的《焚书》较为有代表性。

李贽的《焚书》又称《李氏焚书》，共六卷，是李贽反对封建思想的一部力作。其中收录了李贽作为思想家、文学家生前所写的书信、杂著、史评、诗文、读史短文等，书中对儒家和程朱理学的大胆批判所表现的反传统、反权威、反教条精神，启迪与鼓舞了当时及后来的进步学者，对人们解放思想，摆脱封建传统思想的束缚，产生了极大的影响，因而被统治阶级视为洪水猛兽。全书指向中国千年以来一直占据统治地位的儒家传统说教，向束缚人思想的程朱理学提出了大胆的怀疑与严厉的批评，以致在明清时期很长时间被列为禁书。该书是李贽死后由其门人汪本轲整理而成，李贽认为，《焚书》乃“答知己书问，所言颇切近世学者膏肓，既中其痼疾，则必欲杀我矣，故欲焚之，言当焚而弃之，不可留也”。又说：“夫欲焚者，谓其逆人之耳也；欲刻者，谓其入人之心也。逆耳者必杀，是可惧也。然余年六十四矣，倘一入人之心，则知我者或庶几乎！余幸其庶几也，故刻之。”李贽对孔子及儒家“经典”的批判尤其是对程朱理学的批判，是非常激烈的，在当时产生了巨大的反响，其影响也比较深远。2021年，张建业整理与注译李贽的《焚书》[①]，是中华书局推出的“中华经典名著全本全注全译丛书”之一，具有学

①张建业译注：《焚书》，中华书局2021年版。

术严谨、平易近人、老少咸宜、使用方便等特点。

陈蔚松、顾志华译注，李国祥、曾枣庄审阅的《李贽文选译》[1]一书，则是凤凰出版社“古代文史名著选译丛书”中的一部，其中收录了李贽《童心说》《夫妇篇总论》《〈焚书〉自序》等三十多篇文章，并对其逐一进行简洁明了的白话翻译，是一部适合学习李贽思想的入门丛书。

①陈蔚松、顾志华译注：《李贽文选译》，李国祥、曾枣庄审阅，凤凰出版社2021年版。

捌

阳明后学研究学位论文综述

本年度关于阳明后学的研究，产出一批硕博士学位论文成果，体现着青年学者对阳明后学思想的关注和理解。整体而言，这些研究成果涉及的阳明后学学派涵盖了泰州学派、江右王门、浙中王门等主要王门学派，涉及的人物主要有王艮、罗汝芳、何心隐、李贽、王畿、钱德洪、聂豹、罗洪先、周汝登等。其中，就学派而论，泰州学派是研究的重点；就人物而言，李贽、王畿是关注的重点；就议题而言，良知论、心性论是研究的重点。

一、博士学位论文综述

山东大学赵立庆的博士学位论文《以身为本：王艮儒学思想研究》[①]，从身本论的视角切入，展开了对泰州学派创始人王艮儒学思想的研究。作者在梳理当前国内外学者关于王艮研究的基础上，指出目前学界关于王艮的研究主要围绕两个方面：一是整体视角，着重王艮儒学的思想史意义，如从阳明后学、泰州学派；二是局部视角，重点阐发王艮儒学思想的某个侧面，如“百姓日用即道”“淮南格物”等。关于王艮的研究，缺乏系统的体系研究。基于此，作者把构建王艮身本儒学的哲学体系及其所体现的现代个体思想作为问题意识，运用生活儒学、社会人类学和比较哲学的研究方法，从王艮身本儒学的时代背景、本体论、内圣工夫论和外王工夫论等维度，阐述了王艮身本儒学的主要内容和思想价值。作者认为：王艮的儒学思想是中晚明市民生活的理论表达，可以概括为身本儒学。王艮建立了一个以“身”为本体、以“安身”为工夫、以躬身实践为旨趣的身本儒学体系。“身”从理本体、心本体中解放出来，成为身心合一的具有现代价值的个体。

具体而言，在“王艮身本儒学的时代背景”部分，作者主要从中晚明市民社会、中晚明政治文化与士人心态、王艮生平与思想渊源等三个方

①赵立庆：《以身为本：王艮儒学思想研究》，山东大学博士学位论文，2021年。

面论述了王艮身本儒学产生的时代背景。指出：明代政府高度集权，政治生态极度恶化，士人心态也呈现极大的不同。但是，权力集中同时使得官僚体制庞大，政府效率低下，商品经济得以持存并逐渐发达，白银成为主导货币，人身依附关系松解，市民奢侈消费意识抬头。阳明所言的“心即理”实际上便是“我即理”，亦即将价值评判的权利收归自我。尽管其自我的内容仍然是以忠信礼义为核心构成的，但却极大地突出了主体的地位，从而使士人的人格得以从外在的权威中摆脱出来而独立。王艮直接从“心即理”的良知主体转到“身即道”的身体主体，凸显出生命个体的价值。阳明以自身的良知作为评价标准，王艮则以安身作为评价标准。王艮之“身”正是良知的具身化。王艮之身本论或尊身思想既与先前典籍的生命哲学相关，也与道家的贵身思想有关，同时也是时代生活的反映。

在“王艮身本儒学的本体论”部分，作者从身与道、安身立本、身为国家天下之本三个方面，阐明了王艮身本儒学的本体论。认为：如果说阳明心学的本体是良知，那么王艮儒学的本体是身。本体在这里不是宇宙论意义上的世界产生的本源，而是意义世界上的价值本体，是生活世界的本然状态。“道体”在王艮儒学思想中，其实指的就是“身与道一件”，即“道身”。首先，工艮把“身”抬高到本体位置，“身与道同尊”“身与道原是一件”。其次，保身爱身是人的良知良能，是生生之机；知保身，才能爱身，能爱身则爱人；进而达到万物一体的理想境界，安身才是立本。最后，王艮借用本末范畴阐释“物有本末”，“身”是天下国家的价值尺度。王艮的明哲保身论不是狭义的保全生命，反而突破传统单向性的爱，使仁爱成为双向的“互爱”。

在“王艮身本儒学的内圣工夫论”部分，作者从工夫论概述、穷理与致良知、安身工夫等三个方面，阐述了王艮身本儒学内圣工夫的内容和特征。指出：工夫论是本体论体现的逻辑结果，无论是理学工夫还是心学工夫都是本体—工夫框架下的工夫论，王艮则从良知现成出发注重百姓日常生活中体现的工夫。王艮十分重视工夫，他认为本体如何，关键看工夫。显然，阳明心学蕴含着深刻的个体性评价原则，而这一原则在王艮的身本工夫中得到落实和阐发。王艮的工夫论建立在身本论之上，“身与道一件”，所以，安身工夫是其主旨；“身”是生命的显现，生命即是生生不已、活泼泼的自然之道，工夫无须防检，当下即用、至简至易，以“乐学”为方法论。安身的“身”是身心合一的个人，所以安身其实是“安其身而安其心”。“安身”自然包括保护生命权利，但“保身”也是“爱身”，所以，“明哲保身”其实是生命之爱，也是生生之道。从自爱出发而爱人爱物才是本真的仁爱，爱有差等始于自爱，这就是爱身为爱人爱物奠基。由于王艮坚持良知现成，即肯定个体原则的优先性和现成性，所以个体权利和法则衡量天下国家之正与否。这就是王艮“以身格物”的工夫论。

在“王艮身本儒学的外王工夫论”部分，作者从实践品格、乡村实践、政治理想等三个方面论述了王艮身本儒学的实践维度。认为：实践品格是王艮身本儒学的内在要求，“安身”并非认命听命、安于现状，“身”本来就包括躬身实践的含义。王艮把良知所蕴含的个体性思想改造成“我命虽由天，造命却由我”的自主性，并且将这种自主性赋予平民大众，从而推进儒学的世俗化。泰州学派多率性而为，符合社会底层民众的需求，以至于背离当时的社会礼制，足见其影响力。身本儒学的实践活动主要包括讲学活动、乡会活动、参与治理和政治诉求。讲学活动超出了一般意义上的教育活动，可谓是儒家思想的传教活动，其目的是启蒙大众。宗会实际上反映出松散的近世家庭在恶劣的环境下的一种自救性的自治组织。讲会乡会尽管有长幼之分，但受“满街皆是圣人”思想的影响，平等观念深入人心，代表观点是何心隐“天下统于友朋”的论断。从身本论看，这种圣愚平等实质是政治平等，从而为政治参与奠定理论基础。儒学的政治思想是“王道仁政”，后世一般称之为德性政治或伦理政治。王道仁政落实在士人身上就是“内圣外王”。就其理想状态而言即“三代之治”，这是儒者向往的理想社会秩序，间接反映出儒者对现实政治生态的不满。内圣外王最终要落实在政治制度上，这就预设君权的合法性，一旦进入现实政治中，政道与治道脱离，君主权威压倒一切，成为儒学现代转型的制约因素。在碰到制度这面硬墙后，儒家思想只能在内圣领域继续深挖。王艮采取“修身见于世”的实践策略，“觉民行道”“内圣外王”架构在王艮这里出现裂缝，转化为自我主宰的“出处进退”之学：出处进退各有其道，“出则必为帝者师，处则必为天下师”。王艮的独立自主精神发展成为颜钧、何心隐、罗汝芳等人的狂侠人格，这也是儒家在专制体制下的必然结果。

论文的最后，作者从个体与个人、整体，儒学与个体性，个体儒学的两个维度等三个方面，揭示了王艮身本儒学所蕴含的个体性思想。指出：“身”本就有“吾”“我”的含义，经王艮的诠释，身获得与道同尊的本体地位，而在现代权利话语下，身体权是一项基本的人格权。也就是说从道德话语和权利话语两个方面，“身”指向或等同于个体。现代社会的基本单位是个体，不再是传统的宗法家族，此外作为制度形态的传统儒学已经解体，儒学的复兴必然落实在现代个体身上。个体，从国家层面讲就是公民；从经济领域讲就是经济人；从道德领域讲就是道德人，从市民社会讲就是市民。既然现代社会是个体化的社会，这是现代社会的生活方式，那么儒学的形而上表达就是个体儒学。换句话说，个体儒学就是在现代生活方式下，基于并有益于个体权利和德性，实现“成己成物”的价值诉求。当然这套价值诉求又不得不诉诸现代制度以实现自身，儒学不必再走心性论基础上的“内圣开外王”之路，而应落实到个体身上。

二、硕士学位论文综述

山东大学石霞的硕士学位论文《罗近溪心性思想研究》[①]，以心性之学

①石霞：《罗近溪心性思想研究》，山东大学硕士学位论文，2021年。

作为主要研究内容，从心性本体论与心性工夫论两方面切入，论述了罗近溪思想的哲学建构与核心关切。作者认为，研究罗近溪的心性论，对于全面了解罗近溪的学术，深入了解罗近溪与中晚明阳明学的关系，评价罗近溪哲学在泰州学派和宋明理学发展史上的地位具有重要意义。从心路历程与思想渊源、心性本体说、心性修养论、特质与评价等方面，对罗近溪的心性思想展开了分析。

具体而言，关于罗近溪的心路历程与思想背景，作者指出：罗近溪思想不仅直承颜山农，沿袭阳明心学心性传统，而且近承明道论仁，远承孔孟心性哲学，因而对罗近溪心性之学的展开研究势必要系统地、客观地梳理近溪思想的学术渊源与思想开拓。在这一过程中，近溪服膺心学，并在面对朱子和阳明问题中确立了回归先秦儒家传统的思维向度，凝聚了重新诠释、融会贯通的勇气。此外，近溪思想的建构与其时代背景密切相关。时下“见在良知”与“现成良知”思想盛行，流弊甚深，或是执着于义理分解，虚空冒认良知，或是任取当下，陷良知于情识，二者皆将良知当光景玩弄了。如何进一步发扬阳明良知学，同时又能克服玄虚和情识等光景之弊，就成为了近溪心性思想的基本出发点。

关于罗近溪的心性本体说，作者指出：其心性本体论，以“赤子之心”为本旨。在继承阳明心性一元论观点的基础上，近溪认为“心”乃强立之名相，主张以“生生”释“赤子之心”。以“生生”为纽带，赤子之心乃心性合一处，具有天命之性、良知本心、孝弟慈三种内涵，成为了一个具有超越地位又贯通形上形下，让天德仁体当下有所落实的心性本体。此个心性本体先天具备，是於穆不已之天命的当下呈现，日用常行莫不是天机活泼。

关于罗近溪的心性修养论，作者认为：其心性修养论，以“孝弟慈”为核心。赤子之心为良知本体，孝弟慈作为赤子之心的自然发用，构成了近溪心性工夫的主要内容。此个孝弟慈不仅是体悟赤子生生之仁的入手处，更需要不断因时推进，是落实“天下归仁”理想的根本路径。作者通过对近溪“孝弟慈”之工夫的具体落实次第的论述，对近溪修养工夫论的特色予以了说明，进而阐明了近溪对中晚明学术流弊的修正之功及其与晚明学术流弊的关联。

文章最后，作者通过对近溪心性本体论及其工夫修养论的论述，对近溪的学派归属、思想宗旨、历史影响等问题进行了论述，通过与阳明王学以及阳明后学其他学派的对比，通过泰州王学门内学者相关思想的比较，以“心性”作为连接超越与实践道德支撑和理论依据，展现了罗近溪以“赤子之心”作为圣贤之学落实于个体的生命实践，并将“孝弟慈”道德实践扩充至黎民百姓、家国天下的“心性”思想构架。

新疆师范大学王苗苗的硕士学位论文《何心隐心性论研究》[①]，从何心隐心性论的思想渊源、何心隐心性论的内容、何心隐心性论的实践、何心隐心性论的特征与评价等方面，论述了何心隐心性论思想。指出：心性是中国哲学的重要概念，也是历代思想家、哲学家集中探讨的恒久主题。对“心”“性”及其关系问题的论述最早可追溯至先秦。孔子注重主体情感自觉的性情论启发了孟子以性善为理论基点的心性论，心的内涵即是四端之情；荀子的性恶论以“化性起伪”为心性通达仁道境界的重要手段。此后，从朱熹的“心统性情”，到陈献章的“本然心性”，再到王阳明的“心性一元”，无一不对泰州学派乃至何心隐的心性思想产生重要影响。何心隐的思想既继承了儒学，又对其进行了批判。孔孟，是其尊崇的榜样，他始终对百姓对社会有着强烈的关怀，并以他的思想和行动，来进行更加深入的探索和哲学思考。何心隐是一位思想家、实践家，其践行的是“内圣外王”这一理念追求。何心隐在继承前人思想的基础上，进一步论述心即本体，而仁则是心之本体的核心。通过驳斥周敦颐的“无欲”说，何心隐提出了“寡欲”“育欲”的思想，进而论述了如何顺仁道以尽性。

①王苗苗：《何心隐心性论研究》，新疆师范大学硕士学位论文，2021年。

此外，何心隐还积极地开展社会实践以发展和传播自己的思想主张，如建立聚合堂，开展讲学讲会等。他的思想和言行深受泰州学派的影响，表现出自然主义的倾向，体现了浓厚的平民意识，具有启蒙主义的色彩，虽然受到特殊历史时期儒家思想的束缚而摆脱不了历史局限性，但仍反映了早期人文主义思潮兴起时的新气象，在哲学史上留下了浓墨重彩的一笔，对后世影响深远。他有关心性论思想的论述与实践，对于我们今天如何实践以及完善自身的发展，具有重要的启发和指导意义。

山东师范大学郗佩佳的硕士学位论文《李贽“童心”思想及其教育价值研究》[①]，从教育的视角对李贽的“童心”思想展开了研究。在梳理李贽“童心”思想内涵的基础上，对李贽“童心”思想的教育价值进行了论述。从李贽“童心”思想的产生及演变、李贽“童心”思想的内涵及审思、李贽“童心”思想的教育价值、李贽“童心”思想对当代学校教育的启示等四个方面展开了具体的分析。具体而言：明确了李贽童心思想的演变过程，识别了李贽童心思想中来自佛教的本心概念、来自道教的真心概念，以及为了反对伪道学而提出的私心概念，明确了李贽对心之本体的认识过程，确定了李贽童心思想的内涵。以其《童心说》中的逻辑为依据，对童心思想的内涵进行了比较全面地分析，明确了其自然之欲与自然之真的概念落脚、阐明了童心失落的原因、危害，并且提供了找回失落童心的路径，分析了李贽童心思想中蕴含的教育价值。以四个教育要素为线索，抽出了童心思想对教育对象的扩大、教育目的的回归、教育方法的个性化以及师生关系平等化的价值；以童心思想为镜头，对当代教育中的具体问题进行了观照。文章以童心思想的主要内涵为依托，发现了当代教育中存在的四个问题：儿童在做人与作文方面的失真问题、学生求知欲望被降低的问题、学生情感需求被忽视的问题以及创新教育未得到落实的问题，针对这四个问题，从童心的核心内涵出发提出了相应的建议。最后指出：李

①郗佩佳：《李贽“童心”思想及其教育价值研究》，山东师范大学硕士学位论文，2021年。

贽童心思想的主要目的在于为人之生存谋求合理的空间，其对自然人性的相信和肯定、对人性之真的渴望和追求，都在提醒教育工作者追求生命和教育的真实，这些观念穿越历史的长河现在仍然熠熠生辉，对我们当今的教育现实具有深刻的启发意义。

云南师范大学戴允晖的硕士学位论文《李贽〈藏书〉的史学思想研究》①，通过对《藏书》的研究，考察了李贽的历史观及《藏书》的史学内涵特质。指出：李贽《藏书》是史学名著与文学作品的共同呈现，在其史学思想的探究过程中，可见其“童心”思想的展现。李贽以“童心说”为主张，完成史学著作《藏书》。其《藏书》的写作背景为明代社会变动之时，因此《藏书》的意义，除了其个人意识之外，更具有对社会的深刻反省与批判。作为李贽晚年付梓之作，其批阅史书，将心得感想与时代思考，化成一部著作，以供时人借鉴，凭一己之是非褒贬古今千百人，在思想桎梏的时代掀起惊世浪潮。《藏书》借由对历史人物的臧否，表现其对当时社会的反动，并提出“德行合一”的主张，认为历史人物的定位取决于事功，并认为“以质救文”是挣脱历史循环之道的有效途径。李贽在历史中，寻求安身立命之道，在经历无数次对历史的“疑”与“破”后，理解出历史的轨道，并据此呈现理想治世的建构。无论李贽历史评价如何，李贽不囿于成见的历史观，已为晚明及其后的士人开启反封建的新思想。李贽历史观的特色在于：断以己意的史识、治乱循环的突破、社会现状的反动、事功为主的记载、民贵君轻的思想、自我理想的寄托、理想治世的建构。

大连理工大学张雨晴的硕士学位论文《启蒙视域下的李贽〈庄子解〉研究》②，从启蒙的视角对李贽的《庄子解》进行了研究。首先，对启蒙进行了界定，阐述西方启蒙产生的时代背景和西方启蒙运动的界定，以及

①戴允晖：《李贽〈藏书〉的史学思想研究》，云南师范大学硕士学位论文，2021年。

②张雨晴：《启蒙视域下的李贽〈庄子解〉研究》，大连理工大学硕士学位论文，2021年。

中国启蒙思潮产生的时代背景和中国启蒙思潮的界定，对比了西方启蒙运动和中国启蒙思潮的不同，揭示了李贽在中国早期启蒙思潮中的重要作用。其次，介绍了李贽的生平背景，《庄子解》一书的成书缘由、具体过程以及《庄子解》的解庄手法和特点。复次，分析了李贽《庄子解》的启蒙思想内容，认为主要包括：生而平等的平等观、解放思想的认识论、尊重个体的人本主义思想等内容。再次，将李贽的《庄子解》思想放入其哲学思想的总体之中进行了横向对比，说明了《庄子解》思想在李贽思想体系中的影响，列举其与“童心说”、“发乎情性，由乎自然”的自然观、“各随其欲”的理欲观、“至人之治”的治国观之间的密切关系。同时研究了李贽在解庄之后的思想转向，并在此基础上探究了李贽哲学体系的动态发展。最后，评价了李贽的《庄子解》思想，并分析了其对当代社会的启示。文中指出：李贽的解庄思想既具有明代庄子学的时代特征，又有自己的独到之处。李贽借《庄子解》来表达自己的理念，一吐心中所想。在那风雨欲来的晚明时期，李贽的思想犹如烛火与星辰，虽然微弱，但还是闪现出了人性的光辉和启蒙的光亮。李贽在解庄特点层面上有创新，不拘泥于传统的解庄方式，富有开放、自由、自我的精神。而在具体思想内容上，李贽综合佛学和道家学说的思想，在注解庄子的同时赋予了自己的独特思考。李贽在注解庄子后，其启蒙思想已经更加系统、深刻。

浙江大学王学路的硕士学位论文《浙东阳明学“功过格”的思想与实践——以周汝登、陶望龄、陶奭龄为例》[①]，以浙东阳明学中具有代表性的周汝登、陶望龄、陶奭龄为研究对象，通过考察其功过格思想与实践，为明末清初儒学的民间化、宗教化转向提供新的观察视角。指出：明末清初，许多知识分子将国家危亡、世风日下的原因归结为人心陷溺，认为只有纠正人心之过才能挽救时弊。在此背景下，“功过格”成为知过、

①王学路：《浙东阳明学“功过格”的思想与实践——以周汝登、陶望龄、陶奭龄为例》，浙江大学硕士学位论文，2021年。

省过、改过的重要手段，很多人都成为功过格的拥护者，掀起了一股劝善思潮。但功过格的使用也彰显了儒学的困境：一是佛教道教在悔过的过程中，通常会有诸佛、神仙的监督，保证了客观性，但儒家的思想体系里并没有这样的外在监督者；二是佛教道教在改过方面有完备的理论和仪轨，而儒家却始终没有发展出普遍认可的改过模式。随着功过格的广泛使用，明清儒学悄然发生了民间化和宗教化的转向。民间化主要体现在讲学群体由士大夫扩展到其他社会阶层、儒者实践的侧重点由庙堂转向了民间社会，宗教化具体表现为格外强调天的作用、刺激民间宗教的发展。

南京师范大学邝妍彬的硕士学位论文《王龙溪“见在良知”思想研究》[①]，从“见在良知”说的义理传承与概念阐释、本体论意义上的“见在良知”、工夫论意义上的“见在良知”、境界论意义上的“见在良知”、“见在良知”思想的评析等方面对王龙溪的“见在良知”思想进行了研究。指出：王龙溪在前人“良知学”的基础上，把“见在良知”观念鲜明提点出来，并赋予其更加丰富的内涵。王龙溪强调了良知的“见在”性，“见在”一词表明了良知既是当下具足的，又能随时呈现，良知既具有先验性，又具有活动性。见在良知先天完备具足，它能够为人们的道德行为实践提供根据和可能。见在良知的当下呈现，又能够使人们随当下良知的自然发用直接地判断具体情境中的是非善恶。同时，王龙溪的见在良知不仅仅具有道德意义，它还是能够通天地、生万物的生命本源。见在良知既具有本体意义，又蕴含着王龙溪独特的工夫论思想，见在良知强调“先天正心”，同时不废“后天诚意”，且二者被收摄于“一念工夫”之中。见在良知的本体论意义，最终通过工夫修习落实在理想人格的成就之上，王龙溪所崇尚的理想人格是“出世间大豪杰”。“见在良知”的内涵与其最高理想人格的追寻是高度契合的，基于对“超脱世间”气象的追求，王龙溪的理想人格说通过对乡愿的批判，以及对豪杰和狂者的赞赏和超越，而

①邝妍彬：《王龙溪“见在良知”思想研究》，南京师范大学硕士学位论文，2021年。

提出“出世间大豪杰”的最终理想人格形象。“见在良知”说的提出遭到了许多同门学者的批评，也成为阳明后学争论的一个焦点问题。批判的焦点主要在于：一是王龙溪的“见在良知”是否完满具足。王龙溪认为见在良知与圣人良知具有同质性，都是先天完备、当下具足的。正是这一点人人皆具的良知，使得人人皆有成圣的可能。二是批判者们认为王龙溪的“见在良知”说过于重视对心体的体悟，因此呈现出脱略工夫的态度。王龙溪十分强调先天正心工夫，但他并没有否定后天工夫的必要性，在对工夫的理解上王龙溪与其他学者是存在一些差异的。三是批判者们认为王龙溪“见在良知”说有流入佛老之嫌。但深究“见在良知”说就会发现，王龙溪始终坚持着儒家本位的立场，合理吸收佛道两家的资源以丰富良知学说的内涵，并形成了他的良知说的独特之处。“见在良知”对道德主体能动性的凸显，对救治当今社会的一些道德问题，具有一定的启发性。

安徽大学张文婷的硕士学位论文《王龙溪心学视野下的易学思想研究》①，从王龙溪易学时代背景与思想渊源、王龙溪以心解易的诠释路向、王龙溪心学视野下的易学体系建构、王龙溪易学思想的学术影响等方面，对王龙溪的易学思想展开了研究。指出：以心解易在宋代已见端倪，邵雍从伏羲与文王八卦方位图入手，提出先天心法为体、后天之学为迹。此时的心在成为贯通宇宙衍生法则的同时，也成为了性命、伦理等内容的法则，王龙溪将邵雍体用一源的易道原则贯通于心学体系，应用在正心与诚意、未发与已发等良知相关概念的解读上，先天易与后天易的寂感合一，对应良知本体的寂感无二。周敦颐在立说过程中援道入儒，首次将太极和无极二词结合。龙溪立足于良知心体的特性诠释周敦颐主静之说与“无极而太极”，将“无极而太极”纳入内在良知领域，直接揭示太极为“心极”。“无极而太极”于心学体系中，具备宇宙生成论意义中生生不息的循环意蕴，龙溪阐述“由无生有”生成的一面，创新出“由有归无”收敛

①张文婷：《王龙溪心学视野下的易学思想研究》，安徽大学硕士学位论文，2021年。

的一面，使良知有无互通，“心极”超越了主、客对立，活泼的心体与万物同为一体。南宋的陆九渊、杨简批判象数解易的理路。陆九渊根据孟子之说，首倡“本心”作为学说的核心观念，本心的易简性表现在形而上的道德本体与形而下的简易工夫两个方面。龙溪认为反求本心、自立主宰的易简之道是心学本体论建构的法则，形成了含具万理的良知本体与即本体即功夫的先天正心之学。杨简逐渐脱离宋易解易的思路，更加深入地诠释《周易》中的心本论，对明代以心解易学派的盛行起到发蒙作用，龙溪批判地继承了慈湖提出的“不起意”，从“不起意”引申出“意根于心”，并遥契慈湖“不起意”具备的有、无二重向度，运用于自己的先天正心之学。对比慈湖的“己易”，由阳明始创的良知思想才是龙溪认同的传承易道精微根系的正统载体，王阳明将易道纳入他的学说核心——良知中，首次提出“良知即易”，易理是成圣成德的标准，具有了内化于心的属性，龙溪继续发扬易道与良知在属性上的一致性，提出“心易”，良知作为心之本体，直接取代“心”这一名称，成为了易道的主宰者。《大象义述》是王龙溪对《周易》中六十四卦的象辞作的心学化的诠释，他对卦象的解读是为了更贴切地将阳明心学与易学融会贯通、互译互注，将象辞作为阐述主观体认到的义理的辅助。圣人仰观俯察，远观近取，万物诸象、阴阳往来，都无法超越身心的统摄，尤其是取法诸象而成的《乾》《坤》二卦，对应着身心二类，龙溪首次提出“良知即乾知”，“良知即是独知”。德行修养是心学的首要着手处，龙溪推崇潜龙之学，关注内圣的修为，他认为“蒙”是孟子纯一未发的赤子之心，最能代表圣人特质的是蒙卦。龙溪通过复卦提出改过迁善的复性工夫，良知作为天地之心是宇宙万物生生不息的根源，将复卦一阳初复等同于最初一念，复卦之义便是守持最初一念，使天地之心自现。龙溪以艮卦的抑止卦义指出树立自然天则的必要性，良知寂感合一，龙溪通过无思之思抬升“无”的主体地位。咸卦是无心之感，传达出心体“虚无”、感通万物之义。在认识论中，

“虚”“无”从道德修养层面进入到本体领域，龙溪将“无善无恶”的无滞无碍属性贯通于意、知、物三者，从本体入手提出“四无说”。屯卦首提经纶二字，乾卦的出处、潜见，皆以兼济天下的经世为本。剥卦传达出“民为邦本”的政治思想，谦卦表现出一体之仁的公平特性。师卦与比卦传达出龙溪提倡实效与民主性兼备的三代治国政策。儒家在内修德行的同时关注社会现实，内圣外王作为治世的最高尺度，成为历代儒者追求的目标。龙溪在研究前人解易著作时，始终以良知心体作为主要考量对象，把与良知特征相似的易学范畴加以收摄，使之服务于自己的心学体系，他以“无思之思”解艮卦、以“无心之感”解咸卦等心学视野下的易学诠释理路，在理论上解决了王阳明“良知”何以能充塞流行于万千事物的问题，即以心之本体的无限性保证其功能发用的无限性。尽管阳明说明了“良知更无障碍，得以充塞流行”，但主要是说明“良知无亏缺障弊，而得以极其至”，因此阳明强调的是“良知”功能的自然无限性，如“知是心之本体，心自然会知，见父自然知孝”。至于“良知”或“心之本体”功能的贯通性何以保障，阳明则诉诸本体的“真诚恻怛”，这是以“真”保证“善”的伦理实践理路。龙溪对阳明学贡献，在于将“无思”“无心”的本体作为良知功能“无滞无碍”的逻辑前提，这是以“体”的无限性保证“用”的无限性的纯粹理性思路。这种纯粹理性思路以逻辑的缜密与严谨保障了良知发用的“不可穷竭”，避免了道德践履过程中个体的差异性与不确定性，因此，龙溪心学视野下的易学思想建构，是通过从《周易》文本与前人易学思想中发掘一定的理论资源，通过心学化的诠释与转换，作为完善阳明心学体系的经典支撑。在哲学思辨的深度上，无疑是一种推进，然而，就这一学说的社会影响而言，龙溪着重“心上用功”的主张，在提倡“实地用力”、崇实黜虚的后世学者看来，属于一种脱略工夫的空疏学说，易陷入虚无主义，引起晚明的空疏放纵的学风。黄绾、季本、方大镇等针对龙溪思想中近禅化的倾向作出批判与重构。王龙溪的易学心体论对孙应鳌、李贽、罗近溪“以心解易”理路同样具备发蒙作用。

河北大学王玉明的硕士学位论文《钱绪山哲学思想研究》[①]，从钱绪山生平及其思想背景、良知本体、致良知工夫、钱绪山思想的评价及影响等方面，对钱德洪的哲学思想进行了整体的考察。指出：钱绪山思想体系中虽含诸多有价值的部分，但在其师阳明的笼罩下显得黯然失色。或认为绪山仅承师说而已，或认为其但得工夫一偏，都不符合绪山思想的实际。绪山在哲学上的首要贡献，是从“元亨利贞”四德的意义上，以太极来界定良知，转而提出“知体”的概念，并且进一步区分性体、心体和知体的异同，展示出其对本体内涵有着独到而深刻的认识。而关于良知本体的特性，“无善无恶”和“动静无间”作为绪山对阳明本体思想认识的承续，贯穿着其思想发展的始终。绪山循持阳明的基本观点，将“善恶”作为一种伦理意义的存在，同时又将“至善”定义为一种绝对的形上依托，并将“动”和“静”进行了有机的统一，以此破除人们心中固有的二元观念。而在致良知的途径上，绪山认为立志和为学应作为工夫的基本前提，并且以“意”去理解世界的现象性，以“诚意”去化解人们对本体“虚灵”的误解，从而寄希望于扭转中晚明时期人伦世界的“纵欲着空”和“不知人事”。绪山将工夫设立在“为善去恶”的逻辑基础上，将心体收摄于工夫的意义和价值中，即认为，“为”和“去”所展开的动态过程，其实就是心体的自然呈现。故其强调“着衣吃饭，即是尽心至命之功”，又认为“本体有何可见，觉处即是本体”，突出了人在事上精炼的重要性。又深忧人们把“人欲”误当成本体的“明觉”，从而走上“欲望肯定论”，绪山在“诚意说”的基础上进一步提出“无欲论”，并从静、敬、戒、惧的相关角度对无欲真体进行了贞定。如果说绪山以“诚意”为宗，是侧重“正”的路径，而无欲论的阐述，便是以“负”的方法将“致良知”纳入整个工夫熟后的清明境界，从而完成对过分依赖工夫的“解缚”，这也便

①王玉明：《钱绪山哲学思想研究》，河北大学硕士学位论文，2021年。

是绪山晚年所深刻体悟到的“勿忘勿助”之真精神。总的来说，绪山的哲学思想从“渐”出发，但不能忘乎“顿”，在工夫和本体的双重角度都阐明了他独特的“致良知”路线。而在晚明这段思潮中，绪山之学虽有克弊之愿景，但在学理上不够完善，在传播上有所阻隔，在适应整个社会发展趋势上亦有其历史的局限性，故其学说虽有一定理论回响，但并没有引起时人的注意。钱绪山注重“事上精炼”和“诚意工夫”等价值内涵，在当代仍具有非常重要的现实意义。

湘潭大学何肖迪的硕士学位论文《聂豹工夫论思想研究》①，从工夫论的视角对聂豹的思想进行了研究。指出：聂豹以归寂说和格物无工夫说在王门后学中独树一帜，其思想自成体系，在王门后学之中占据着重要地位。聂豹思想的形成经历了一个曲折的过程。有感于理学工夫论的义袭、助长之流弊，在陈献章心学的影响下，聂豹初窥心学门径，但“反求诸心”的修养工夫有捉摸不定之感，容易陷溺其中而不自知，不如事亲从长之具体践行来得切实。之后，经过对王阳明心学的刻苦钻研与体悟，聂豹终得阳明心学之宗旨，提出了自己对于格物致知的解释。其将致知理解为“充极吾良知本体之量”，并以致知统摄格物，将工夫论的重点放在了致知之心上工夫上面。这意味着聂豹较彻底地从即物穷理之工夫理路中走了出来。最后，聂豹将“充极吾良知本体之量”的心上工夫总结为“归寂”，将去其昏蔽以复心体的心上工夫更为直白地表达了出来，其工夫论思想终于大成。聂豹归寂思想，在当时学者看来，有违阳明心学寂感相即的哲学思路，造成了寂体与感应的割裂。但是，聂豹之所以提出归寂说，并没有试图规定良知本体，而只是在讲存养良知的心上工夫。良知本体先天具足，不假外求，不因人力而有所增减，但也易受到人心之私的遮掩，必须要通过归寂之心上工夫，以复其心体。聂豹在归寂之心上工夫与良知本体之间做了层次上的区分，在心上工夫与事上工夫之间也做了层次上的

①何肖迪：《聂豹工夫论思想研究》，湘潭大学硕士学位论文，2021年。

区分，以保证心上工夫在唯一而不可分离的良知全体上用功，而不是认知见之偏为良知。在此前提下来理解归寂说，就能够明白其只能从心上工夫的角度来理解，也能够看出聂豹所要传达的哲学思路既不同于佛老，也并不是要回归理学。另外，聂豹之格物无工夫学说，因其对于格物工夫的否定，也招致了批评。但是聂豹所反对的是即物穷理之支离工夫，并通过格物无工夫之说，向人们传达了听任良知之流行、因物付物而不加人为的道德践行之真工夫。聂豹之思想学说，与王阳明思想之间有着千丝万缕联系。尽管表述不同，但归寂说与王阳明的本原用功及致良知之学、格物工夫说与知行合一说在思想内核上都是相通的。归寂说与格物无工夫说共同构成了一个完整的工夫论体系，其工夫论的重点落在了心上工夫之上，但其工夫的目的又在于实现良知之流行，使得意念之发动无不合乎“天理”，知善知恶之良知即是为善去恶之实践，而这也是对于王阳明贯通体用及知行的心学思想系统的继承与发展。

西南大学冯小平的硕士学位论文《罗念庵良知思想研究》[1]，从罗念庵的生平与为学经历、良知本体论、致良知工夫论、良知境界论、罗念庵良知思想的评析等方面，对罗洪先的良知思想展开了研究。指出：在阳明后学“只讲良知，不讲致和”流弊四起的背景下，念庵之学于扶持王学大厦赖以不坠有功，因而在晚明思想界中享有极高的评价。因念庵未尝一日得及阳明门下，所以他参究良知的过程是曲折的，其思想是不断变化的，其体认的良知本体和工夫有前后期的不同。念庵在重新体认寂感关系的基础上，对动静关系也有了新的认识，赋予静本体论上的意义，以至静形容良知本体。总体上，念庵更偏重从本体义理解良知，与阳明、龙溪偏重从自然明觉义理解良知有所不同。在致良知工夫上，念庵因“欲根不断”无法肯信当下知善知恶之知即是良知，故而反对“依良知”，主张“致良知”。念庵之“致良知”是“致”良知之义，是涵养本体，所以他的致良

①冯小平：《罗念庵良知思想研究》，西南大学硕士学位论文，2021年。

知工夫是涵养本体的工夫，工夫与本体一样，也有前后期的不同，分别为“无欲主静”和“收摄保聚”，后者较前者而言，不再拘泥于静坐的形式，于动境、静境皆能落实，时时“收摄保聚”，时时“致良知”，透显出“即用即体”的理念，近于阳明、龙溪浑一性的思路。与阳明只将静坐视作权法相比，念庵把静坐看得极重，这是其学被诟病的原因之一。然结合他晚年为乡里均平赋役、奔走乡间事务来看，他已然打通动静二境，于事上磨炼，并未因静坐绝伦弃物。在工夫的助益下，念庵臻至“全体大用”之境，心体物而无不在，感而遂通，在经世中致用，不失儒家明明德之旨。念庵的思想包含本体、工夫、境界的完整内容，而又以良知为核心。基于念庵“断除欲根”的问题意识，结合其体认的良知本体以及所臻之境，可以肯认其阳明学者的身份。念庵之学在超越“归寂”说的同时，亦对因“见在良知”泛滥而渐失其旨的王学有扶持之功，其学应在王学中享有一席之位。

玖

日本阳明学研究综述

全球新冠疫情进入第二年，在线下学术交流难以展开的情况下，国际性的各种线上学术讲座和会议接连召开，日本的阳明学研究与成果发表并未因疫情而停止。中国明代阳明学、日本江户阳明学以及日本明治维新以后的近代阳明学研究成果不断涌现。

有关王阳明的思想分析，有志村敦弘《内在之天：王守仁“良知”说再考》与土田秀明《王阳明理气说再反思的一个考察：以理气说的伦理性意义为中心》，有关阳明弟子蔡世新及其所绘阳明像，鹤成久章发表《论〈阳明先生小像〉：传达王守仁之“神”的蔡世新》。阳明高足王畿心学思想的政治领域实践，山路裕发表《王畿思想的政治方面展开：以〈历代史纂左编凡例并引〉和〈中鉴录〉为例》。有关明代心学思潮，和泉瞳《论湛若水〈白沙先生诗教解〉的注释：白沙学派“圣经”的功能》讨论了白沙学派的心学脉络，三浦秀一《明代老学史的一个侧面：论薛蕙〈老子集解〉以及王道〈老子亿〉》、阿部亘《李贽的谏言论：历史批评与万历中期的政治情况》、黄铮《焦竑与明清思想中的系谱问题》涉及阳明学影响下的晚明思想史诸象，体现了日本学者的理论焦点。

论文以外，东洋大学吉田公平教授为首译注的《聂豹“会语”资料（〈复古书院记〉等）译注：阳明门下会语记录精读（其6）》、东洋大学《近溪子集》会读班《罗汝芳〈近溪子集〉卷御 译注（1）》[①]和二松学舍大学宋明资料轮读会王龙溪班《〈龙溪王先生全集〉卷十三译注（4）》的资料译注亦在陆续公开。陈来教授的王阳明研究专著《有无之境——王阳明哲学的精神》，永富青地公开十年前撰写的书评《论陈来著〈有无之境——王阳明哲学的精神〉》，明确指出对于当代的阳明学研究仍然具有重要意义。

日本阳明学的始祖中江藤树始终是学界研究的热点，本年共有孙路易《中江藤树的“德治”》、高伟高《中江藤树晚年的心学思想：以比较

①罗汝芳的《近溪子集》按照君子六艺（礼乐射御书数）排列，以卷《礼》为首，卷《数》为末，此次译注的为卷《御》。

王阳明“无善无恶”论为中心》的文章进行相关研究。长期从事朱子《家礼》研究的吾妻重二发表《日本〈家礼〉式儒墓：从东亚文化交涉的视点来看（2）》，详细列举了实地调查的日本江户时期儒氏墓碑，中江藤树及其妻子、儿子的墓地皆为按照朱子《家礼》的儒家式样。有关江户中期的阳明学思想，刘宇昊发表《中根东里的修养论与作为“隐居的阳明学”的特质》。

有关18世纪重要的阳明学者佐藤一斋，上寺康司发表论文《佐藤一斋〈言志四录〉中的“象征”与“机”》。有关佐藤一斋的弟子吉村秋阳，荒木龙太郎发表《幕末阳明学者吉村秋阳行状的介绍与解说》，并与关干雄一起发表吉村秋阳的日记整理《〈读我书楼长历〉翻刻（二）》。同为佐藤一斋门人山田方谷的论文有，古文英《山田方谷的君主仁德论与抚育政策》和高伟高《藩政改革中的山田方谷思想》。有关幕末实学家横井小楠，北野雄士发表《横井小楠与李退溪〈自省录〉》。这些文章都特别提到幕末时期阳明学与朱子学的思想融合以及山田方谷、横井小楠为代表的儒者对社会问题的关心和对实学的重视。

石门心学领域，船户雅也《西川晚翠〈心学道话〉与幕末虾夷地的石门心学》以西川晚翠为个案，分析了江户末期石门心学在日本东北、虾夷地区的传播情况。吉田盛一发表《日本的经营思想与稻盛和夫（1）：石门心学与稻盛和夫》，分析自石田梅岩以来直至近代心学者稻盛和夫的经营思想，以及对商人之道的提倡。山村奖《近代日本的“人格”意味：从修养与阳明学的关系性来看》讨论了井上哲次郎最早将personality翻译为“人格”，并提出“人格化”一词，明治时期以来的日本阳明学者，无不重视人格修养的发展完善。

一、王阳明及其后学

明代的阳明学研究，志村敦弘和土田秀明分别考察王阳明思想中天与理气论的特殊含义。山路裕从《历代史纂左编凡例并引》和《中鉴录》出发讨论王畿的心学思想在政治领域的应用。和泉瞳讨论王阳明以前白沙学派的诗论和湛若水《白沙先生诗教解》。鹤成久章讨论为王阳明画像的蔡世新，三浦秀一讨论薛蕙的《老子集解》和王道的《老子亿》，黄铮与阿部理分别就焦竑与李贽的思想问题展开讨论。

志村敦弘发表《内在之天：王守仁“良知”说再考》，对阳明学思想中“天”的概念进行讨论。天在中国哲学中属于根源性的核心概念，阳明学作为“心学”，以“心”“良知”为核心构建学说体系，以往研究集中于“心即理”“知行合一”问题，关于天的讨论相对罕见。一般提到良知的研究都侧重研究“自己”，但作者认为良知说的意义不止于此，“天”在良知学中具有特殊位置。该文首先从“万物一体”的角度说明，王守仁思想中“自己”与“他者”的关系，进而提出因为重视他者存在的意义，自谦的工夫尤为重要。要做到自谦，最根本的是“无我”，只有克服私我的存在，心才能回复到本来的样子。良知作为“自己中的自己”，有能力作自律性的判断。作者认为在王守仁的思想中，实际上有两个“自己”，分别是“私吾”（被私欲所掌握的自己）与“真吾”（作为良知体现者的自己）。王守仁提倡“真吾”，反对“私吾”，认为只有在“真吾”与“他者”的关系中，良知才能够真正发挥。随后作者从“天则”入手说明良知运动的普遍妥当性，认为正是有这种普遍妥当性，王守仁才会“信得过良知”。作者紧接着提出了一个问题，王守仁主张“心即天”，无比壮大的天怎么会和“一点良知（心）”一样呢。作者引用王守仁的“心也者，吾所得于天之理也”等资料，指出良知（心）是由天所赋予的，根植于人一身之内，良知的运动即是天的运动。作者将其称为“内在之天”，例如王守仁说“丧其天矣”就是指这种“内在之天”。阳明学“内在之天”和朱子学中外在的、与自己有一定距离的“天”相比，有很大的区别。阳明学“内在之天”的存在感非常稀薄，因此阳明学格外强调应该在

“万物一体”之仁中发挥良知。

作者着重探讨了“内在之天”的意义。王守仁提出“良知即天也”，也就是说在阳明学中，万人崇敬的“天”和“良知”是完全等价的。王守仁在良知的运动中构建出“天”与“人”的等价关系，这就是良知的究极意义，这样的思考方式体现了人的存在意义和尊严。此外作者提出作为他者存在的天在人之中的存在感很稀薄，也因此产生出一定的自立思想。作者在最后提出自己的猜想，王阳明对“天”的强调源于他在朱子学中遭受挫折，不得已从零开始思索天地万物和宇宙人伦。这一回归本源的思考造就了以“内在之天”为良知的思想。

土田秀明发表《王阳明理气说再反思的一个考察——以理气说的伦理性意义为中心》，讨论王阳明的理气论思想。相对于朱子学中的理气二元论，王阳明的理气论可以理解为一种理气一元论。阳明的理气论没有像朱子学的理气论一样涉及自然学、宇宙论，而是限定于人类学、伦理学。本文以《传习录》上卷的《侃去花间草》章作为核心资料，分别探讨了阳明思想中的善、恶和气的概念。朱子学中，理气论是从理想到身体的宏大论题，而阳明学中理气论并没有如此庞大的哲学体系，情与气也没有直接的关系。最后作者认为在《传习录》的编纂时点，阳明学的理气论思想相比人所犯的恶行，更重视人的本性，表现出对人性的信赖。

山路裕着眼于王畿思想的政治方面，发表《王畿思想的政治方面展开：以〈历代史纂左编凡例并引〉和〈中鉴录〉为例》。该文讨论的资料《历代史纂左编凡例并引》是王畿（1498—1583）为唐顺之（1507—1560）编纂的《历代史纂左编》所写的序文和凡例，本文特别阐明王畿心学思想在政治领域的展开。

王畿特别热衷讲学，而且实际做官的日子很短，一般认为他的思想在政治上没有建树，然而王畿本人从未忘记经世之志。该文把《历代史纂左编凡例并引》放在王畿思想中予以考察，认为王畿思想在政治方面的展开就是从他的思想本质中显露的。《序文》中记载，王畿与唐顺之在江苏省宜兴阳羡山隐居时，曾频繁交流《左编》的内容，凡例中《左编》的项目分类（君、相、名臣、谋臣等等）是两人商议的共同结果。《凡例》中具体的内容，特别是君类和宦类两种最能体现王畿的政治思想。理由有两点：一是君类在《左编》的分类中位列第一，说明了君类的重要性，王畿和唐顺之都将君看作统治的主体。二是宦类同样重要。王畿曾经编纂《中鉴录》，《凡例》比《中鉴录》的编纂更是早了二十年。

君类中，《凡例》列举的是“三代”和汉唐宋，也就是所谓的“后三代”。为何列举“后三代”的帝王？《凡例》给出的理由是，汉唐宋是正统，而其他朝代或被外族统治，或被外戚篡权，并非正统。《凡例》中说：“非关于治者，弗录也，纂汉、唐、宋之君者何？重正统也。”不过，汉唐宋的后三代并非实现治世理想的时代，治世理想实现的时代是夏商周三代。通过比较“三代”与“后三代”的纯驳，王畿认为后三代之所以未如三代纯正，是君主不知学问的缘故。王畿提出：“后世之君，未能纯于三代，皆其天资之相近，而未尝知学也。知学，则可以语道，而三代几矣。三代之学，原于危微精一之传，心学也。”山路裕认为王畿所说的“学”就是“心学”。王守仁在《象山文集序》中说：“‘人心惟危，道心惟微，惟精惟一，允执厥中’，此心学之源也。”说明王畿与其师看法一致。对比二人的文本也能看出，王畿认为统治行为的根本在于“心”。

有关宦官问题，王畿认为宦官制度古来有之，宦官问题是在宦官和政治相关以后才产生的。但是，王畿并不主张废除宦官制度，而是思考君主和宦官合理的关系，君主应当控制宦官。《中鉴录》编纂的目的，一是为了教化宦官，二是为了说教皇帝制御宦官。这种对待宦官的态度，在《凡例》和《中鉴录》中是共同的。荒木见悟曾经批评王畿想要教化宦官是一种“观念上的天真”，这一主张被后来研究《中鉴录》的永富青地所反驳。山路裕支持永富氏的看法，认为王畿对宦官的态度是一种人人都能被陶冶启发的主张，是由王畿的良知观点所启发，正表现了王畿心学思想的本质。

经史的部分也体现了王畿的心学思想。和王守仁一样，王畿认为经和史有同一性，而王畿认定的范围更广。“经”中记载的“事”和“史”中记载的“道”，都是以“心”为根源而成立。不仅“经”，“史”也应结合“心”来解释，这是王畿的独特立场。山路裕认为在王畿的观念中，道是遵从心而展现，是模范性的，事是心以具体行为出现，是行为性的，两者无非是同一事象的不同分象。王畿认为史的源流为《春秋》，《春秋》是孔子根据“是非之公”而修正，后世的史书在这一点上有偏差，需要根据个人自己的“心”来明辨是非，这也是王畿心学思想的体现。文章最后强调，《中鉴录》活用了《凡例》的很多内容，这表明《中鉴录》的编纂并非偶然。《凡例》体现了王畿的心学思想，而积极教化宦官这一点，也是当时体制下提出的现实主张。

和泉瞳发表《论湛若水〈白沙先生诗教解〉的注释：白沙学派“圣经”的功能》，讨论湛若水对白沙学派的思想传承。陈献章是明代中期以华南地区为中心的儒者集团白沙学派的鼻祖，因为无法全盘接受传统的理学思想，在反复思索下得出静坐养心，不烦外物的结论。陈献章十分热心于诗作，认为“诗”可以通“道”，他所作之诗的主题也是关于“道”的议论。

湛若水被认为是陈献章的后继者，提倡“随处体认天理”，发扬了白沙学派的心学思想，并且和另一位心学大师王阳明有着长年的交流，常常往来论战。王阳明对诗文的热情不大，但是与之相反，湛若水认为陈献章的诗文能够体现白沙学派的中心思想，诗和儒学有着不可分割的关系，诗中蕴含着陈献章的“志”。湛若水是为发扬陈献章的“教”才编纂《白沙先生诗教解》。该书详细解读了陈献章的诗，白沙门下的弟子通过这些诗和湛若水的注释，能够加深对陈献章思想的理解，可以说是白沙学派的“圣经”。作者也提出湛若水解释陈献章思想，把诗文圣书化的同时，也存在着要统合白沙学派思想而乖离作者本意的情况。作者分别举例陈献章关于佛老、隐居之志的诗文，湛若水的解释详尽，并说明其是如何理解陈献章的诗。作者最后认为以文艺评论的观点而言，湛若水的解释稍微有些过当。此书是当作白沙学派的圣经而编纂，湛若水在其中写入大量白沙学派核心思想的内容，有关王阳明和白沙学派的分歧也散见其中。

鹤成久章发表了《论〈阳明先生小像〉：传递王守仁之“神”的蔡世新》，讨论了鲜少被学界关注的蔡世新（号少壑、德明，江西南康人）。作者指出本篇文章的契机是看到2020年5月26日到8月23日，上海博物馆举办的特别展览《江南文化艺术展特集——春风千里》中展出蔡世新绘制的《王阳明肖像图轴》。

此幅画作被蔡世新当作传家之宝，表明蔡世新对其的重视程度。此画作是王阳明的燕居像，王阳明着深衣，未戴头冠。作者引用钱明的考证，王阳明燕居像数量不少，因此蔡世新的真迹显得极有价值。《画史会要》记录了王阳明与蔡世新相遇的经过，“王文成镇虔日，以写貌进者，阅数十人，咸不称意。……世新幼年随其师进，乃从傍作一侧相，立得其真。文成大喜，延之入幕”。此外还有蔡世新与王阳明交游，为其作画的记录。王阳明弟子薛侃称赞蔡世新所绘阳明像“得其神”，说明蔡世新的肖像画非常写真。作者考据了蔡世新的生平轨迹、交友情况以及相关轶事。根据轶事记载，蔡世新至壮年，也就是王阳明去世几十年以后，依旧能挥笔即描绘出王阳明的姿态（神）。作者最后认为，如果这幅画像为蔡世新的真迹，其描绘出的积极提倡“致良知”的王守仁姿态，具有非常宝贵的价值。另外作者提出，尤其耐人寻味的是蔡世新绘制了许多阳明像，但当作传家宝珍藏的这一幅却未戴头冠，显得十分素雅。有关蔡世新的研究资料很少，此篇论文是一个重要的开拓。

三浦秀一发表《明代老学史的一个侧面：从薛蕙的〈老子集解〉以及王道的〈老子亿〉》，该文从思想史的角度考察嘉靖初期士人的老子注活动。文章一开始介绍了嘉靖时期重新刊行宋代老子注的情况，以此为开端，嘉靖士人开始了独自的老子注解。虽然在数量上不及隆庆、万历时期，但嘉靖初期的老子注是晚明老庄注释兴盛的基础。薛蕙的《老子注》是为了批判当时盛行的老子解释而作，作者介绍了薛蕙的读书经历，并详细比较了他所作的两种《老子集解》。第一种是嘉靖九年（1530）为勘校《老子集解》所作的《老子考异》，第二种是嘉靖十五年（1536）修订版本的《集解》。与前者比较，后者有被凝练的部分，也有补充说明的地方。由于薛蕙的佛书阅读体验，佛教思想的影响在薛蕙老子注的文本中有所体现。从嘉靖九年版本到嘉靖十五年版，薛蕙尝试解明老子“微言”的决心没有改变，而其解释的契机就是佛书的阅读。薛蕙极其丰富的读书经历，被活用在《集解》的补订之中。薛蕙构筑的“心学”投射到《老子》中，并以老子的语言表现出来。

薛蕙将他的注释书呈送给朋友进行交流，其中包括王道（王纯父）。作者认为薛蕙的集解给了王道《老子亿》一些推动。王道的研究方法和薛蕙有共同之处。以他们的共感为基础，作者考察了《老子亿》的成立。这个部分有三方面内容：一是王道的佛道观，作者介绍了他的佛道观以及他对陆王等人批判。王道的批判意在指出他们学问上的不充分，以求获得方法上的修整。作者认为王道在三教上的造诣，一方面化作他的阳明思想批判，另一方面诞生了《老子亿》等学术成果。二是王道的阳明学批判及其意图，围绕“无善无恶”的问题，王道采取了三教一致的看法。三是通过比较《老子亿》和《老子集解》的异同，文章指出《老子集解》是为了彻底解明老子的“微言”，而《老子亿》则是为了展现王道在儒佛道三教根源处体认的真理，也毫不忌讳使用佛教术语。薛蕙也对王阳明有所批判，但远不及王道那般迫切。

最后，文章简略地介绍了王阳明去世之后老子注的发展样态。作者认为对阳明后学研究而言，老子注也是探究阳明思想影响的一种形式。薛王二氏的注释书，既保证了这种探究的正当性，又指明了探究的方向性。

黄铮发表《焦竑与明清思想中的系谱问题》，详细讨论了思想史研究中对思想家进行系谱划分而产生的问题。作者在序言中提出思想史研究中长时间存在的难题，虽然把思想家划分为各种不同的思想集团，为研究提供不少方便，但是这种“预设的判别”非常容易在研究中丢失某些历史文脉（context）的客观性。为了解明这个问题，作者选取思想家焦竑作为研究对象。作者认为焦竑思想中最显著的特点，就是他的思想构成中含有不同的体系和系谱——儒家思想、佛教思想、道家思想互相作用，相互融合。作者试图客观分析焦竑思想的构成，以及其思想对当时及后世的影响，进而以这个问题的结论为中心，站在抽离出明清思想史系谱的视角上进行总述。论文的论述分为三章，分别是焦竑思想的后世评价和认识、焦竑思想的归属认定问题以及焦竑思想形成及其特征。就结论而言，作者认为焦竑的思想以阳明学为基础，吸收佛道思想而最终形成，确实应当置于阳明学的系谱中。但焦竑的思想对所有的系谱均有批判性思考，并在此基础上吸收、参考，形成自身独立思想。因而对于焦竑这样的独立思想，又无法诞生出新的思想系谱，只能成为“孤岛”一样的一时之学。

阿部亘发表《李贽的谏言论：历史批评与万历中期的政治情况》，探讨了李贽的谏言观。李贽在《藏书》中，通过对史实的批判以表达自己的政治主张。文章围绕李贽的谏言，尤其是臣下对君主的警告，阐明其谏言与万历中期的政治关系。文章分为两部分，第一部分是李贽对“谏言”的评价。首先从北宋名臣范仲淹所说，刚正之士实际上处于危险的境地这一言论入手，介绍了中国古代谏官所处的微妙位置。随后，文章聚焦于谏官与名声的问题，认为这是李贽言论的基调。李贽指出以死谏博得名声的士人不在少数。这种行为在君臣关系中常见，但在朋友关系中则鲜有耳闻，因为朋友关系无关“名利”。但死谏也并非都是为了博得名声，李贽赞扬了屈原、北宋的陈东，还称赞了在“大礼议”事件中反对皇帝的杨廷和。作为反面例子李贽批判了伍子胥，认为他的直谏是出于“愤激”，而且是不理智的行为。李贽认为死谏之士往往出于乱世，虽然对他们多有同情，但不得不说他们的贡献有限。李贽对“忠臣”有着和其他思想家相当不一样的观点。他认为君主的“圣”与臣子的“忠”往往是不得两立的，简单而言就是乱世才能凸显臣子的忠。单纯以看上去“忠”不“忠”来评价臣子，非常片面。随后作者又举出许多例子，说明李贽对谏言的看法是建立在非常复杂的君臣立场上来评论的，而且在李贽看来，谏言的方式多种多样。他赞美拉进君臣关系而非离间君臣关系的谏言方式，同时又意识到这是非常困难的事。

文章的第二部分分析明末政治环境。万历十年（1582）张居正死后，朝野混乱，直谏之臣如雨后春笋般涌现。皇帝认为这些直言之人沽名钓誉，非常厌恶。到国本之争时，皇帝与大臣的关系更加紧张，已经完全离心离德。李贽那充满复杂思考的谏言论，就是在这样的背景下产成的。

论文以外，译注的部分也有进展。东洋大学主编的《白山中国学》上刊载了由吉田公平教授为首译注的《聂豹“会语”资料（〈复古书院记〉等）译注：阳明门下会语记录精读（其6）》，以及东洋大学《近溪子集》会读班译注的《罗汝芳〈近溪子集〉卷御译注（1）》。二松学舍大学宋明资料轮读会王龙溪班译注的《〈龙溪王先生全集〉卷十三译注（4）》，刊载于《阳明学》杂志上。这些工作反映日本学界对于文献精读的一贯重视和坚守。

二、阳明学在日本

日本江户时期的阳明学研究，孙路易讨论由于江户时期的政治体制，“变化气质”一词在中江藤树思想中具有复杂性。吾妻重二对江户时代儒式墓的调查中，介绍了中江藤树的墓葬情况。船户雅也和吉田盛一对于石门心学的思想、江户后期传播和当代思想影响进行讨论。19世纪以来日本社会中折衷朱陆，朱子学、阳明学思想融合非常明显，荒木龙太郎对吉村秋阳、古文英对山田方谷和北野雄士对横井小楠的研究，都体现了这样的思想倾向。

孙路易《中江藤树的“德治”》分析“变化气质”一词在中江藤树思想中的复杂性。学界一般将中江藤树（1608—1648）的思想分作中年的朱子学时期和晚年的阳明学时期。朱子学时期，中江藤树认为“变化气质”是朱子学中最重要的概念。但是在现存的《藤树先生全集》中，“变化气质”一语却仅出现在23岁所作的《安昌弑玄同论》一文之中。

中江藤树11岁“始读《大学》”，23岁的《安昌弑玄同论》中出现“格物”“致知”“诚意”“正心”“气质”“物欲”“口耳训诂之学”“气禀”“人欲”“本心”“情欲”等朱子学用语。37岁获得《龙溪会语》与《阳明全集》，晚年思想转入阳明学。从其对“本体”的描述可见，33岁时以“太虚”“太乙尊神”“皇上帝”为“本体”，之后以“皇上帝”“神道”“孝”“太虚”“太极”为“本体”，37岁以后则以“良知”“明德”“太虚”为“本体”。在中江藤树的思想中，“孝”“太虚”表示的本体都是理气合一的状态。气构成万物的形体，理为万物之性。人禀受之气“正且通”，故而五性具备。中江藤树认为失去“本心”，身体的各器官便不能正常发挥作用。失去“本心”，意即为恶。一切事物之理皆在人之本心，外在穷理是为了确证内心固有之理。

中江藤树后期的本体论思想与前期相同。工夫论方面，中江藤树将人分作“圣人”“贤者”“知者”“愚者”和“不肖者”，圣人以外的“四品”之人虽然具备良知，即仁义礼智的“明德”，但是因为禀受气质之偏，受“习尘”遮蔽。中江藤树认为人心为外界事物蒙蔽而执着之时，就会出现“意”。“良知”能够知晓并克服视听言动思的“五事”之意。与前期天子、诸侯、卿大夫、士尊卑不同的观点相对，后期思想则认为五等之人的尊卑虽有差别，但其本身无毫发之别。作者认为中江藤树不使用“变化气质”之说的原因在于，愚不肖的农工商庶人若能变化气质，亦能成为圣人、天子，这与中江藤树赞同的日本江户时代的严格身份限制产生矛盾。换言之“气质禀受论”可以为当时的身份制度提供理论支撑，故而中江藤树特别回避“变化气质”的说法。最后在政治上，中江藤树提出“德治根本，法治枝叶”，本文作者认为中江藤树的思想可以称作“德治哲学”。

吾妻重二的《日本〈家礼〉式儒墓：从东亚文化交涉的视点来看（2）》考察了江户儒者的儒式墓碑，其中包括阳明学者中江藤树墓碑的调查。中江藤树的墓地位于滋贺县高岛市安云川町玉林寺，寺前的藤树先生墓所，据《年谱》所记，中江藤树去世之后，“门人相会，用文公家礼，葬之于小川邑玉林寺侧”。与玉林寺内的佛教墓不同，寺前的藤树先生墓所为儒家式样的坟墓，在日本非常罕见，墓碑亦是按照《朱子家礼》的本来样式。中江藤树墓比林罗山墓早十年左右，与后来《泣血余滴》中确立的林家样式的儒式墓有所不同。

中江藤树先生墓所中，还有藤树母亲北川氏以及藤树三男中江常省的墓。中江藤树的母亲荒川氏1665年（宽文五年），晚藤树7年去世，据《藤夫子行状闻传》记载是“以文公家礼之法，葬于玉林寺之墓地先生侧”。其墓与中江藤树一样为圆丘坟，以儒家葬礼安葬。中江藤树的三男中江常省于1709年去世，葬于中江藤树的墓旁。据《藤夫子行状闻传》记载：“近所同志相集，以文公《家礼》之法葬于玉林寺墓地先人之侧。其后冈田季诚子与诸方同志之中相谈，建立石碑，记‘常省先生墓’。”冈田季诚为中江常省的门人，编纂了《藤树先生全书》，其父冈田仲实亦师事中江藤树。中江藤树的思想最后转为阳明学，但丧葬仪式上其门人皆按照朱子的《家礼》进行，思想上接受阳明学，并不妨碍在仪礼上采用朱熹所定仪礼。

船户雅也《西川晚翠的〈心学道话〉与幕末虾夷地的石门心学》介绍了心学者西川晚翠与幕府末期石门心学在日本东北和虾夷地区的传播。19世纪，石门心学已传遍日本各地，信奉者不仅有町人，还有农民和武士。西川晚翠（？—1857）是石门心学在日本虾夷地的重要传播者，留有著作《心学道话》。

石门心学由18世纪京都町人石田梅岩（1685—1744）创立，门人编有《都鄙问答》，尤其强调商人伦理与“尽心知性”的重要。自1689年（元禄二年）《藤树蕃山心学文集》出版，当时的江户社会不仅是阳明学，甚至朱子学也被人称作“心学”，石田梅岩的思想被人称作“石门心学”。石田梅岩强调孝行、和合、勤勉、俭约、正直等品德，强调知“心”的开悟。石田梅岩提出商人经商获得利益与武士获得俸禄是一样的，都是正当的利益，而且有利于社会。石田梅岩去世之后，其信奉者在京都设立“明伦舍”，江户设立“参前舍”。鼎盛时期全国有182所讲舍，门人达36000人，整个日本有71个藩以此教化平民。石门心学常常以故事、寓言向平民讲解道理，称为“道话”。

北海道松前藩町人最早邀请在关东金泽讲学的西川晚翠至函馆，每月两次讲授心学。1850年（嘉永三年）冬，西川晚翠动身出发，一路讲学，第二年五月到达函馆，开创“松荣讲”的讲舍。1857年（安政四年）在函馆去世，遗憾的是未能亲眼见到“诚终舍”落成。西川晚翠的《心学道话》共两卷，强调为了防止家门没落，需要知晓“本心”，在家内确立和合、俭约、孝行、忍让等道德。西川晚翠的“本心”源于石田梅岩“性”的概念，与此相对的则是身体欲望的“私心”。西川晚翠强调本心原来只是唯一，但如烛光照耀而有光影，阴影即众人烦恼的私心。西川晚翠特别强调忍让，这不仅是个人修身之道，而且是国家和世界安定之道。

石田梅岩提出“人是一个小天地”，西川晚翠进而强调人以天地的生生之理为心。知道本心才能理解天人合一，理解天地的尊卑贵贱，相互和合扶助。西川晚翠认为三教所说虽异，但其归宿都是一致的。对于“何谓死亡”，西川强调生死同理，人之生与死就像水与冰一样，不过是形体的差异。世界万物都是天理流行，人的本质之心没有生死。西川晚翠不仅引用孔子所说“未知生，焉知死”，还引用佛教所说“诸行无常，是生灭法”。

西川晚翠宣教的幕末时期，正是社会充满不安的时代。但是在西川晚翠的教说中，洋溢着前进的活力，反映了社会中蕴藏的对于社会变革的渴望。石门心学是儒学在日本发展出的特殊形式，融合神道教、佛教的思想，以简易的话语在民间教化，扩散到日本各地。

吉田盛一发表《日本的经营思想与稻盛和夫（1）：石门心学与稻盛和夫》，探讨江户时代以来的商人伦理。吉田盛一认为，虽然石门心学的创建者石田梅岩（1685—1744），与当代京瓷公司的开创者稻盛和夫二人所处的时代背景、政治体制、科学技术等几乎皆无可比性，但二人思想上仍然具有共同点。石田梅岩被称作日本当代资本主义思想之祖，稻盛和夫之前以提倡“哲学”而著名的经营者就是日本的“经营之神”松下幸之助（1894—1989），可以称作现代的石门心学。20世纪至今，日本当代能够与松下幸之助媲美的就是稻盛和夫。

石田梅岩最初对日本神道教思想充满兴趣。1727年（享保十二年）43岁时，开始从学于朱子学和佛教学者小栗了云，“究性理之蕴奥”，逐渐形成自己的思想。45岁时，石田梅岩在京都车屋町御池上町的家中首次开讲。1738年（元文三年）54岁，石田梅岩的门人校正其著作《都鄙问答》，并在第二年刊行。1744年（延享元年）60岁去世之前，刊行《齐家论》。石田梅岩生前有弟子400余名，去世之后由于吴服商人手岛堵庵（1718—1786）等弟子的努力，迅速在日本各地普及，成为一股巨大的社会势力。

石田梅岩的思想融合神道、儒学与佛教，以简易的话语向平民讲说道德。提倡“正直之德”，强调商业道德与企业的社会责任，几乎可以称作日本版的《新教伦理与资本主义精神》。石田梅岩本人就是商人，认为商人之道就是以买卖度世，造福社会。不轻一钱，以正当的买卖致富，就是商人之道。不知商人之道则贪而灭家，知晓商人之道就会离欲心而勉仁心。商人的买卖获利与武士的俸禄一样，如果有一毫不正则全体皆非。石田梅岩提出商人也需要学问，也要像武士一样修己治人，培养伦理道德，努力扭转当时社会对商人的轻视。虽然石田梅岩本人属于最下级的町人，却特别强调“勤勉”“俭约”“施行”，最开始讲学之时只是中小商家的一个番头，但当时的日本已出现豪商在经济实力上超越普通大名的例子。

该文将江户时代的劳动观，最早上溯到武士出身的曹洞宗僧人铃木正三（1579—1655）。“工作即修行”“农业即佛行”“万事皆佛行”，但是铃木正三却认为商人不追求利益才是“善”，带来德福。稻盛和夫在《京瓷哲学》中提出更好的工作，为同伴尽力，在实际的工作中提升自己的人格，美化自己的心灵，可以看作“劳动即佛行”的现代版。另外据稻盛和夫回忆，其创业之时社会对商人仍然带有偏见，此时其了解江户时代石田梅岩的学说，商人绝不应卑微，从其思想中产生出勇气。另外稻盛和夫从禅的观念，要求企业家亦当有俭约、质素、清贫之心，这样的人才能成为榜样，企业也能获得尊敬。稻盛和夫提出，“光明正大追求利益”，“以人之为人之道追求利益”。现实世界的投机和资本主义的凶暴一面不能否定，由此更突显石田梅岩、稻盛和夫思想的宝贵所在。追求商人之道，这是心学精神在日本社会的重要展现。

19世纪江户时代后期的儒学思想呈现出朱陆并举，融合朱子学、阳明学的重要特色。日本最高学府昌平坂学问所的儒官佐藤一斋（1722—1859）即此思潮的代表，佐藤一斋的众多门人表现出相同的思想取向。荒木龙太郎发表《幕末阳明学者吉村秋阳行状的介绍与解说》，对吉村秋阳（1797—1866）之子吉村斐山（1822—1882）撰写的《先子行状》进行文献整理和相关说明。吉村秋阳的行状刊登于1897年出版吉本襄编辑的《阳明学》杂志第14号，反映了江户后期阳明学发展的真实状况，尤其是吉村秋阳与佐藤一斋的师徒交往值得注意。吉村秋阳的著作有《格致剩议》、《大学剩议》、《王学提纲》二卷、《读我书楼文草》四卷、《读我书楼诗草》三卷等。

吉村秋阳出生于广岛，18岁时赴京都跟随佐藤仁斋的后人伊藤东里学习古义学。21岁任浅野忠敬的朝阳馆助教，治程朱之学。33岁游学江户，师事佐藤一斋，“始闻姚江之说”。《年谱》中特别提道：“自是钻研愈久，而终有以自信焉。然而常教弟子，大率从朱子《章句集注》，谆谆讲说，必竭其底蕴。而姚江之书，非学者笃信恳请，则不敢妄讲。”可见，自吉村秋阳师事佐藤一斋之后，思想上转入阳明学。阳明学与朱子学的差异，吉村秋阳有着清醒的认识。但是作为教学之方，吉村秋阳并没有忽视朱子《四书章句集注》的重要性。

吉村秋阳提出：“以为学问之要，在去人欲存天理而已。苟此处同，则虽入门下手或异，而不害其为同。学者能量其力之所及，择而从之可也。”在天理、知行等方面朱子学与阳明学有着截然不同的解释，但是作为宋明理学的一部分，二程提出的“去人欲存天理”是各家共同的宗旨。“又谓姚江之学，犹利刀也。不善用之，则希不伤手矣。”对于阳明学的“心即理”“知行合一”等命题可能引起负面效果，吉村秋阳保持警惕。这样的警惕，未尝不可说是吉村秋阳受到1837年大盐平八郎之乱的影响。因而在日常教学中，仍然使用朱熹的《四书章句集注》，强调“去人欲存天理”。“居平专务实践，不敢为侊侗过高之说也。”这也体现了佐藤一斋以来，融合朱陆、理学心学并举的学问取向。

荒木龙太郎与关干雄继续发表《〈读我书楼长历〉翻刻（一）》《〈读我书楼长历〉翻刻（二）》的日记整理。此次公布的是1833年（天保四年）4月1日至12月30日，吉村秋阳37岁赴江户问学佐藤一斋的日记，具有重要的史料价值。两位学者对《读我书楼长历》中的人名、地名予以详细注释，非常方便学界的进一步研究阅读。从吉村秋阳的日记来看，昌平坂学问所中讨论的资料有《礼记》《书》《易》《诗》《春秋》《论语》《孟子》《传习录》《近思录》以及《明史》等，吉村秋阳还会定期代替佐藤一斋至其他地方讲解《小学》。特别要注意的是，吉村秋阳对于王阳明《传习录》有着专门的记载。4月28日、5月3日、5月23日、7月23日、11

月13日、11月18日、11月23日、12月3日的授业记录中，都有类似“当直。午前《礼记》轮讲，午后《传习录》，质疑”。（5月23日）的记录。甚至6月3日、5月3日、5月23日因为佐藤一斋和吉村秋阳染疾，也特别提到“先生病未复，轮讲、质疑、《传习录》俱休”。（6月3日）这样讲义中断的记载。18世纪末幕府颁布了宽政异学禁，官方学府以朱子学为正统。但据吉村秋阳的日记清晰可见，《传习录》是佐藤一斋门下重要的教学内容。另外之后日本暴发了江户三大饥馑的“天保饥馑”，并直接引发阳明学者大盐中斋的起事。在天保元年12月6日的日记中提到“米价踊贵”，预示了之后危机的到来。

古文英《山田方谷的君主仁德论与抚育政策》一文首先提出，山田方谷（1805—1877）特别尊信同为备中松山藩的阳明学者熊泽蕃山，而且山田方谷亦有向佐藤一斋问学三年的经历，学界往往习惯将其看作阳明学者，分析山田方谷政治实践中的阳明学思想。但是亦有学者指出，朱子学或者阳明学都难以涵盖其全部思想。山田方谷的思想中还带有经世济民的徂徕学痕迹，但是君主权力等方面又有对徂徕学的修正。甚至后期水户学对于山田方谷亦有影响。该文希望不局限于具体的学派，而是在整个儒学思想史的背景下讨论其儒学思想和君主论。从山田方谷亦可以看出江户末期儒学思想中，折衷诸派的复杂性。

对于幕末熊本藩儒者横井小楠（1809—1869），北野雄士发表《横井小楠与李退溪〈自省录〉：学问本领的交集书》指出朝鲜朱子学者李退溪《自省录》的影响作用。不仅江户儒学的早期学者山崎闇斋（1618—1682）受其影响，江户中期的熊本藩士大塚退野（1677—1750）亦受该书影响，由阳明学转入朱子学。横井小楠1840年（天保十一年）从江户回到熊本以后，重读朱子《传习录》、李退溪《自省录》等书，思想倾向由阳明学转入朱子学，后来出现所谓的熊本实学派。横井小楠的学术经历也反映了幕府末期，朱子学、阳明学思想交融之下的复杂性。

三、近代阳明学

当代话语中许多常用词，比如哲学、人格等都是日本明治维新以后的学者为了翻译西方概念而创造，这些词语包含了思想家的复杂思考和现实关心。山村奖发表《近代日本的“人格”意味：从修养与阳明学的关系性来看》，讨论井上哲次郎创造的“人格”一词及其之后的“人格化”。*Personification*一词在1912年出版的《英独仏和字彙》（《英德法和字汇》）中首次被译为“人格化”，编纂者井上哲次郎（1855—1944）和中岛力造（1858—1918）以什么样的思想背景而如此翻译呢？《英独仏和字彙》中，*person*译为人、人格，*personal*译为人格的，*personality*译为人格、人性等。*personification*译为人格化，区别于一般使用的“拟人化”，这是井上哲次郎、有贺长雄编《哲学字汇》（1844版）以及井上哲次郎编的《英华字典》（1906年第三版）中未曾出现的词项。井上哲次郎最早新造出“人格”一词，以此翻译*personality*。这一翻译也得到中岛力造的认可。

中岛力造在美国耶鲁大学获得博士学位，研究康德哲学，1890年返日。不满于当时流行的功利主义（利己主义），中岛力造提倡人格的自我实现说。井上哲次郎同样批评功利主义（利己主义）破坏国民的道德心。中岛力造认为人格是任何人都具有的，需要修养完善，具有完整的人格，这样的过程称作“人格化”。相较于“自我实现说”，“人格实现说”能够回避个人主义的弊病，同时蕴含着道德修养的社会意义。

井上哲次郎的弟子高濑武次郎继续强调通过阳明学进行精神修养。19世纪末20世纪初的阳明学热潮中，具有代表性的即吉本襄创办的《阳明学》，1896年至1900年刊行。1896年的《发刊辞》中，吉本襄提出“一人之精神即千万人之精神”，“个人的涵泳修养主要在于知行合一。知行合一之教主要有待于阳明学。阳明学是今日陶治人心，革新一代风气的振奋剂”，“研究阳明学就是为了心学修养，人才陶成”，进而“革新一代风气”，这与中岛力造提升道德人格的“人格化”用意相同。与吉本襄《阳明学》杂志齐名的就是东敬治主编的《王学杂志》，1906年创刊，1908年更名为《阳明学》，1928年停刊。东敬治提倡以阳明学扶植世道人心，以知行合一维持名教，磨砺节义，为国贡献。受明治时代的影响，推崇以阳明学的精神修养而实行国家主义。

东敬治的弟子亘理章三郎（1873—1946）著有《王阳明》一书，同样希望以阳明学的修养增强国民道德。亘理章三郎明确提出以阳明学提升内在的人格修养，“人格”也是源于东京大学求学时的井上哲次郎讲义。另外，亘理章三郎强调，阳明学有其特色特长，不能以当时流行的西方哲学唯心论、直觉论和主观论等来划分。

安冈正笃（1898—1983）是日本昭和时代（1926—1989）的代表性学者。参考高濑武次郎《王阳明详传》和亘理章三郎《王阳明》的影响，年轻之时出版了《王阳明研究》。安冈正笃指出阳明学具有“叛逆的精神”“常为当局忌惮迫害”。阳明学的知行合一是“真正的人格活动”，“天命”是“内在的至上命令”。安冈正笃推崇江户末期大盐中斋致佐藤一斋的书信中“意志的纯粹自由”以及“扩充内在的必然要求”。1971年开始，安冈正笃主编全十二卷《阳明学大系》。第一卷《阳明学入门》中，安冈正笃首先提出以阳明学培养“自由不屈的高迈人格”。阳明学不是“知识议论之学”，而是“根本的身心之学”。与中岛力造一样，安冈正笃使用“人格”一词强调道德人格的精神提升。

由上分析可见，“人格”（*Personality*）与“人格化”（*Personification*）概念，体现了日本明治至昭和的百余年间以阳明学提升人的道德品格，改造社会的道德思想。体现了日本学者对待阳明学的一个基本态度。

四、结语

陈来教授的阳明学专著《有无之境——王阳明哲学的精神》最早于1991

年出版，之后亦在海外出版。永富青地将十年前会议发表的书评《论陈来著〈有无之境——王阳明哲学精神〉》付梓刊行，该文首先介绍了陈来教授的教育背景和多年来重大的学术成就。作者感叹在资料匮乏的年代写出一部如此优秀的作品，更加难能可贵。作者另外介绍了《有无之境》一书在中国大陆、中国台湾和韩国的出版过程，该书是被广泛认可的大陆研究代表作。针对陈来教授自己的评价，永富青地围绕本书的三点价值——哲学、文献和文化，详细地介绍《有无之境》各章内容，说明以上三点价值的呈现之处。特别值得注意的是，站在日本学者的立场上，永富青地说明了文章中某些地方使日本学者感到违和的理由。本篇书评是在十年前，由马渊昌也作为学习院大学教授主办的《阳明学的现在》研讨会中发表，永富青地认为此书评依然有其意义，在原稿基础上修订增补而最终刊行。

东亚社会，包括阳明学在内的儒学在历史上发生重要的影响，在今天仍然有其内在的生命力。新冠疫情的全球蔓延对学者交流产生巨大影响，永富教授发表的此篇书评亦表明，在今后各国学者的共同努力之下，儒学思想必将绽放出灿烂的思想光芒。

拾

韩国阳明学研究综述

笔者以韩国境内使用最多的学术研究网站RISS为主要检索工具，兼及其他网站及图书馆资源，检索到2021年韩国阳明学研究成果基本情况如下：8部单行本（包括1部译本）、4篇博士学位论文、2篇硕士学位论文，其他学术论文数量较多，一共有49篇。从内容上看，大致可以归纳为以下6个方面：阳明及后学思想研究、阳明学与教育思想研究、阳明学比较研究、韩国阳明学研究、阳明学与现代社会研究，以及日本阳明学及其他研究等。可能在各分类项目中有相互交叉的地方，本文则其重点而述之，尽量确在全面提及的同时，突出代表性研究成果及相关核心思想。

一、阳明及后学思想研究

本年度关于阳明思想及阳明后学的研究成果有4篇单行本和6篇学术论文，如果再细分一些，则包含了7篇关于阳明思想研究和3篇关于阳明后学思想的研究文献。

在阳明思想研究方面。朴吉洙在《从四性论角度考察四句教的思想根据和意义》①中，从四性论的角度考察了王阳明晚年思想及四句教的理论根据和意义。在此过程中，王阳明将传统的四性论分为本体、发用、源头、流弊等方面（传习录308条），通过详细分析，将其结果与四句教进行比较研究。通过这些对比，朴吉洙解释了四性论构成及其思想根据和意义。朴吉洙在《王阳明心上体认理论的特征和意义》②中，描述了王阳明以本体及工夫的单一性作为基础，并且批评了现有学者将心体和工夫分为内外、先后、动情的弊端，提出了只要通过心上体认，就能够直接实见心体的自得方法。崔在穆的《通过名、号看到的王阳明》③一文，其目的在于通过“名”和“号”，重新审视本名王守仁“号”阳明这个人物及其思想倾向。通过揭示隐藏在名和号上的王阳明这一人物及其思想倾向，重新阐

① [韩] 朴吉洙：《从四性论的角度考察四句教的思想根据和意义》，《阳明学》第60辑，2021年。

② [韩] 朴吉洙：《王阳明心上体认理论的特征和意义》，《阳明学》第61辑，2021年。

③ [韩] 崔在穆：《通过名、号看到的王阳明》，《退溪学论丛》第38辑，2021年。

释王阳明的隐喻面貌。《王阳明家书》[1]是从摘录王阳明写给家人的书信内容，并进行翻译和解释。在韩国，提起王阳明，人们往往只关注他的哲学，不太关注他的个人生活。通过这本书可以了解王阳明对家人的爱意，包括细心观察每一件琐碎的事情。例如深情地照顾父亲、子女和侄子等。《王阳明与相谈》[2]是东方相谈学系列丛书中的第19部著作。该书主要涉及：王阳明的咨询是，希望引导咨询者能够正确体现接受咨询者内心的良知。咨询者不仅要治愈接受咨询者受伤的心灵，还要帮助受咨询者恢复道德性，实现内在成长。金永民在《中国政治思想史》[3]第九章《公民社会还是团体政治？》中，以良知和知行合一为中心，对王阳明的政治思想、专制国家论的关系进行了论述。这本书的意义在于它是韩国人写的第一部中国的政治思想史。这本书将微观分析和宏观叙事流畅地结合在一起，回答了“中国是什么”这一根本性问题，很好地复原了中国思想的历史和政治脉络。朴钟度在《湛若水的随处体认天理工夫论》[4]中分析了湛若水随处体认天理工夫论的理论体系，并阐明了其学术特征。 在思想史方面值得关注的一点是，甘泉在批评程朱学和陆王学两者都支离的同时，还探索了融合两个理论体系的第三条路。所以从朱子学和阳明学这一学术潮流的变化和发展思想史的观点来看，甘泉的学术方法具有非常重要的学术价值。

关于阳明后学的研究方面。辛炫承在《蕺山学与宋明儒学》中[5]将明代末期的社会面貌和学术风景纳入视野，由此来追踪蕺山学和宋明儒学的关系。另外，这本书以明代末期作为时代背景，并且以新儒学的学术风景，以及种族和地区问题、蕺山学的内心真相等为主要论题，无限接近了刘宗周构想的蕺山学学术体系。朴贤贞在《阳明后学的格物观比较——关于阳

① [韩] 朴相洙译：《王阳明家书》，水流花开出版社2021年版。

② [韩] 田炳好、李在庸：《王阳明与相谈》，学志社2021年版。

③ [韩] 金永民：《中国政治思想史》，社会评论学院2021年版。

④ [韩] 朴钟度：《湛若水的随处体认天理工夫论》，成均馆大学博士学位论文，2021年。

⑤ [韩] 辛炫承：《蕺山学与宋明儒学》，松科学出版社2021年版。

明学中的“解释多样性”》[①]中比较说明了阳明后学王畿、聂豹、欧阳德的工夫论上的概念语运用情况。其中共同分析的对象是阳明学工夫论的代表概念“格物”。他们虽然用王守仁的概念来解释各自理解的阳明学，但其具体意义却各不相同。本论文得出的结论是，对阳明学概念的不同解释和运用差异是阳明后学之间发生分歧，走向分化过程的根本原因。林洪兑在《黄道周朱陆观研究（2）》[②]中说明了黄道周思想所具有的会通朱王的学问倾向，以朱子学和阳明学对其作出的影响为基础，在朱陆同异或朱王同异的争论中，他表现出了想要协调朱子学和阳明学的“会通朱王”的思想倾向。

二、阳明学与教育相关研究

2021年韩国阳明学研究成果中，与教育相关研究成果有1篇博士学位论文、2篇硕士学位论文和3篇学术论文。贾俣的博士学位论文《王阳明教育哲学的形成研究》，金智媛的硕士学位论文《为堂郑寅普的实心教育哲学》、金明秀的《郑寅普“魂”的教育哲学研究》。3篇学术论文分别为金俊承的《从儿童期体验记忆中看到的伦理人格形成和教育作用——以王阳明和施泰纳的教育论为中心》、金俊承的《蕴含在体面死中的“恢复自尊感”的考察——以阳明学和实际分析性精神疗法为中心》以及金智媛的《从教育哲学角度解读郑寅普的实心》等。

贾俣在期博士论文《王阳明教育哲学的形成研究》[③]中，以王阳明的教育哲学形成为焦点，正在观察阳明的教育哲学和儒家、道家、佛家思想的关系。金池苑在《为堂郑寅普实心的教育哲学》[④]中，以实心的教育哲学为中心考察了为堂郑寅普的思想，并从教育哲学的角度对此进行解释，以此来观察实心的教育哲学含义。金明秀在《郑寅普“魂”的教育哲学研

① [韩] 朴贤贞：《阳明后学的格物观比较——关于阳明学中的“解释多样性”》，《中国学报》第95辑，2021年。

② [韩] 林洪兑：《黄道周朱陆观研究（2）》，《栗谷学研究》第46辑，2021年。

③ [韩] 贾俣：《王阳明教育哲学的形成研究》，东方文化大学院大学博士学位论文，2021年。

④ [韩] 金智媛：《为堂郑寅普的实心教育哲学》，延世大学硕士学位论文，2021年。

究》[①]中，从教育哲学的角度理解和分析郑寅普在《朝鲜史研究》中刻画的“魂”的思想，在探讨“魂”思想的渊源和背景的同时，还试图对“魂”进行教育哲学考察。金俊承在《从儿童期的体验记忆看伦理人格形成和教育的作用——以王阳明和施泰纳的教育论为中心》[②]中考察了通过儿童期体验的记忆对形成有责任感的伦理人格的影响。金俊承在《对“安乐死”中所蕴含的“恢复自尊感”的考察——以阳明学和实际分析性精神疗法为中心》[③]中，对安乐死中包含的“恢复自尊感”进行了考察。在此过程中，通过阳明学和实际分析性精神疗法，可以自主地赋予“我”生活的意义。生与死问题是密不可分的，对安乐死的研究更加真实地接近现在的生活，在此过程中“我”的本质更加明确。金智媛在《从教育哲学角度解读郑寅普的实心》[④]中，从教育哲学的角度解释了郑寅普的实心思想。通过将实心恢复为存在主体后所看到的生活态度和方式，引导人类实现理想的成长，从这一点来看，具有教育哲学意义。

三、阳明学相关比较研究

2021年韩国阳明学研究成果中阳明学相关比较研究成果也不少，包括博士学位论文1篇、学术论文6篇。博士学位论文为李伟的《李栗谷、丁茶山受王阳明哲学思想影响之研究》，6篇学术论文分别为尹栋铉的《用唯识学解释的良知的自我认识》、李灿的《朱熹和王阳明的德伦理与德认识论——围绕以是非之心与良知为中心》、郑唤熙的《万物一体与理一分殊——对〈西铭〉的两个视线及其工夫论》、李明心的《鹿门与阳明心性论比较——以理气一物的观点为中心》、金珉在的《茶山“心”概念中体现的道德主体意

① [韩] 金明秀：《郑寅普“魂”的教育哲学研究》，延世大学硕士学位论文，2021年。

② [韩] 金俊承：《从儿童期的体验记忆看伦理人格形成和教育的作用——以王阳明和施泰纳的教育论为中心》，《阳明学》第62辑，2021年。

③ [韩] 金俊承：《对“安乐死”中所蕴含的“恢复自尊感”的考察——以阳明学和实际分析性精神疗法为中心》，《东西哲学研究》第102辑，2021年。

④ [韩] 金智媛：《从教育哲学角度解读郑寅普的实心》，《教育哲学研究》第43辑，2021年。

义——以与阳明思想的比较为中心》，以及蔡熙涛的《“心即理”命题和栗谷“心是气论”的对应——以知觉说和格物说为中心》。

李伟在《李栗谷、丁茶山受王阳明哲学思想影响之研究》[①]中，从阳明心学思想对朝鲜程朱理学及实学思想产生影响的假设出发，比较分析了阳明的心学思想对李栗谷和丁若镛思想的影响。尹栋铉在《用唯识学解释良知的自我认识》[②]中，通过唯识学的观点，从唯心论角度解释王阳明哲学，提出“良知的自我认识性认识结构”，拓宽了阳明哲学的解释范围。具体比较分析阳明学和唯识学的主要认识要素，还详细观察意、物、良知和见分、相分、阿赖耶识之间的相似性，在唯心论的地平中可以理解王阳明哲学的认识论核心。李灿在《朱熹和王阳明的德伦理与德认识论——围绕以是非之心与良知为中心》[③]中，探讨了在四端内如何定位是非之心。对此，作者将是非之心视为整个四端，为了说明这一点，全面讨论朱熹和王阳明关于是非之心和良知的讨论。郑唤熙在《万物一体与理一分殊——看〈西铭〉的两种视线及其工夫论》[④]中，比较分析两种解释张载《西铭》的工夫论“万物一体”（程颢和阳明）和“理一分殊”（程颐和朱熹）的观点。解释张载《西铭》的关键词“万物一体”和“理一分殊”这最终成为了心学和理学的代表用语。李明心在《鹿门与阳明心性论比较——以理气一物的观点为中心》[⑤]一文中，讨论鹿门气学和阳明心学的结构上的相似性和内容上的亲缘性。鹿门和阳明主张道德和生命的合一，而不主张道德和生命的相冲。由此可见，他们的学问内容具有亲缘性。不仅如此，他们在建立逻辑体系的方法论上，也摆脱了程朱学的“理气二元”，进而提出了“理气一物”的观点，展现了逻辑结构的相似性。金珉在在《茶山“心”概念中体现的道德主体意义——以与阳明思想的

① [韩]李伟：《李栗谷、丁茶山受王阳明哲学思想影响之研究》，韩瑞大学博士学位论文，2021年。

② [韩]尹栋铉：《用唯识学解释良知的自我认识》，《阳明学》第61辑，2021年。

③ [韩]李灿：《朱熹和王阳明的德伦理与德认识论——围绕以是非之心与良知为中心》，《儒学研究》第57辑，2021年。

④ [韩]郑唤熙：《万物一体与理一分殊——对〈西铭〉的两种视线及其工夫论》，《教育思想研究》第35辑，2021年。

⑤ [韩]李明心：《鹿门与阳明心性论比较——以理气一物的观点为中心》，《阳明学》第60辑，2021年。

比较为中心》[1]中，代替比较丁若镛“心”和朱子学心性论的现有方法，通过比较丁若镛和王守仁心的方法，明确地体现了丁若镛使用的心概念中，所导出的道德主体的意义。蔡熙涛在《“心即理”命题和栗谷“心是气论”的对应——以知觉说和格物说为中心》[2]中将栗谷学解释为16世纪朝鲜知识分子对陆王心学挑战的应战。把心看成是“理”的侧面，还是“气”的侧面，是区分陆学和朱子学的重要标准。李珥关注气的方面，“心是气”具有对“心即理”的应战性质。因为“心即理”忽视了气质问题，其代表了工夫与现实分离的问题，所以“心是气”论的意义在于可以成为克服心即理的对策。

四、韩国阳明学相关研究

本年度有20篇讨论韩国阳明学的学术论文，再细分一些，可分为3种。包括：朝鲜性理学者们批判阳明学相关研究5篇、霞谷郑齐斗及霞谷学派相关研究3篇、其他阳明学者研究12篇（包括3篇单行本）。

关于朝鲜性理学者的阳明学批判相关研究。全修延、金珉在、金容载在《研究朝鲜性理学家对阳明学的批判性认识（6）——以星湖李瀷和顺庵安鼎福为中心》[3]一文中，研究了李瀷和安鼎福的阳明学观。他们与过去的程朱学者一样，把阳明学排斥为异端。但在经世领域，他们积极评价了王守仁的主张，表现出了与其他朝鲜程朱性理学家不同的面貌。以此为依据，可以确认朝鲜后期开拓实学的学者们对阳明学的认识发生了变化。金亨灿在《理学与心学，克服隔阂的课题——朱子的晚年说和退溪的问题意识》[4]中，讨论了李滉的思想，若要成为真理，并且希望将认识（朱子

① [韩] 金珉在：《茶山“心”概念中体现的道德主体意义——以与阳明思想的比较为中心》，《泛韩哲学》第102辑，2021年。

② [韩] 蔡熙涛：《“心即理”命题和栗谷“心是气论”的对应——以知觉说和格物说为中心》，《栗谷学研究》第45辑，2021年。

③ [韩] 全修延、金珉在、金容载：《研究朝鲜性理学家对阳明学的批判性认识（6）——以星湖李瀷和顺庵安鼎福为中心》，《阳明学》第60辑，2021年。

④ [韩] 金亨灿：《理学与心学，克服隔阂的课题——朱子的晚年说和退溪的问题意识》，《退溪学报》第150辑，2021年。

学）和心灵修养（阳明学）真正结合在一起成为一个工夫，就要用一个理论体系说明两者的关系。在朱子学和阳明学相互影响而展开的东亚儒学史的范围中，有必要重新评价李滉的学说。金熙永、金珉在、金容载在《研究朝鲜性理学家对阳明学的批判性认识（5）——以息山李万敷为中心》[①]中，作者们正在观察息山李万敷对阳明学的批判性认识。李万敷认为王守仁的学问是异端，甚至认为其不是儒学而是禅学，并加以批判。李万敷从朱子学的立场出发，对阳明的“心即理”“致良知”“亲民说”等进行了批判。裴帝晟在《南塘韩元震的阳明学批判论研究——以心与理以及与儒学传统的关系为中心》[②]中，通过南塘韩元震的阳明学批判，可以了解发现他正在关注朱子学与阳明学之间的争论焦点。丁斗荣在《16世纪后期朝鲜学界对阳明学的批判和关于文庙制度修订的讨论》[③]一文中，作者围绕退溪以及其后被朝鲜学界批评为异端的阳明从祀文庙的问题展开的讨论。在明朝影响力消失的当时，文庙制度修改讨论反复进行的事实表明，这不是单纯的制度修改问题，而是通过对异端的严格批评，从而达到强化朱子正统的目的。

关于霞谷郑齐斗及霞谷学派相关研究。李南沃在《霞谷学派的地域性发展与思想史意义》[④]一文中，通过对18—19世纪霞谷学的继承和地区扩散的研究发现，霞谷学派在朝鲜后期思想上的地位正在提高。对迎日郑氏、全州李氏、平山申氏等霞谷学派主要家庭的族谱、墓道文字、行状等进行分析的结果显示，18—19世纪霞谷学派大体上是从江华向京畿和忠清地区逐渐展开的。在此过程中，江华、广州、镇川被用作霞谷学派的主要据点。

① [韩] 金熙永、金珉在、金容载:《研究朝鲜性理学家对阳明学的批判性认识（5）——以息山李万敷为中心》，《泛韩哲学》第100辑，2021年。

② [韩] 裴帝晟:《南塘韩元镇的阳明学批判论研究——以心与理以及与儒学传统的关系为中心》，《阳明学》第62辑，2021年。

③ [韩] 丁斗荣:《16世纪后期朝鲜学界对阳明学的批判和关于文庙制度修订的讨论》，《历史与实学》第76辑，2021年。

④ [韩] 李南沃:《霞谷学派的地域性发展与思想史意义》，《阳明学》第60辑，2021年。

金润璄在《霞谷学派的〈原论〉中体现的历史认识和社会批判理论》[①]一文中，通过霞谷学派的《原论》，研究他们的历史认识和社会批判理论。在后期的霞谷学派中，李建昌和李建芳分别查明党争引起的弊端及撰写《原论》。他们的《原论》将焦点放在了通过客观叙述查明虚假道学形成的公论及其弊端的原因上。他们认为可以根据普通人的一般情绪来区分真实价值，并以此作为批判学问、政治、社会整体的标准。金明月在《以郑齐斗和邹守益的“德福观”为中心，探索韩中阳明学的本体性和宗教性》[②]一文中，考察了邹守益与郑齐斗的思想关联性。作者通过对中国阳明右派邹守益和郑齐斗的德福观的研究，试图探索韩中阳明学思想中存在的主体性和宗教性。

关于其他阳明学者的研究。朴泰玉在《近代儒教知识分子的主体认识与社会实践问题——以郑寅普的“感通”论为中心》[③]一文中，讨论在日帝强占和向近代过渡的变革时期，通过强调阳明学现实实用层面的郑寅普的“感通”论，考察了近代儒教知识分子如何认识主体，如何在共同体内体现主体性。郑寅普强调，殖民统治下的民众要通过认识和实现实心的过程，重新恢复主体性。李大承在《为堂朝鲜学本心感通论所具有的时代意义》[④]一文中，以在《朝鲜古典解题》《阳明学演论》等作品中强调的实心、本心、感通的讨论为中心主题，探索了在日本帝国主义强占时期这一特殊情况下，郑寅普的本心“感通论”所具有的时代意义。韩敬爱在《〈阳明学演论〉及其复刊本的错误研究》[⑤]中，作者主张：为了纠正《阳明学演论》所具有的错误，有必要交叉验证原来的连载本和后代出版

---

① [韩] 金润璄：《霞谷学派的〈原论〉中体现的历史认识和社会批判理论》，《孔子学》第45辑，2021年。

② [韩] 金明月：《以郑齐斗和邹守益的“德福观”为中心，探索韩中阳明学的本体性和宗教性》，《退溪学论集》第29辑，2021年。

③ [韩] 朴泰玉：《近代儒教知识分子的主体认识与社会实践问题——以郑寅普的“感通”论为中心》，《东西哲学研究》第99辑，2021年。

④ [韩] 李大承：《为堂朝鲜学本心感通论所具有的时代意义》，《韩日关系史研究》第74辑，2021年。

⑤ [韩] 韩敬爱：《〈阳明学演论〉及其复刊本的错误研究》，《东洋学》第82辑，2021年。

的各刊本。林富渊在《朴殷植的近代心学——以“真我”的构造和特征为中心》[1]中，以真我观念为中心，阐明了朴殷植的近代心学。白岩虽然承认朱学和王学都是“道学”，但为了与科学并行，树立道德人格，因此他认为王学更适合现代。白岩以《大学》的构思为基础，组成了由“意”和“知”构成的真我，他的真我不仅包括良知本体，还包括工夫的主体，因此具有独特的个性。朴正心在《朴殷植的〈王阳明先生实记〉思想特点研究》[2]一文中，认为《王阳明先生实记》系统地展现了朴殷植对王阳明人生的整体评价和对阳明学的理解，通过这些可以掌握朴殷植对阳明学的理解和其特征，并可以与他的其他评论联系起来，系统地掌握阳明学思维的特征。金容焕在《朴殷植道德观研究》[3]一文中查明了朴殷植对道德的认识水平。白岩通过以实践意志为中心的“疑念”认识，和以客观知识为中心的“知识”认识，理解彼此之间的矛盾，通过认识探索实现真我的可能性，探索了在道德教育现场理想的公论化。金佑莹在《白岩朴殷植阳明学论的独创性和特色——以本领学问和主体问题为中心》[4]一文中，以本领学问的脉络和主体问题为中心，考察了朴殷植的阳明学论所具有的独创性。朴殷植受梁启超的影响接受了阳明学，他晚年的阳明学论根据朝鲜理学传统，将阳明学转变为自己独特的哲学。金佑莹在《朴殷植儒教求新论的哲学企划：以旧学向新学的转变为中心》[5]中，对于朴殷植的儒教求新论所蕴含的哲学企划，并将焦点从旧学转向新学的层面重新审视。朴殷植的哲学见解既以朝鲜性理学传统为基础，又具有指向普遍科学和哲学的特性，其可以评价为确立现代韩国哲学的先驱者。千炳敦在《初刊本〈李参奉集〉中出

---

① ［韩］林富渊：《朴殷植的近代心学——以“真我”构造和特征为中心》，《大东文化研究》第114辑，2021年。

② ［韩］朴正心：《朴殷植的〈王阳明先生实记〉思想特点研究》，《韩国哲学论集》第69辑，2021年。

③ ［韩］金容焕：《朴殷植道德观研究》，《退溪学论丛》第38辑，2021年。

④ ［韩］金佑莹：《白岩朴殷植阳明学论的独创性和特色——以本领学问和主体问题为中心》，《孔子学》第44辑，2021年。

⑤ ［韩］金佑莹：《朴殷植儒教求新论的哲学企划：以旧学向新学的转变为中心》，《东西哲学研究》第100辑，2021年。

现的李匡吕学术思想与实学精神（1）——以工夫论为中心》[①]一文中，以工夫论为中心讨论李匡吕的学术思想。李匡吕希望通过“工夫”改变被欲望束缚的气质。李匡吕提出的工夫方法如下：欲望的调节、对圣贤的信任、四有所、五辟、谨独、无自欺等。韩敬爱、李在晃主编的《定本阳明学演论——阳明学演论校注收录》[②]一书，是朝鲜阳明学派郑寅普撰写的阳明学入门书《阳明学演论》的校注本，该校注本是用韩语进行翻译的现代古典书。原书汉字词难度大，各种原因导致文本显得混乱，很难阅读。为了解决这些问题，这本书综合了所有相关资料，复原了原来的文本，并附有批评和注释的“校注本”。这是在《阳明学演论》首次发表近一个世纪后出现的定本。卢官泛在《白岩朴殷植评传：儒学家谦谷朴殷植》[③]一文中，作者想以亲自阅读朴殷植的文章后获得的主观体验为基础叙写文章。因此，书的内容可能与朴殷植的现有熟悉的历史知识，即以朝鲜后期实学为基础的民族主义者这一固定的历史不相符。虽说近代是儒学的黄昏期，但从某种意义上说，近代是新儒学的黎明期。在黄昏和黎明之间，朴殷植位于何处？朴正心在《朴殷植：用良知贯通近代》[④]中指出，朴殷植不仅通过良知反省了韩国的近代，还批判了东方主义及欧洲中心主义的野蛮性和暴力性。以此为基础，提出了人道主义大同思想。

五、阳明学和现代社会相关研究

2021年韩国阳明学成果中，阳明学和现代社会相关研究成果主要有4篇学术论文。分别是，蔡锡龙的《是非之心的道德特征：直觉还是推论？》、朴成浩的《地球危机时代，儒家生态修养论思考——以王阳明的万

① [韩] 千炳敦：《初刊本〈李参奉集〉中出现的李匡吕学术思想与实学精神（1）——以工夫论为中心》，《阳明学》第62辑，2021年版。

② [韩] 郑寅普著，韩敬爱、李在晃主编：《定本阳明学演论——阳明学演论校注收录》，生活出版社2021年版。

③ [韩] 卢官泛：《白岩朴殷植评传：儒学家谦谷朴殷植》，李朝出版社2021年版。

④ [韩] 朴正心：《朴殷植：用良知贯通近代》，学古房2021年版。

物一体与致良知为中心》、金世贞的《新常态时代的阳明学，以致良知摸索照料和治愈之路》和金贤柱的《以乡约和私学考察王阳明乡村治理之道的政治哲学意义》。

蔡锡龙在《是非之心的道德特征：直觉还是推论？》[①]中，作者积极利用道德心理学和神经科学最近的研究成果，在技术伦理学范畴中阐明了阳明所说的是非之心的特征。是非之心可以成为从现代视角重新诠释性理学和阳明学的关键词。朴成浩在《地球危机时代，儒家生态修养论再考——以王阳明的万物一体与致良知为中心》[②]一文中，为了解决地球危机时代出现的问题，强调“重新设定人与自然的关系，并强调人类对此的责任和作用”。为此，可以看出作者重视王阳明万物一体说所具有的儒家生态哲学价值，作者最终完成万物一体化的道德修养考察，审视了致良知的生态修养意义。金世贞在《新常态时代的阳明学，以致良知摸索照料和治愈之路》[③]一文中，考察了因新型冠状病毒引起的流行病带来的教训，以阳明的“天地万物一体说”和“致良知说”为中心，探讨了阳明学在解决新型冠状病毒所引起的各种问题方面能给予怎样的帮助。金贤柱在《以乡约和私学考察王阳明的乡村治理之道的政治哲学意义》[④]中，考察了王阳明作为政治实践的根本精神的亲民思想。20世纪90年代，随着中国对乡村治理之道的关注越来越多，自然而然地王阳明的亲民思想受到更多的关注。阳明以乡约和私学为依据，支持百姓们领悟到自己的良知，这是纠正风俗的实践性儒学。这未必等同于西方现代治理之道。但是，这并不是只追求知识分子和官僚们的功利论儒学，而是追求在百姓生活中可以实现的治理之道。从这一点来看，可以找到现代意义。

---

① [韩] 蔡锡龙：《是非之心的道德特征：直觉还是推论？》，《人文与艺术》第11辑，2021年。

② [韩] 朴成浩：《地球危机时代，儒家生态修养论再考——以王阳明的万物一体与致良知为中心》，《圆佛教思想与宗教文化》第88辑，2021年。

③ [韩] 金世贞：《新常态时代的阳明学，以致良知摸索照料和治愈之路》，《阳明学》第62辑，2021年。

④ [韩] 金贤柱：《以乡约和私学考察王阳明乡村治理之道的政治哲学意义》，《东方学》第44辑，2021年。

六、日本阳明学、艺术、文学及其他

除了前述五类研究成果以外，2021年韩国阳明学研究成果中，其他相关研究成果有14篇学术论文。其中，日本阳明学相关论文5篇、艺术相关论文8篇（包括1篇单行本）、文学相关论文1篇。

关于日本阳明学研究。日本阳明学相关论文为崔在穆的《试论日本阳明学者对〈大学〉的解释——从中江藤树到大盐中斋》、金炯的《三岛由纪夫的阳明学——文化防卫和男性美的复活》、崔在穆、徐承完、金容载的《近代日本阳明学与西乡隆盛的关系》、李惠京的《朱子学成为前近代代表思想的过程——围绕福泽谕吉与井上哲次郎的儒学之争》、金仙熙的《近代日本关于阳明学显彰的考察》等。

崔在穆在《试论日本阳明学者对〈大学〉的解释——从中江藤树到大盐中斋》[①]中概述了日本阳明学者对《大学》的解释。通过他们的《大学》解释，可以知道以下事实。第一，对王阳明的古本《大学》非常关注。第二，从中江藤树到大盐中斋的《大学》解释及对王阳明古本《大学》的书籍关注，是从中国和韩国的视角所看不到的，这是日本独有的特点。第三，对于王阳明的《大学》解释所必需的资料《传习录》的解释，日本的阳明学者们也给予了高度关注，其成果在当时东亚阳明学界也堪称划时代的成果，特别是三轮执斋的《标注传习录》。因此对于佐藤一斋的《传习录栏外书》是有必要翻译的。金炯在《三岛由纪夫的阳明学——文化防卫和男性美的复活》[②]中，通过文学家三岛由纪夫的《作为革命哲学的阳明学》，对日本的近现代阳明学进行了考察。关注行动的三岛将文学的被动性视为对女性进行的批判，梦想着恢复日本文化内在的男性美。崔在穆、徐承完、金容载在《近代日本阳明学与西乡隆盛的关系》[③]中，讨论明治维

① ［韩］崔在穆：《试论日本阳明学者对〈大学〉的解释——从中江藤树到大盐中斋》，《阳明学》第63辑，2021年。

② ［韩］金炯：《三岛由纪夫的阳明学——文化防卫和男性美的复活》，《阳明学》第61辑，2021年。

③ ［韩］崔在穆、徐承完、金容载：《近代日本阳明学与西乡隆盛的关系》，《阳明学》第61辑，2021年。

新三杰之一西乡隆盛和近代日本阳明学的关联性。在现代韩国，对西乡的研究只停留在地区学的层面和韩日关系史层面。该论文概述了西乡和阳明学的关系，完善了日本阳明学研究。李惠京在《朱子学成为前近代代表思想的过程——围绕福泽谕吉与井上哲次郎的儒学之争》[①]中，研究了近代东亚地区朱子学开始被批判为使近代化变得困难的、代表前近代思想的起点及其背景。作者主张，井上在接受福泽的批评并进行防御的过程中，形成了对朱子学批评的框架。对儒学一般的福泽的批评被井上视为对朱子学的批评，井上则从日本阳明学寻求儒教道德的源泉。金仙熙在《近代日本关于阳明学显彰的考察》[②]中，讨论了明治时代出现的阳明学，并且其被视为完成日本近代思想基础的潮流。

在关于艺术研究方面。禹知延的《朝鲜后期文人绘画的审美观——以二莲联想实现“良知”之美为中心》、曹玟焕的《圆峤李匡师“缘情弃道”批判思维中的书法美学》、朴智恩、李秉埈的《关于东亚艺术审美教育为切入点的阳明学探讨——以“张旭镇”的事例为中心》、金美英的《以王阳明“良知”和吉尔伯特·莱尔的“睿知”为基础的韩国传统舞蹈主题解读：“心灵善良，舞蹈才会美丽”》、曹玟焕的《心灵的陶瓷：对东方文人瓷器的哲学考察——以朱子学的性即理和阳明学的心即理为中心》、李龙熙、林正熙的《以王阳明的心论为基础考察韩国传统舞蹈的内在美》、张志熏的《朝鲜后期文人“尚艺的”书法美学》、曹玟焕的《东方的疯狂与艺术：东亚文人的自由和创造的美学》。

在论文《朝鲜后期文人绘画的审美观——以二莲联想实现“良知”之美为中心》[③]中，禹知延叙述了朝鲜后期文人画中蕴含的良知艺术思维。朝鲜后期文人的画将自然感性作为艺术创作的主题。朝鲜后期文人的画中

---

① [韩] 李惠京：《朱子学成为前近代代表思想的过程——围绕福泽谕吉与井上哲次郎的儒学之争》，《东洋哲学研究》第108辑，2021年。

② [韩] 金仙熙：《近代日本关于阳明学显彰的考察》，《阳明学》第62辑，2021年。

③ [韩] 禹知延：《朝鲜后期文人绘画的审美观——以二莲联想实现“良知”之美为中心》，《阳明学》第60辑，2021年。

蕴含的良知的艺术思维是经过心灵觉悟“表达的自律性”，认为通过这种心理自觉表现出来的“有责任感的自律精神”才能真正展现文人画中蕴含的良知的艺术精神。朝鲜后期文人的艺术精神，以表现出来的自由性为基础，通过主体性、创新性的艺术创作，来达到追求美的实现。曹玟焕在《圆峤李匡师“缘情弃道”批判思维中的书法美学》[1]中，通过对圆峤李匡师“缘情弃道”与“不师古”的批评，阐明了李匡师所向往的书法美学的核心。对“缘情”及其结果“弃道”持否定态度，这是对只知道模仿根据时俗确定书体的书奴、书匠等的批判。像这样，李匡师通过对“缘情弃道”和“不师古”的批评，展开主体性的书法精神，即使是王羲之，如果违背这一原则，也不能遵从。朴智恩、李秉埈在《关于东亚艺术审美教育为切入点的阳明学探讨——以“张旭镇”的事例为中心》[2]中，通过阳明学的审美方法，审视了张旭镇在东亚艺术中表现日常乐趣的事例。张旭镇的艺术精神与阳明的审美感性相通，从这一点来看，可以找到阳明思想与东亚艺术审美教育相结合的地方。金美英在《以王阳明“良知”和吉尔伯特·莱尔的“睿知”为基础的韩国传统舞蹈主题解读：“心灵善良，舞蹈才会美丽”》[3]中，以王阳明的良知和吉尔伯特·莱尔的“睿知”理论为基础，解释了韩国传统舞蹈界元老们一致强调的“心灵善良，舞蹈才会美丽”的主题。曹玟焕在《心灵的陶瓷：对东方文人瓷器的哲学考察——以朱子学的性即理和阳明学的心即理为中心》[4]一文中，将陶瓷器的变化与东方文化和哲学的变迁过程相结合，并根据时代情况进行考察。李龙熙、林正熙

① [韩] 曹玟焕：《圆峤李匡师“缘情弃道”批判思维中的书法美学》，《阳明学》第61辑，2021年。

② [韩] 朴智恩、李秉埈：《关于东亚艺术审美教育为切入点的阳明学探讨——以“张旭镇”的事例为中心》，《文化艺术教育研究》总第16辑（第3期），2021年。

③ [韩] 金美英：《以王阳明“良知”和吉尔伯特·莱尔的“睿知”为基础的韩国传统舞蹈主题解读：“心灵善良，舞蹈才会美丽”》，《人文与艺术》第11辑，2021年。

④ [韩] 曹玟焕：《心灵的陶瓷：对东方文人瓷器的哲学考察——以朱子学的性即理和阳明学的心即理为中心》，《儒教思想文化研究》第84辑，2021年。

在《以王阳明的心论为基础考察韩国传统舞蹈的内在美》[①]中，将王阳明的心论与韩国传统舞蹈联系起来，考察其审美根源，在韩国传统舞蹈的实践行为中不断强调心论。以此为基础，说明了韩国传统舞蹈中蕴含的身（艺术形态的身体）心（舞者的精神）是如何结合在一起的。张志熏在《朝鲜后期文人“尚艺的”书法美学》[②]中，阐述了朝鲜后期将书法视为自觉的艺术，强调了追求书法本质和创作活动突出的原因。朝鲜后期的开放性思维对书法家的学问和艺术精神产生了巨大影响，由此诞生了多种书法理论和创作。朴趾源讨论“法古创新”，李匡师讨论“活物”都是基于那个时代的“活着的书法”，追求“艺术成就”的意识产物。曹玟焕在《东方的疯狂与艺术：东亚文人的自由和创造的美学》[③]第六章中，叙述了阳明学的“狂狷观”。这本书以“狂”字和“狷”字的意义为中心，全面的重新构成了中国哲学和中国艺术的特征，是一本有趣地叙述了如何将阳明学的“狂狷观”中自由独立的思维和精神渗透到东亚诗、书、画艺术中的研究著作。

有关文学的论文。有金承万的《〈论语点睛〉补注》（译注）1篇。在文章中，金承万认为智旭在《论语点睛》中为解释《论语》的正文而进行的经典注释方式值得借鉴，并且认为这也是寻找佛教的领悟和儒教心法的切入点。

七、结语

通过以上阳明学相关研究成果综述，可以得出，在2021年进行的阳明学相关研究中，各个领域均有所涉及。本文分6个方面考察了本年度阳明学相关研究成果。其中，将阳明思想与阳明后学相关研究论文分开来看，教

① [韩] 李龙熙、林正熙：《以王阳明的心论为基础考察韩国传统舞蹈的内在美》，《韩国舞踊教育学会志》总第32辑（第4期），2021年。

② [韩] 张志熏：《朝鲜后期文人“尚艺的”书法美学》，《东方艺术》第50辑，2021年。

③ [韩] 曹玟焕：《东方的疯狂与艺术：东亚文人的自由和创造的美学》，成均馆大学出版社2021年版。

育相关论文是通过与西方教育思想的比较来看阳明思想，并讨论了有关郑寅普教育哲学的论文。在阳明思想的比较研究中，主要使用了以阳明思想和朝鲜学者的思想进行比较为主的论文，还使用了阳明学和朱子学、阳明学和佛教之间进行比较的论文。在朝鲜阳明学部分，考察运用了讲述朝鲜性理学家批评阳明学的论文和讨论霞谷郑齐斗的思想及霞谷学派的论文，以及关于霞谷以外的阳明学者的论文。此外，还有阳明学与现代社会的关系，阳明学相关的其他思想等。其中日本阳明学相关论文和艺术相关论文较多，而文学相关论文较少。

在整理以上2021年韩国研究的阳明学相关论文时，令人感到遗憾的是，韩国对阳明后学的研究仍然存在很多不足，研究成果较少。因此在下一步的研究中，不仅要对个别的人物进行研究，还需要通过对比阳明后学之间的学术关系，以及阳明后学和朱子学者之间的争论等研究，进而扩大研究范围，尤其需要对王阳明再传弟子的思想进行研究。与此同时，不仅是哲学领域，还需要与文学和史学等联系起来，进行多学科交叉研究。

拾壹

欧美阳明学研究综述

2021年，世界范围内新冠病毒持续大流行，导致中外学术交流严重受限。尽管借助于新兴互联网技术，让我们面对屏幕可以做到“天涯若比邻”，一些会议和交流活动仍然可以在“云端”展开，但对于“欧美阳明学”这样的跨文化书写来说，世界真正意义上的开放交流仍然十分重要。由于学术作品从研究选题、撰稿、投稿到正式发表，一般至少需要1—2年的周期，因此，2021年学术发表受疫情影响较上一年更为明显。本年度欧美阳明学研究发表成果在数量上明显下降，主题内容的丰富程度也大为缩减。

一、哲学义理方面

主要有香港中文大学哲学系郑泽绵在*Asian Philosophy*（《亚洲哲学》）第三期发表了“Wang Yangming, Descartes, and the Sino-European juncture of Enlightenment”（《王阳明、笛卡尔与中西启蒙的结合点》）一文。该文认为王阳明是明清时期中国启蒙运动的奠基人，就像笛卡尔对于欧洲人一样。莱布尼茨、伏尔泰等欧洲启蒙哲人从中国思想受到启发，虽然他们看到了中国人这样一个不依赖于上帝神启的伦理生活共同体，但他们却没有注意到在个体层面上，中国哲人会相信每个人类个体都同样能够纯粹依靠自己的良好判断力来过自己的伦理生活。在这一点上，郑泽绵认为王阳明是西方可以利用的资源。王阳明和笛卡尔都主张关于每个人的判断力的平等主义，作者将这种相似性称为“中西启蒙的接合点”（the Sino-European of Enlightenment），这一术语是来自萧萐父有关中国明清启蒙思想研究中提出的“历史结合点”说。郑泽绵还指出，两位思想家都通过分析意志与理性之关系来捍卫平等主张。在方法论上，他们都重新定义了获得知识的方法，都强调应该从简单的事物开始，然后上升到复杂的事物。此外，华东师范大学哲学系的卢盈华本年度在Brill Academic Publishers（博睿学术出版社）出版其英文专著*Confucianism and Phenomenology: An Exploration* *of Feeling, Value and Virtue*（《儒学与现象学：对情感、价值与美德的探索》），其中很多章节都涉及王阳明思想，特别是有关“知行合一”以及现象学中的先天价值与情感等主题。不过，书中内容基本上是来自作者近年在国内以中文发表过的相关论文，故兹不赘述。

历史学科的思想文化史经常关注王阳明与明清思潮，本年度有武汉大学历史学院焦堃的文章“The Learning of the Mind as an Ideological Movement: Probing the Historical Origins of the School of Wang Yangming”（《作为意识形态运动的心学：阳明学的历史起源之探讨》）发表在*Sungkyun Journal of East Asian Studies*（《成均东亚研究杂志》）第二期，由美国Duke University Press（杜克大学出版社）出版。文章运用《王阳明年谱》，多种明人文集、笔记以及明清地方志等丰富的史料，对王阳明生平讲学传道的经历、所采用的策略以及其弟子群体的社会地位等进行了详细考证，从历史角度对王阳明心学在明代中后期被广泛接受并大规模流传的社会、政治背景进行了深入的探讨。文章认为，王阳明所提倡的心学之所以能够在明朝中后期风靡一时，并非只是其本身的思想魅力所带来的结果；明朝思想政策的缓和、王阳明所采取的种种传道策略，以及书院的发展和繁荣等社会因素，都是心学思想在社会上大范围传播、成为一时显学的重要时代背景。王阳明能够以在任官员的身份公然鼓吹不同于官学的心学思想，与明初以后朝廷思想控制的逐步弱化有着直接的关联，这一点在与明朝前期的理学代表人物薛瑄、吴与弼等人讲学活动的对比中体现得极为明显。而王阳明在贯穿其一生的讲学传道事业中，大多以地方上的中下层士人，即生员、举人头衔的保有者作为弟子群体的主要来源，同时利用自己所掌握的政治权力和资源来积极支持地方上的书院建设，以之作为传播自身思想的阵地，这些都是其讲学传道事业能够获得极大成功的重要现实因素。该文是本年度阳明学思想文化史研究的一篇力作。

二、教育学方面

阳明心学与道德教育密切相关。绍兴文理学院的游柱然和胡英姿发表了“Wang Yang-Ming's Theory of Aesthetic Experience: Beauty in the Extension of Innate Knowledge and Its Implications for Moral Education”（《王阳明的审美经验论：先天知识外延中的美及其对德育的启示》）一文，收入由*Michael A. Peters, Tina Besley*和*Huajun Zhang*主编的论文集*Moral Education and the Ethics of Self-Cultivation: Chinese and Western Perspectives*（《德育与修身伦理：中西视角》），本年度由Springer（斯普林格出版社）出版。作者认为王阳明的审美经验理论深深植根于他的良知学说，由良知产生了美感，并促进了心灵中的道德理解，即由良知学产生了一种为道德修养服务的审美体验，这对当今的道德教育有深远影响和启发意义。书中还有多篇文章也提及王阳明思想，比如：北京师范大学檀传宝的文章“Three Characteristics and Advantages of Confucian Moral Education”（《儒家德育的三大特征和优势》）提及王阳明“知行合一”思想，美国Belmont University（贝尔蒙特大学）亚洲研究中心的张仁宁（Ronnie Littlejohn）和李庆军的“Self-Cultivation as Moral Education in Chinese Philosophy”（《中国哲学中作为德育的修身》）一文也提到王阳明思想，但他们基本上都只是一笔带过，并非对阳明学有专门的研究。

有关阳明心学对中国现代性进程影响，历来也是讨论较多的一个相关议题。美国College of Staten Island（史泰登岛学院）的徐锦（Jean Tsui）发表了“Liang Qichao and Affective Liberalism”（《梁启超与情感自由主义》）一文，收录在华世平主编*Chinese Ideology*（《中国思想》）一书第九章，此书本年度由Routledge（劳特里奇出版社）在伦敦出版。该文探讨中国民主自由主义的情感起源。文章展示了梁启超如何将王阳明良知学的道德形而上学融入中国现代政治转型中，揭示了儒家思想和政治现代性中的潜在焦虑。

三、学术文化评论及其他

有美国Middle Georgia State University（中乔治亚州立大学）历史系的伊莱瑞（George L. Israel）在*Made in China*（《中国制造》）第三期发表了一篇题为“The Trouble with Wang Yangming”（《王阳明的麻烦》）的评论文章。作者指出，近年来王阳明受到广泛关注，不仅因为他引人注目的人生故事和哲学，还因为国家主席习近平公开表达了对王阳明的钦佩。但作为明朝官员，王阳明的信条和行为的政治影响一直是激烈辩论的主题，至今仍很重要。该文回顾了阳明学在中国的复兴，并探讨了它的意义。

此外，斯洛文尼亚Ljubljana University（卢布尔雅娜大学）文学院的罗亚娜（Jana S. Rošker）在*Asian & African Studies*（《亚非研究》）第30卷上发表“Wang Shouren's Ethico-Epistemology and the Double Nature of Recognition”（《王守仁的伦理——认识论及认知的双重性》）一文。该文对王阳明的认识论进行了批判性介绍，重点介绍其“知行合一”和“良知”，这两个“知”概念根植于人心，具有强烈的道德内涵，并反映在实践伦理中。在这个伦理认识论的基础上，文章阐述了“渐”与“顿”二门，并批判性地讨论其与禅宗顿悟渐修之关系。总体而言，该文主要只是向英语世界介绍了中国和日本学者的一些阳明学研究论调。

本年度英语世界阳明学研究相关书评也不多见，主要有加拿大Univeristy of British Columbia（英属哥伦比亚大学）亚洲研究系的*Don Baker*发表了一篇对郑用重（Edward Y. J. Chung）上一年度所出版英文著作*The Great Synthesis of Wang Yangming Neo-Confucianism in Korea: The Chonŏn (testament) by Chŏng Chedu (Hagok)*（《朝鲜阳明学的集大成者：郑齐斗的〈存言〉》）的书评。

最后，值得特别一提的是，本年度有北京大学哲学系张学智《明代哲学史》一书英译本*History of Chinese Philosophy in Ming Dynasty*由Springer（斯普林格出版社）出版问世。该书是一部详略精当的中国明代哲学断代史，相信其英译出版将会有力推动欧美阳明学研究与教学工作。在英语世界，已经有越来越多的人文社会科学领域研究论文提及王阳明思想。相信随着世界的重新开放，阳明学作为来自中国传统的思想资源，日后定会更为深入参与到相关主题的当代学术研究探讨。

拾贰

阳明学学术会议综述

关于阳明学及阳明后学的学术会议非常之多且杂，有提交学术论文并讨论的会议和论坛，如第三届阳明文化国际论坛暨第二十一届明史国际学术研讨会在龙南市召开，与会学者提交了论文，中华孔子学会2021年学术年会暨“中国心学的现代转型”学术研讨会在贵阳孔学堂召开，但其中有少部分学术会议在会后有比较详细的综述，如上海财经大学举办的阳明学“心意知物”问题研究工作坊；有的会议则是邀请学者参与以及讨论，但并未提交学术论文，只是邀请学者作主旨发言，如2021年贵州省阳明学会年会暨年度学术交流会在贵阳修文举办，参与学者如贵阳学院副院长汪建初以《阳明心学视域下的百年历史经验》、阳明文化（贵阳）国际文献研究中心主任何丹以《关于王阳明教育思想与当代教育的思考》、修文县文联主席李小龙以《王阳明亲民思想的龙场实证》、贵州省社会科学院赵玉娇以《论阳明心学中的主体性意识》等，分别做主旨发言。也有的学术会议和活动对主旨发言进行了比较详细的总结和归纳，如第五届阳明心学高峰论坛等。本部分介于对学术性的要求，以及人力限制，只对规模、影响较大的或有学术综述的重要学术活动进行转引或综述，而对大多数没有提交学术文章的活动以及规模较小的学术活动则不纳入讨论。

一、阳明学“心意知物”问题研究工作坊综述①

2021年1月22日下午，由上海财经大学人文学院哲学系和国际儒商高等研究院联合主办的阳明学“心意知物”问题研究工作坊召开了线上研讨会。来自上海财经大学、上海社会科学院、同济大学、中山大学、清华大学、武汉大学、苏州大学、华南师范大学、杭州师范大学、上海师范大学等高校机构的二十多位学者围绕阳明学的“心意知物”问题展开精彩讨论。

①本文由上海财经大学人文学院哲学系提供。

本次会议由上海财经大学人文学院王格副教授主持，会议首先由国际儒商高等研究院张雄院长和人文学院哲学系刘静芳教授致辞。张院长在致辞中指出，中国古代儒家思想如何立足于当代中国，在现代社会创造价值，非常值得深入探讨。刘教授在致辞中指出，阳明学“心意知物”问题与禅学密切相关，和禅学相比，阳明对“意”有正面肯定，且不同于佛学将“意”与“行”（无明）关联，阳明将“意”与良知（明）关联。

本次会议研讨分为五场，第一场的发言人为中山大学傅锡洪副教授，评议人为武汉大学廖璨璨和上海财经大学刘旻娇。傅锡洪作了《两种“正心”，两种“四句教”》的报告，他指出阳明思想中存在着两种《大学》“正心”诠释和两种四句教，两者在总体上具有严格对应关系：阳明平时所讲的四句教是针对普通人而言的，其对应的是不可以实施正心工夫的《大学》诠释；定本四句教承认不同的人有不同的工夫进路，其中针对上根人的为学进路（即龙溪首次提出的“四无”）才是阳明所谓“天机”，其对应的是《大学》“体当自家心体”的正心。阳明在两种对应解释中自由转换的关键是“即用是体”的思路。

随后的评议与讨论环节同样精彩纷呈。廖璨璨的评议指出，该文强调阳明“即用是体”思路，这对四句教前两句“心”“意”关系的理解非常重要。但若将“意”以体的发用来讲，可能会对“意”之动与“意”本身的关系讨论带来新的困境。

刘旻娇在评议中指出，该文以定本四句教是从“用”的层面上进行探讨的观点，很好地提炼出阳明提出四句教的目的。但若仅仅采取“即用是体”的讨论思路，如何在工夫思辨上解决全善的体与具体的善之间的鸿沟，是一个难题。

苏州大学朱光磊认为，以“即体即用”揭示心之本体，可能会与王龙溪以“无善无恶”解释心之体引发同样的问题，即难以区分阳明学与佛老之间的界限。因此，或许可通过“有善有恶”来调和这两种解释，即以

“有善”涵摄先天本有、自然而然的工夫。

第二场研讨由上海社会科学院张锦枝副研究员担任发言人，清华大学屠凯和上海财经大学王格担任评议人。张锦枝在题为《阳明良知教确立后意论的变与不变》的报告中认为，阳明良知教确立前后的两三年时间里，随着对良知体认的纯熟，其意论也发生微妙的变化：从《大学》心意知物的次第到最终确立良知教后，改为心知意物的论述序列，知由意显变为意由心定。但是，良知学的发展和意论的滞后产生了一系列问题：知之已发说导致了知行不一，知的本体地位提升导致意在心意知物序列中的凹陷，四句教中心与意在有无善恶问题上产生分裂。张锦枝认为，意的含义必须析出作为第二层含义的无意之意，才能使这一系列问题得到解决。

屠凯评议时指出，该文认为阳明将“心意知物”统一，可能会引发正心、致知、诚意、格物同一的问题，继而产生阳明是否放弃了训“格”为“正”的疑问。并就“未发”和“主宰”之间的紧张以及“主宰”是什么、“诚意”的意涵等问题发表了自己的见解。

王格在评议中指出，该文将“心意知物”到“心知意物”次第顺序的变化理解为“意”的两层含义，分辨非常清晰。但从阳明到刘宗周之间对“心意知物”的讨论大致有从强调“心”到强调“意”的转换，这意味着阳明“心意知物”次第变换中或许有其讲学重点不同的考量：即阳明晚年标榜致良知，必然会导致将“知”放到“意”前。

同济大学陈畅在讨论环节指出，该文探索阳明龙场悟道之后的思想发展线索，对阳明从“意之明觉处”到“明觉之感应”思想改变之讨论尤其精彩。同时，他分享了《传习录·答顾东桥书》中可能是引自阳明《古本〈大学〉旁释》中的一条文献：“知者意之体，物者意之用”，并指出若此推测成立，则意味着阳明早在致良知教确立以前便已把“意”提到“知”前。

第三场研讨的发言人为同济大学陈畅副教授，评议人为苏州大学朱光磊和上海财经大学吴晓番。陈畅作了《阳明学派“物”的哲学建构——以四句教伦理困境为中心的考察》的报告。陈畅认为，阳明四句教指示出独特的“心意知物”结构关系，其目的是令良知作为推动社会伦理与政治革新的积极力量。良知发用流行的秩序就是物的秩序，亦即社会伦理与政治世界的秩序。这一特质导致了四句教的伦理困境，其流弊是良知以“情识”“玄虚”的形式出现，对“物”所代表的社会伦理与政治秩序造成严重破坏。晚明刘宗周、黄宗羲师徒对“物”哲学结构的新思考，代表着阳明学派对于四句教伦理困境的独到解决：一方面提出心学的气学进路，将物从良知的附属地位（知之所照）中解放出来，确立事物的独立性；另一方面，在“物犹事也”基础上提出“事”的哲学，在“事”的场域中实现个体性与公共性的平衡，通过事的客观性对治良知学的虚无放肆流弊。

朱光磊在评议中指出，蕺山学不论是偏于主体的性体，还是偏于万事万物的理则都由“意”开启，若念念昏沉，将无法获取“事”或“物”的客观性。因此，蕺山气学是否能彻底地建立“事”或“物”的独立性，还有待于进一步研究。

吴晓番的评议指出，如果该文判教成立，刘宗周和黄宗羲的“物”的哲学建构可能会从阳明学本身“心意知物”对“物”的讨论脉络，走向整个中国哲学大脉络中道家对“物”的讨论领域。若从四无教的角度来看，该文提出的四句教伦理困境可能未必存在，因此需加强“四有”“四无”对良知心体先天维度的讨论。

在讨论环节，上海财经大学郭美华教授首先对阳明学“在心上做工夫”的含义发出疑问，认为这不仅是阳明学内部的问题，还关乎传统思想在现代社会的意义。傅锡洪对此作出回应：“在心上做工夫”指的是在本体（心或者是性）上做工夫是否可能的问题，而本体所要解决的是当下行动的标准是什么和动力是什么的问题。朱子认为性在时空之外，因此无法在性上做工夫。阳明以心为本体，具有直接性和冲突性特征：一方面是良知当下呈现在人的意识中，给我们提供方向的指引；另一方面是非同时也是好恶，给我们提供了行动的动力，使之可以完成。

第四场研讨的发言人为杭州师范大学张天杰教授，华南师范大学陈椰和上海财经大学朱璐担任评议人。张天杰作了《晚明清初心意之辨的多元展开》的报告。张天杰对陆陇其《四书讲义困勉录》和《续困勉录》收录晚明清初诸儒之说所涉及的“心”“意”以及“诚意”章主旨等问题进行了细致探析。他指出陆陇其等尊朱子学者在辨析心意问题时，常以王阳明“四句教”为参照，对阳明学既有批评，也有认同。因此不论朱子、阳明，也不论是讲义还是“四书”类时文评，只要是观点有一定新意，陆氏就尽量收入《四书讲义困勉录》中，并依照《四书章句集注》次序编排。《四书讲义困勉录》就“四书”研究之文献以及文献之辨析而言，极有价值，特别就保存大量散见或失传的“四书”类著作或“四书”类时文评等来说则更为难得，值得“四书”研究加以重视。

陈椰评议指出，该文引用的诸多时文评注材料带来了很大启发，时文选评类著作对“四书”诠释研究值得学界进一步关注。陆陇其精心收选了许多前人对修身有现实指导意义的条文，可见除了知识意义上的综合和鉴别以外，也可从道德实践的角度来评价他。由此，研究清代儒者或许可从修身之笃实与对科举应试的影响两方面，评价其在儒学史上的贡献。

朱璐在评议中指出，陆陇其的后阳明时代研究中的“后”，或许不仅是时空上的“后”，还是有着西方哲学反思意味的“后”。朱璐还就地域思想文献的整理与研究提出了未来合作的可能与设想。

第五场研讨的发表人是上海财经大学郭美华教授和上海师范大学高瑞杰博士，中山大学陈乔见和上海财经大学刘静芳担任评议人。郭美华和高瑞杰在题为《道德生存与天命的分离与融合》的报告中，以朱子和阳明对

《孟子》“尽心知性知天”章的不同诠释为切入点，讨论了天命与道德生存的关系。两位学者认为，孔孟在道德生存与天命之间的复杂与紧张，其分离与划界的维度，在后世的展开中，走向了将道德生存融入天命的“天人合一”式理解；而以这种预设的某种道德本质或者道德原则来探讨儒学，实则消解了人自身的鲜活生存。因此，如何走出朱熹和王阳明以及牟宗三等为典型的“天人合一”或“心、性、天一理”的进路，重新掘发孟子“尽心知性知天”中的道德生存论意蕴，释放出活生生的人自身，依然有待于探讨。

陈乔见在评议中指出，孔子对人生的理解不只局限于道德，而孟子则将天命归为“求之外者”排除在了人的道德之外，因此谈论孟子的性善论应当回归孟子本身来讲，而非从宇宙论上的“天”来讨论。该文的道德生存和道德主体性两者的表述应当存在区分，而且若仅从“尽心知性知天”来讨论，则无法证明孟子的道德生存论中“天”仍是根基。

刘静芳评议指出，该文探讨了孟子本身、朱子以及阳明对《孟子》“尽心知性知天”章的诠释，但缺了《中庸》、思孟学派的一环，很难厘清道德生存与天命之间的关系。在“性”的问题上，《孟子》与《中庸》、思孟学派极为不同：孟子从心讲性，性是共同原则的主体意识；但《中庸》之性是共生之生，朱子以“理”解性，与《中庸》保持一致性，只有在此意义上，才能讨论此前我们所提及的道问学和尊德性，大德和小德，公共性和个体性之间的关系。

在讨论环节，刘旻娇特别指出，儒家的“知”既不等于西方认识论的“知”，也很难等于道德认知的“知”。儒家以天来讲普遍道德视域，但“天理”的概念本来就是活泼的，包含了差异性，并不等同于西方形上学的本质、实体的思想。因此该文所强调的存在先于本质、个体判断先于普遍本质的态度，或许还需商榷。另外，孟子的“天人相分”是否能够真正解决普遍性对个体的僭越，也是一个问题。

最后，王格以《“天泉证道”的时空展开：地域、历史与思想》为题作小结发言。他认为，阳明学中“心意知物”的问题来源于对《大学》的经典诠释，而最终集中表现于“天泉证道”中。这一问题早已经跨出了原本的地域性讨论（姚江——绍兴——浙江——江南），正如在今天这个“天涯若比邻”的网络时代，身在各地的学者一起讨论这一议题。“心意知物”问题不仅是哲学史的问题，其中的概念辨析也是哲学本身的问题，而这在当代具有独特意义。最后，研讨会在王格分享的阳明后学周汝登《中秋大会天泉桥》一诗朗诵中落下帷幕。本次阳明学“心意知物”问题研究工作坊圆满结束！

中秋大会天泉桥

〔明〕周汝登

天泉桥上集群英，露湿罗衣鼓瑟声。
证道百年人未散，赓歌千古月常明。
偶同令节非非拟，一扫浮云若有情。
不到此中谙此兴，男儿几已负平生。

二、浙江2021阳明心学大会①

10月30日上午，以“阳明心学与东亚文化”为主题的2021阳明心学大会在绍兴市开幕。国际儒学联合会会长刘延东发来贺函，国际儒学联合会副会长舒大刚现场宣读贺函，中国哲学史学会会长陈来视频致辞，绍兴市委书记马卫光，浙江省委宣传部副部长、浙江省社科联主席盛世豪，贵州省修文县委常委、修文县宣传部部长唐开文分别致辞，绍兴市委副书记、绍兴市市长盛阅春主持，国际中国哲学学会会长杨国荣，绍兴市领导谭志桂、魏伟、陆维、冯建荣等参加。

刘延东在贺函中指出，王阳明是中国古代重要的哲学家、思想家，阳明心学对中华传统文化的发展具有深远影响。绍兴作为阳明故乡，近年来

①本文原标题为《盛会开幕，大片惊艳！》，转引自《澎湃政务·绍兴发布》2021年10月30日。

大力加强有关遗迹遗存的保护利用，举办阳明心学大会及高峰论坛等高水平活动，为全国阳明文化的研究传承、普及弘扬起到了重要作用。国际儒学联合会作为国际性非政府组织，成立27年来致力于做儒学及优秀传统文化的传承者、世界文明多样性的维护者、不同文明对话的践行者。望今后与绍兴加强合作，共同推动中华优秀传统文化创造性转化、创新性发展，加强文明交流互鉴，促进民心相通，为塑造可信、可爱、可敬的中国形象积极作为，为推动构建人类命运共同体作出新的贡献！

绍兴市委书记马卫光致欢迎辞：作为阳明先生的故乡，我们将以本次大会为新起点，切实扛起“心学圣地”的责任使命，大力传承弘扬阳明文化，坚持开放包容，打造新时代东亚文化圈鲜明符号；坚持知行合一，推动各领域交流合作取得新成果；坚持久久为功，在构建命运共同体中追求价值实现；加强与中日韩“东亚文化之都”及其他城市的交流合作，共同为促进阳明文化研究和东亚文化交流作出新的更大贡献，更好把以阳明文化为代表的“中国智慧”发扬光大、推向世界。

浙江省委宣传部副部长、省社科联主席盛世豪致辞：这次大会紧扣时代脉搏，积极发掘阳明文化与时代发展同频共振的当代价值，相信一定能为进一步传承好、弘扬好阳明文化，推动阳明文化在新时代绽放出更加夺目的光芒提供更有力的理论支持、精神指引和成果支撑。希望绍兴进一步做好保护、研究、传播文章，全面梳理阳明文化资源，继续深入挖掘、研究、阐释阳明文化和江南儒学文化基因，加强成果转化和宣传普及，不断提升阳明心学在东亚乃至世界的文化影响力。

绍兴市委副书记、市长盛阅春主持会议，并开幕式上，发布了明年王阳明诞辰550周年纪念活动方案、东亚阳明文化旅游地图。吴震、顾久、杨国荣、何俊、董平、杜保瑞、钱明等来自国内的阳明学著名专家学者以主旨演讲、稽山论道等形式，共话阳明心学与东亚文化。

大会同时举行四个“分论坛”，围绕“东亚文化之都与阳明心学暨

‘阳明文化标识建设成果共享’”“天泉会讲——东亚世界的阳明学研究”“阳明心学与共同富裕”“第二届全国大学生知行合一传习论坛”四个主题，专家学者们将就阳明心学的“万物一体”“亲民”“致良知”等展开对话和交流，通过线上线下互动，共论阳明后学。

三、第三届阳明文化国际论坛①

10月23日至25日，由江西省哲学社会科学重点研究基地王阳明研究中心与龙南市委市政府、赣州市社会科学界联合会、中国明史学会王阳明研究分会联合承办的第三届阳明文化国际论坛暨第二十一届明史国际学术研讨会在龙南市开幕。江西省委原常委、宣传部原部长姚亚平，厦门大学国学院教授、院长、中国明史学会会长陈支平，人民日报社江西分社社长郑少忠，赣南师范大学党委书记卢超，赣州市政协副主席孔刃非等国内外160多名明史和阳明学专家学者、阳明文化爱好者出席论坛。省社联一级巡视员朱民安受省社联党组书记、主席罗勇兵委托出席开幕式并致辞。

朱民安在致辞中指出，2009年以来，习近平总书记在多个场合或讲话中，先后十多次提到明代思想家王阳明，其中“知行合一”更是提了七次之多。有学者认为王阳明是追求真理、不断自我完善的一生，“阳明心学、知行合一、致良知”的智慧，是解决当今社会人心浮躁、道德松弛、信仰缺失等问题的精神药方。真诚期待各位专家学者碰撞思想火花，潜心钻研、“著作等心”，为弘扬中华优秀传统文化，为实现中华民族伟大复兴贡献智慧和力量。

开幕式后专家学者围绕阳明“致良知”论及其对社会建设之启示、阳明心学的当下传承、王阳明在江西的“三立”与江西对王阳明的纪念等主题作了发言。王阳明研究中心主任李晓方在大会上作了题为《龙南玉石岩王阳明及其僚属诗文碑刻的形成过程》的主题报告。

①本文转引自江西社科网智库建设与成果管理处，发布日期2021年10月29日。

近年来，王阳明研究中心充分发挥智库作用，通过深入开展王阳明研究，主办承办学术会议，编纂出版《王阳明龙南史料辑录》等阳明文化系列书籍，助力江西打造阳明文化品牌，形成了较为广泛的社会影响和显著特色。

四、第二届东南阳明学高峰论坛

2021年11月26日至28日，由福建江夏学院主办，福建省哲学学会、省闽学研究会协办的第二届东南阳明学高峰论坛在江夏学院举行。校党委书记郑建岚，副校长刘慧宇、徐杰；中山大学陈立胜教授；江夏学院阳明学研究院负责人王永年；福建省哲学学会副会长林默彪；福建省闽学研究会副会长兼秘书长李永杰出席论坛开幕式。来自全国各高校和科研机构的60多名专家学者采取线上线下、会内会外相结合的方式，围绕“走向世界的阳明学”这一主题展开研讨，阐释阳明心学的传播与接受、影响与价值。

郑建岚致开幕辞表示，举办第二届东南阳明学高峰论坛具有重要意义，旨在进一步促进阳明学研究最新成果的分享、交流与切磋，推动以阳明学为代表的中华优秀传统文化在东南沿海地区的创造性转化与创新性发展。福建江夏学院阳明学研究院将以论坛的召开为契机，为阳明学走向更加广阔的世界舞台，为传承和弘扬好中华优秀传统文化，为构建人类命运共同体，实现中华民族伟大复兴作出更加积极的贡献。

本届论坛共举办七场重点报告，北京大学张学智教授、浙江省社会科学院钱明研究员、复旦大学吴震教授、中山大学陈立胜教授、张卫红教授、厦门大学吴光辉教授等分别作专题报告。另外，本届论坛共收到论文近30篇，以下作简要综述：

第一场报告是陈立胜教授的“王阳明知行合一的真精神”，陈教授认为，阳明“知行合一”是其所有思想的核心，他的著作都是这四个字的脚注。他从四个方面进行讨论。第一，中国文化重“笃行”“实践”“体证”的传统，陈教授以“三岁孩儿虽道得，八十老人行不得”“杭州刺史白居易拜谒鸟窠道林禅师”进行说明，提出问题：改变自我从哪里开始？从当下自我的有限性出发。要成为什么样的人？认识目标是“知”，实现目标是“行”，这叫知先行后，这是朱子提出来的。“论先后，知为先；论轻重，行为重。”但阳明不同意这个思路，阳明认为真知行不能分开，分开则变成常人知行，如《大学》中“如好好色，如恶恶臭”一句，当我们已经知道好坏的时候，已经喜欢或者厌恶之了。知行是同时进行的，对一个价值的认识，同时就是对价值的肯定或否定。第二，一念发动处便是行。《大学》和《中庸》都讲到“慎其独”。朱子对“慎独”的解释认为，它不是没人看见，还保持本心。而是即便别人看见你本人，也只能看见外观，而心灵活动是看不见的，“独”是心中的一念，“自心中发一念，或正或不正”，朱子要去从“念”上慎独，朱子在“诚意”关讲的是人鬼关，过了就是人，过不了就是鬼。一念愚，一念智。朱子未点明“一念”是什么，而阳明说清楚了，就是“良知”，良知是内在主人，好字原是个“好”字，“恶”字原是个“恶”字，知良能是良知，能良知是良能。二者无法分开。第三，修行的心法和面向如何理解。即其一，一个自信。“文化自信”，良知是内在的自我，要靠自觉。慎独，把良知做足就够了，“我今信得这良知真是真非”，一个自觉、一个真诚：圣人之学只是一诚，不参杂个人情感，是好的就好之，是不好的就恶之；其二，从一年发动处去“致良知”；其三，阳明的天堂、地狱观；其四，李贽与罗汝芳对“西方净土”的争论；其五，牟宗三论中国文化的解脱与得救智慧；其六，阳明的修行心法是“一念发动处便即是行”。第四，阳明知行合一的真精神，表现在知行合一是儒家笃行传统的精髓，知行合一是王阳明修行的“心法”。

陈立生教授还作了“大抵心安才是家：阳明心学一系‘家’哲学的另一面向及其现代影响”主题讲座，对近代“家为万恶之源”的思潮进行了回顾，以及对心学一系的家的哲学、家的连续性与断裂性、如何在现代性中安顿儒家等方面进行了讨论。

北京大学张学智老师作了两场报告，其一，王阳明心学的精神与智慧。其二，王阳明的良知之学。在第一场报告中，张学智教授从三个方面展开：第一，王阳明波澜壮阔的一生和豪雄式人生。概括了阳明的一生功业，包括早年的多方探索、龙场悟道、静坐、四句教、打败朱宸濠、平定广西瑶族暴动以及喜欢佛老等。尤其是龙场悟道，它源于起先两次格竹子的失败。被贬官到龙场之后，看透了生死荣辱，发现朱子的格物终究是知识层面的，对初学者来说，心和物是两截，知识的作用并不大；而对普通人而言，意志的作用更大。对朱子的改变，四句理，意在朱熹那是外在物，在阳明看来，是心中之物。把心和物打成一片，“物”是意念所在，要“都从心上说”，所以“心外无物，心外无理”。从知识方面来说：南镇观花（岩中花树）。贝克莱“物就是观念的集合”。中国人思想历来都是“实用主义者”所以主张心外无物。“理”是道德之理，朱熹出分为两截的东西，在阳明处都被打通为一。第二，阳明学说的核心：致良知。从孟子的“良知”和《大学》的“致知”讲起，认为良知不假外求，而是“见父自然知孝，见兄自然知孝，见孺子之入井自然知恻隐”。致良知的两个方向是由内而外和由外而内。精神本体上而言，“良知即是《易》，‘其为道也屡迁，变动不居，周流六虚，上下无常，刚柔相易，不可为典要，惟变所适。’此知如何捉摸得？见得透时便是圣人”。知识与道德上而言，以道德为统领，以知识为辅翼。道德人格的主动性。“只怕镜不明，不怕物来不能照，讲求事变亦是照时事，然学者却须先有个明的工夫。”各个要素都是相互依存和辅助的。用周易的话来形容，即是“不可为典要”。第三，王阳明学说的特点：知行合一。中国哲学中的三个合一，天人合一（理、环境、气），知行合一，情景合一，在阳明处，知行合一先后侧重点不同，早岁重知与行本来合一，晚岁重致良知即知行合一。刘宗周总结王阳明“无之不一”包括知行合一、心理和一、内外合一、形而上与形而下合一、工夫与本体合一、分析与综合合一。在某种程度上，阳明是朱熹与陆九渊的综合。朱熹治理在事上，阳明则内外合一；朱熹是分析方法，阳明是综合性；他认为陆九渊的学问粗，乍一看字字句句都说得实，对精神价值提得好，但知识上地位轻，在他的整个宏观架构中，偶尔有损知识。朱熹缺乏大的价值观念的统领，把心和理打成两截了。最后，张学智教授认为，阳明学是实践中的生活智慧，阳明的良知即体即用，即中即权。

张学智教授的第二个主题发言是“王阳明的良知之学”。张教授认为，阳明早期跟随朱子学，追求人生，但遭遇人生际遇之后，尤其是龙场以后悟道，说明艰苦环境和特殊机遇，给予阳明重新反省的机缘。朱熹格物是外在的物，阳明的“物”是心中之“事”，一切有伦理价值的活动，都出于心中的伦理，心中之理。惟精是惟一的工夫，“惟精”指的是工夫，“惟一”指的是达到的境界。每一件事都有锤炼道德的目的。而致良知是阳明的归宿点。把良知所知所见的东西推至事事物物之上，确立正确的价值方向，即做事要有良心；但还要靠智慧，即还得在事上磨，情感更加真挚，良知越加深厚广阔，因此能被一般人人和文化层次高之人奉行。陆九渊过于强调“先立乎其大”，有事甚至贬低“行”。而在阳明处，天心人心为一，良知有“推至”意和“扩充”意义。理性、情感、意志、境界、直觉都是良知的内容。张学智教授评价阳明是在军事上大开大合，在公文上详细精准。

钱明教授发言的主题是“关于欧美阳明学研究史的研究”。他首先介绍了早期西方学者将《尚书》《周易》等译介出去，最早将宋明理学传播出去的也是欧洲学者，如利玛窦早期把“四书”传播到西班牙。20世纪初期，亨克通过《王阳明生平与哲学研究》《王阳明的哲学》两本著作把王阳明思想介绍到西方，传播到西方之后，阳明学的研究逐渐发生了变化，大致可以分成六种类型：本来的王阳明、后人的阳明学、批评者的阳明学、当代人理解的阳明学、传播与东亚区域的阳明学、西方人解释研究的阳明学。钱明教授分别对上述六种情况进行了介绍和分析，捋清了阳明学在西方的发展脉络。

复旦大学吴震教授发言的主题是“阳明良知学的系统建构”。认为阳明心学这一理论系统的关键在于良知问题，阳明心学在某种意义上可称为阳明良知学。这一理论自成一套严密的系统，其中有层层良知概念环环相扣、彼此印证，如良知独知、良知自知、良知自觉、良知一念、良知无知等有关良知问题的论述构成有机的联系。对这些概念丰富而又独特的内涵进行思想分析，可以发现：阳明良知学的理论建构凸显了良知自知理论在良知本体现实展现过程中的重要性；而良知自知等观念论述表明，良知不止是一种道德规范、判断标准，其本身作为道德反省意识更具有自反性、内在性、根源性等特质，从而使得阳明良知学极大地丰富了儒家心学传统及其修身传统的思想内涵。吴震教授从知者自知、良知独知、良知自知、良知自觉、良知一念、良知无知等方面进行论述，并认为王阳明重建了以良知本体为根基，以良知自知、良知自觉为特质的良知学，赋予了良知学以一种新的理论意义，极大地丰富了儒家心学传统及其修身传统的思想内涵。阳明良知学通过理论重建，使得“良知”不仅构成人之为人的存在本质或判断行为是非的“自家准则”，更重要的是揭示了“良知”作为一种道德意志具有自我作主而又念念不息的实践意义。由此，良知意志并非孤悬于情感或欲望之上或之外的只具形式意义的道德律令，而可以与道德的情感和欲望实现合一。

中山大学张卫红教授以“阳明心学之‘玩弄光景’辨正”为主题作讲座。张教授从溯源佛教的光景说入手，进而考察阳明心学中的光景内涵，分析“二溪”主张打破光景的义理结构，以期澄清对王学“玩弄光景”流弊的诸多误解。张教授认为，宋明儒者的体认境界，既有真实本心的呈现，也有似是而非的本心冒认，此在阳明学中尤其成为致良知工夫践履的一大障难。至晚明刘蕺山、黄宗羲反思王学流弊之时，将王龙溪与罗近溪之学的主要流弊，总结为玩弄光景、作弄精魂而混同佛教；及至晚近，牟宗三先生承此之说论宋明理学工夫最忌之弊有三种表现：“无论程朱陆王，在践履工夫上，皆最忌玩弄光景，簸弄精神（亦曰簸弄精魂），与气魄承当。”此三病的关系是：学人以“玩弄光景”“簸弄精魂”来冒认良知，最终不免于气魄承当。何谓光景？光景是怎样产生的？坐中光景为何是心灵幻相而非真实的心体？是不是体悟良知必须经历的阶段？玩弄光景之弊何以在陆王一系最为明显？二溪（指王龙溪、罗近溪，下同）之学是否因玩弄光景而等同禅宗？这些以体悟功夫为基础的问题背后有其深刻的义理基础，然阳明学内部乃至批评者如蕺山师徒往往语焉不详，当代学界也较少论及。张教授从禅宗的光景说、心学语境中的光景类型、龙溪和近溪对光景之弊的深入阐发、蕺山师徒对二溪之学批评的检讨等四个方面进行了讨论。

厦门大学吴光辉教授以“一种学术批评史的梳理与开启：以岛田虔次《中国思想史研究》为契机”作了讨论。认为作为以“信仰”的方式来从事儒教儒学研究的最后一人，京都大学岛田虔次教授的学术研究尽管被介绍到了中国，但是也出现了不少的批评或者“误读”。一方面，作为京都学派第三代的代表性人物，岛田虔次教授的学术研究背负了来自历史、来自西方，同时也是来自京都大学前辈学人的“负面遗产”；另一方面，岛田虔次教授也开启了战后日本的儒教儒学研究，即通过梳理与构筑“万物一体之仁”的思想谱系，超越了明治儒学的对峙性研究、超越了西方现代性的二元对立框架，以阳明学研究为核心而确立了中国思想史研究的核心理念与目标指向。不仅如此，基于这样的学术研究，岛田虔次将中国儒学评价为杰出的、积极的、持续发展的、常识化的“思想”，并认为中国独特的思维方式可以丰富人类的思维，从而确证了自身作为一名儒教儒学研究者的使命与担当。吴教授围绕战后阳明学研究的开启——和魂洋才的谱系延续、明治阳明学思想的批判——“现代性”的视域审视、东亚阳明学的展望——“东亚学问”的重构等方面进行阐述，并得出结论，认为岛田虔次教授或是援引明治阳明学以来的研究框架，或是承接东洋史学注重实证、考证的研究方法，或是比附于普世性的价值观念来构筑起独特的思想洞见，或是结合中国学术的同步研究来展开批评论证，尽管呈现出了多样化的学术样态，但是却始终持以不断否定自我、不断革新观念的思想来持续地进行着学术研究，更是坚持了一种“为儒教辩护”，且将之视为持续性的发展、常识性的思想的基本态度。这不仅是一种为学的态度，更是一种为学的精神，也就是岛田虔次教授给予当下的儒教、儒学研究者的最大遗产。

另外，参会学者还提交了数十篇关于阳明学的文章并在会上讨论。包括赖区平的良知作为“整体感”——兼评耿宁的道德自身意识说、李旭的造士与觉民——阳明心学的教化之道、关雅泉的虚实之间：日本阳明学者的“太虚”实学品格、陈鸿儒与陈文的王阳明心医学思想初探、刘荣茂的俎豆与军旅非二事：阳明学人的用兵实践与论述、田智忠的颜钧在什么意义上属于泰州学派、吴祖松的论湛甘泉对《大学》“格物”之诠释——兼论与王阳明之争论、刘新军的试析《答顾东桥书》中阳明学与朱子学互补的两个维度、邹建锋的由王返朱：浙西王门顾箬溪对阳明心学的继承与发展、杨永涛的从朱熹到王阳明：儒学视角下的“头脑”论喻、云龙的知识的批判与传统的重建——阳明心学的精神及其对现代儒学复兴的启示、孙德仁的“良知”问题的历史境遇与学理进路、冒婉莹的无心：禅宗与阳明学的功夫论新意、陈永宝的从“格物致知”和“知行合一”谈儒家知识论的两个阶段——朱、王知识论之争、张艳丽的王阳明未发已发思想研究、张山梁的明代中后期漳州阳明学的发展考、邵一凡和包佳道的自在——袁宏道山水游记的一个精神面相、林苾芾和陈庆华的“见满街人都是圣人”的教育价值研析、黄书的“足色”与“分两”：王阳明视域中圣人的内在化取向、杜国华的王阳明的中和思想：以“良知”绾摄已发未发、徐涓的谢无量的阳明学研究等。

五、第五届阳明心学高峰论坛

12月18日至19日，由中国传媒大学、中国文化书院、中国亚洲经济发展协会产业创新发展工作委员会联合主办的“中国智慧与人类命运共同体——共创心时代”第五届中国阳明心学高峰论坛以现场研讨和网络云直播相结合的方式在福州市举办。

十二届全国政协常委、副秘书长，民革中央原副主席何丕洁，原中央统战部巡视员、办公厅副主任申占华，美臣联丰投资发展集团董事长、中星联丰建设集团董事长、福州晋江商会会长陈锦阳，天地文化院执行理事长陈强，北京三智文化书院理事长高斌分别致辞。福耀玻璃工业集团股份有限公司董事长曹德旺先生和北京大学哲学系教授、中国文化书院院长王守常教授进行了主题对话，曹德旺董事长、南京大学教授、南京图书馆名誉馆长徐小跃，复旦大学哲学学院教授、上海儒学研究会会长吴震等嘉宾分别进行了主旨演讲。

原福建省人大常委会副主任、省乡村振兴研究会会长潘征，原福建省自然资源厅党组书记、省人大环境与城乡建设工作委员会主任林依标，原福建省政府新闻发言人、省宣传部副部长卢承圣，原福建省自然资源厅一级巡视员蔡伟，国台办全国对台干部培训中心主任、教授王杰，贵阳学院副院长、贵州省党委校原副校长汪建初，陕西师范大学哲学系教授、关学研究院院长丁为祥，中国传媒大学阳明书院院长周月亮，中国传媒大学通识教育中心主任李有兵，北京四海孔子书院院长冯哲，北京大学经典与文明研究中心秘书长戴熙宁，推动力集团董事长、《汽车商业评论》出品人贾晓坤等近百位领导、专家、学者和企业家以及三百多位嘉宾在现场参加了论坛。中国亚洲经济发展协会副会长、产业创新发展工作委员会会长申坤主持了开幕式。

论坛延续了“中国智慧与人类命运共同体”这一主题，以“马克思主义基本原理同中华优秀传统文化相结合”为主旨，设置四个平行论坛，分别围绕“马克思主义与阳明心学”“中华大一统与阳明心学”“企业家精神与阳明心学”“新时代青年与阳明心学”等展开研讨。

（一）主旨演讲

曹德旺董事长在“敬天爱人，知行合一”主旨演讲中表示，当代企业家应该以“敬天爱人，知行合一”的理念发展企业。曹德旺董事长和王守常教授围绕“阳明心学的意义及当代价值”进行了对话。王守常教授讲到，古圣皆认为万物都有生命，我们应该尊重万物的生长，遵循自然的规律。现代社会中，我们要把“万物一体之仁”的阳明思想进一步和马克思主义相融合，创造性发展符合现实情况的思想。曹德旺董事长谈到，企业家的成功最重要就是培养自胜能力。我们要对古代哲学思想有信仰，并在发展壮大企业后反哺社会。

徐小跃教授在“即心即理与即知即行——王阳明传习的圣人之道”演讲中认为，心学就是要把每个人最根本的本体之性光明出来、保存起来、养护起来，把人心中本存的道、本存的心、本存的理，即本存的精神投射到万物、给予万物、散给万物。人所有的对象的意义和价值全部要靠人去创立、建立、投射、赋予，这就是张载“为天地立心”的意义所在。王阳明心外无物、知行合一的理论就是要建设一个真善美的世界。

吴震教授在“阳明学对人类共同体的思想建构”演讲中指出，“一体之仁”是阳明学的核心概念，人是宇宙天地的核心存在，人与万物的关系从本来意义上讲就是“一体”的。大人之心即圣人之心，能“推其万物一体之仁以教天下”，最终以复归整个天下。一体之仁是本然的客观存在，是超越人类差异的普遍性存在。人类心灵中一体之仁是重建人类命运共同体重要的思想基础。

（二）主题演讲

陈达隆先生在“阳明精神与阳明学的意义”讲述了阳明的精神境界和阳明学的意义两方面的内容。他认为，我们要以对面亲聆的方式去体贴阳明的人格境界和他所表达的原意，并且从阳明学说的要义和脉络出发，在义理和实践上传承中华文明。

王杰主任在“敬意历史，凝结中国心”主题演讲中，从两岸关系的角度谈自己对于阳明心学的体会，并从阳明心学角度展望两岸今后发展的关系，期待阳明心学能够在两岸关系中朝着善良、调和、慎独、简单的方向发展，为中华文化大一统发挥应有的作用。

汪建初副院长在“人类的共同信仰”主题演讲中表示，良知是人类共同的信仰。人类要进步，创造人类的文明形态也一定是围绕良知展开的。信仰绝对不是宗教的产物，而是人心的产物。所以，人类命运共同体构建之中，新文明诞生之当中一定要有良知的加入。

丁为祥教授在“中华文化的普世蕴含——从‘天人合一’到‘天理与良知’”主题演讲中讲述了“天人合一”观发展到“天理与良知”的阶段过程。文化能够成为人心灵沟通，事业沟通最有力的武器。中国文化既是积极性的智慧，又是连续性的文化，具有普遍性和超越性的追求。中华民族有可能代表人类提出更宏伟、更深远的文化，其根源在于中华农耕文化的厚重积累。

中国文化书院易文化研究院院长李定老师在“阳明心学与中华文化之根”主题演讲中谈到，阳明其道非佛，其学非仙，其说“良知即是易”，心学的根本在简易。一节之知即全体之知，全体之知即一节之知，总是一个本体。中华文化之根在于易学。

福州大学庄穆教授在“心学与大国胸襟”主题演讲中分享了阳明心学视域中彰显的大国胸襟：“心即理”是廓然大公的大国气度与施行王道的大国主张，致良知、知行合一彰显大国情怀与信度。阳明心学充分体现了仁者无敌、心大无疆的大国胸怀。

福建江夏学院阳明学研究院负责人王永年教授在“‘悦贞之道’与价值祈向”主题演讲中指出，王阳明继承、发展了孔孟标示的君子之乐道。“悦贞之道”内蕴生存智慧，笃行“悦贞之道”，必将创造美好生活。

赣南师范学院文学与新闻传播学院周建华院长在“王阳明万物一体思想与人类命运共同体的构建”主题演讲中表示，“万物一体”论是以道德心，即仁为根基，以“生生不息”“克己去私”“同苦共痛”“爱有差等”“心态平和”五大要素为开展方式的有机思想体系。

（三）“企业家精神与阳明心学”平行论坛

伟事达中国私董会教练王育琨先生在“企业家亟需建构‘此心不动 随机而动’的造物心流”主题演讲中分享了灰度哲学的三条底层逻辑：一切都在变动之中；要注重万事万物每个当下的动态平衡；从未来的大画面前进到当下，以当下的确定性应对所有的不确定性。

汉娃龙子IP研发中心学术顾问李漫博老师在“共促心学进入心文明”主题演讲中谈到，人是以文化而存在的生命体。文明是人类的文化生活结构，是国家法律、制度、习俗和意识形态的总和。调和三教，消除冲突，实际上也就是为人类命运共同体建构思想和理论基础，要从三大文化、文明的八个方面，探索其性质和结合。

三智心文化研究院院长张曙中老师在“阳明心学与现代企业文化系统建设”的演讲中表示，阳明心学是一个文化系统，其核心要素是心外无物、知行合一和致良知。现代企业文化系统中，心外无物是导航系统，是方向；知行合一是转化系统，是管理；致良知是操作系统，是技术。三位一体构成整个生态系统，可以让企业发展走向生生不息的道路。

（四）“马克思主义与阳明学”平行论坛

中国传媒大学阳明书院院长周月亮教授在“良知大行与共产主义”的演讲中表示，王阳明的良知大行和马克思的共产主义都要求救世。良知是让人自由，是以人为本的思想，我们要做人做事要从良知出发，觉民行道，让大家做自己的主人翁。

汪建初老师在“人的自由全面发展”主题演讲中主要讲述了以人为本——人文元素序列表、主要矛盾转变：美好生活——不平衡不充分、推动人的全面发展、自我革命——儒、道、释修炼四方面的内容。在文化上做功夫符合当代社会的现实。

中国传媒大学人类命运共同体研究院院长李怀亮教授在“大国误判与中国智慧”主题演讲中分享到，现在是偏见、误解、误判最严重的时候，而我们一定要认识到我们的文化有多优秀，做到真正的文化自信，希望中国“一分为三”的智慧能够传出中国，成为世界共识。

中国传媒大学通识教育中心主任李有兵教授从马克思主义中国化的相关概念、如何理解马克思主义中国化和马克思主义中国化的进程伴随着中国社会现代化的进程三方面讲述了“儒学在马克思主义中国化中的意义”。

中央党校文史教研部教授、中国史教研室主任王学斌在“昔之心学与今之‘心学’：浅谈阳明文化的修养价值”主题演讲中表示，昔之心学是我们谈的传统意义上的心学，今之心学是指建构和修炼中国共产党人的“心学”。塑造好今之心学，从阳明文化当中汲取营养和信仰价值，要把握返本开新、守正初心和与时协心三个原则。

福建省闽学研究会副会长兼秘书长、省委党校教授李永杰在“阳明学对当代领导干部提升自我修养的启示”演讲，主要分享了阳明学善于用良知约束自己，一念发动处规范自己的动机，做人要有大格局、大情怀、大担当这三点阳明学对提升自我修养的启示。

福建江夏学院马克思主义学院院长曾正滋在“觉民行道：王阳明的社会治理思想与实践”演讲中表示，王阳明关于德行之治、礼法之治和乡约之治的思想与实践，无疑可以在相当程度上启迪我们今天社会治理改革的智慧。

（五）“中华文化大一统和阳明心学”平行论坛

北京四海孔子书院冯哲院长在“中华大一统下的阳明心学”的演讲中指出，对大一统的认识，就是整个中华民族集体无意识的历史文化认知。在百年未有之大变局和大一统的历史背景下看阳明心学，就有了宏大的历史背景！学习阳明心学一定要做立于天地之间的大人，绝不是孤谈心性，一定要在事事物物中历事而练心，才能够真正实现人之为人的意志自由。

中央社会主义学院原教务长李道湘教授从大一统思想的提出与内涵、大一统铸造了以共同体为本位的中华文明形态、中华文化大一统在明代的呈现以及和阳明心学的联系四个方面，讲述了“阳明心学与大一统意识的哲学根基”。从万物一体出发，筑牢民为邦本的政治共同体，重建文化共同体，巩固民族共同体。

台湾孔子学院院长、孔子文化协会会长孔维勤在“一脉相承，阳明心学看大一统——理学心学物学发展史”演讲中谈到，学习阳明心学要在生活中日日修行，要在事上用心，事上磨炼。

中华日本哲学会副会长、中国朱子学会阳明学分会会长吴光辉从阳明心学的历史与当下、中华民族的初心、文明互鉴的新格局三方面讲述了“文明互鉴视域下的阳明心学与大一统”。

台湾大学哲学系教授、上海交通大学哲学系教授杜保瑞在“王阳明对弟子的工夫指点与问答机锋”演讲中讲到，阳明心学是行动最有效果的哲学，是道德意志兼工夫修养的学问。这个修养要从自己做起，从谦虚得益、中和为道、缓急轻重、静坐与事功、心慈为善、知道重点等方面去实践。

台湾中华历史文化研究协会会长、台湾致公党中央评议委员会主席苏建诚在“如何养成知行合一的好习惯”演讲中分享了自己知行合一、克服私欲的经历。

中国历史研究院朱翔非研究员在“心学实践与新的时代”主题演讲中讲述了阳明学与阳明学的发展、中断、接续、再续的几个阶段，并指出学习阳明学要做儒者，要做工夫，才能接续阳明，变化气质。

北京社会科学院国学研究中心刘伟见主任在“阳明心学与中华大一统：从内圣到外王的理路分析”演讲中主要讲述了大一统思想的核心与转化、阳明心学对大一统思想的挖掘、中华大一统与阳明心学交合的现代意义三个方面的内容。

台湾淡江大学中文系教授曾昭旭教授在“通贯内圣外王的阳明致良知教”演讲中分享到，王阳明的致良知教是贯通内圣外王的总理论，呼应了中国文化大一统。阳明学是中华文化大一统的精益所在，也是每个人做功夫的起点。在当代，阳明心学对我们的启发就是对全民族落实人道的最重要的一个理论。

台湾慈济大学宗教研究所所长、元亨书院院长林安梧在“‘阳明心学’对‘人类命运共同体’的可能贡献——从王阳明《大学问》‘一体之仁’起论”演讲中表示，要把王阳明的心学所强调的“一体之仁”，扩充到整个世界里，创造一个新的能够唤醒我们内性觉性的文明。整个中华智慧在人类命运共同体的思考下，必须对人类文明有一个崭新的贡献，开启一个共生、共长、共存、共融的，一体之仁的，大道之行、天下为公的新王道文明。

陕西师范大学哲学系教授、关学研究院院长丁为祥教授为本次论坛做学术总结，概括了每一位参加论坛专家学者讲述的核心思想。丁教授就“马克思主义与阳明心学”平行论坛指出，儒家心性之学是对马克思主义强有力的补充，尤其是在人的潜意识领域、本能领域，人际合作领域以及人际关系的未来走向三方面。在“中华文化大一统与阳明心学”平行论坛中，两岸学者站在中华民族精神发展的高峰来探索两岸人民以及世界人民一同奔向共同命运、共同体的路径。作为具有儒者情怀的人，一定会对他人多加关怀、给予尊重，这是儒者做人的底线。我们要永远以仁爱精神把人伦文明坚持到底。

六、王阳明诞辰549周年纪念会暨阳明心学与共同富裕论坛[①]

10月31日上午，陕西省阳明学会为了进一步弘扬阳明心学，推动阳明心学创造性转化，创新性发展，服务于当代社会，在线上举办了“王阳明诞辰549周年纪念会暨阳明心学与共同富裕论坛”，邀请了十八位专家学者就阳明心学中“万物一体”“亲民”“致良知”等思想展开充分阐述，分享探索推进“共同富裕”相关经验和体会。

陕西省阳明学会秘书长张铭芮作为本次论坛的主持人对本次论坛的主题、陕西省阳明学会的定位、使命、愿景做了介绍，并带领与会者向阳明先生行礼。论坛开始，所有与会者集体朗诵了阳明先生的诗词《铭一首》。

陕西省阳明学会会长王海峰为本次论坛致辞：公元1472年10月31日王阳明出生，公元1529年1月9日，王阳明的传奇一生画上了句号，人类史上一颗璀璨的思想巨星就此落幕。虽然王阳明不在了，但其思想则不断地焕发生机与活力。随着时间的推移，越来越多的后人追随王阳明的思想，领悟其人生大智慧。

那王阳明心学如何影响近代服务于当代社会呢？最近一段时间，共同

①本文内容转引自陕西省阳明学会微信公众号，略有改动。

富裕成了当下最热点的话题。2021年8月17日，在中央财经委员会第十次会议上，提出了要构建初次分配、再次分配、三次分配协调配套的基础性制度安排，加大税收、社保、转移支付等调节力度并提高精准度，要在高质量发展中促进“共同富裕”。

什么是共同富裕？共同富裕是我们最终追求的目标：1．共同富裕不是个别人的富裕，它是全体人民的共同富裕；2．不仅仅是物质的富裕，它是物质和精神都有的富裕；3．它不是简单的平均主义；4．它是分阶段促进的富裕，不是一蹴而就的富裕。

总书记指出：“我们始终坚定人民立场，强调消除贫困、改善民生、实现共同富裕是社会主义的本质要求，是我们党坚持全心全意为人民服务根本宗旨的重要体现，是党和政府的重大责任。”“十四五”规划和2035年远景目标纲要明确提出，“人的全面发展、全体人民共同富裕取得更为明显的实质性进展”。

那我们用阳明心学来看待共同富裕这个话题。西方社会和中国社会都是对天道的理解，带来对整个世界的理解，西方的社会根本是资本，中国的社会核心是人民，资本就会带来世界的物化。阳明先生说“大人者，以天地万物为一体者也”，良知具有感知天地万物的功能，我们需要通过修身、起家、治国、平天下，将这颗良知之心推广于事事物物，如何做呢？老吾老以及人之老，幼吾幼以及人之幼，先天下之忧而忧，后天下之乐而乐。心即理，以天下苍生为己任就是共同富裕，要解决现在的社会问题，就要通过“良知”“知行合一”把功利之心从人心中拔出，破除形体隔阂，才能达到共同富裕。致良知就是致良知于事事物物，良知贯通万物，人人都有良知，将良知贯穿于修身、家庭、企业和社会活动中，以良知唤醒良知，推动阳明心学的发展，影响社会。最后，用阳明学后人的一句诗作为结尾，“龙冈山上一轮月，仰见良知千古光”。

论坛中十八位专家学者依次进行了发言。中共陕西省委党校李长庚教授以“马克思主义与中华优秀传统文相结合”为主题发言。表示，习近平总书记在七一讲话中讲到“两个结合”，即马克思主义基本原理同中国具体实际相结合，同中华优秀传统文化相结合。马克思主义是我国占有指导地位的意识形态，是西方文化土壤中结出的思想果实，同中华优秀传统文化相结合的过程也就是不同国家、民族文化融合发展，不同文明交流互鉴的过程。从中华文化发展的角度来看，“两个结合”的过程是中华民族汲取西方文化中先进的思想智慧，借鉴吸收人类文明优秀成果，并坚守中华文化立场，树立清醒的文化自觉，坚定文化自信，实现自身文化扬弃、不断创新发展的过程。“不忘本来，吸收外来，面向未来”，是增强文化自信，建设文化强国的根本遵循和基本指导方针。新时代弘扬阳明心学，就是要实现中华优秀传统文化的创造性转换与创新性发展，推动马克思主义与中华优秀传统文化的结合。这次会议讨论“阳明心学与共同富裕”的话题，就是挖掘两者契合点的有益尝试。

西安交通大学人文学院常新教授以“王阳明社会治理实践的现代启示”为主题发言。表示，从明代中叶社会现实、阳明南赣社会治理实践、阳明社会治理当代启示三个方面对阳明“治国”“平天下”思想进行讲解。常新教授从先秦儒家经典《尚书》《周礼》《孟子》等文献追溯了儒家的“大同世界”与“小康之世”的内涵，并将习近平总书记提出的“人类命运共同体”概念与儒家的“大同世界”结合起来，得出阳明南赣社会治理的儒家依据与现代启示。

西安交通大学校友会秘书长赵力以“双减之下的心学解读”为主题发言。表示，“双减”政策的事实施，给不少家庭带来了新的困惑和焦虑，但从长远来看，其实是“教育”本质的回归。作为家长，我们可以通过全面学习王阳明的教育思想来树立正确的家庭教育观，全面了解儿童的天性、行为习惯，引导孩子在做事当中经受磨砺，养成好习惯，根据不同特点的孩子因材施教，在孩子的成长过程中做好陪伴。要维护好家庭，营造良好氛围，健全孩子的社会化人格，从而培养出“知善知恶”的社会建设者。

陕西省水文化专家、渭南市作协会员、陕西省阳明学会讲师权医平以“阳明心学一体同仁思想”为主题发言。表示，阳明“天地万物与人原是一体”思想与孔孟、张载一脉相承，是本体，是功夫，是阳明心学的归宿。体现了王阳明物我一元、心物一元的世界观、宇宙观。与一体同仁背道而驰的是功利人欲泛滥，原因是私未克，蔽未去。一体同仁，即用“致良知”的方法，时时、处处、事事致此心之良知，克己胜私，以复心体之同然。

陕西省阳明学会研究员、子长市委党校刘建朝教师老师以“民本”与“富裕”作主题发言。表示，习近平总书记在《扎实推动共同富裕》一文中强调，共同富裕是社会主义的本质要求。共同富裕就要求我们要始终坚持以人民为中心的发展思想，这就是“民本”与“富裕“之间的内在逻辑。阳明先生以古本《大学》为要，授予爱徒徐爱“亲民”之旨，这也恰是我党“全心全意为人民服务”的根本宗旨。

陕西省阳明学会讲师、中国非物质文化遗产吟诵传承人蒋红波以“九声四气咏良知”为主题发言。表示，王阳明潜心良知之学，传播良知之教，在教学方法上，非常重视歌诗教育。他对诗教的重视体现在《训蒙大意示教读刘伯颂等》和《教约》中，听讲、读书、习礼、歌诗，目的都是明人伦。王阳明在总结古人吟唱及佛教梵呗的基础上，独创了“九声四气歌法”，即把个人的情感抒发与声气相结合，达到全神贯注、投入忘我的“心流”状态，从而外应天道，内合心灵，是中华传统吟诵的至高境界。“九声四气法”的目的是和谐身心致良知。王阳明认为歌诗之法，直而温，宽而栗，刚而无虐，简而无傲。歌永言，声依永而已。其节奏抑扬，自然与四时之叙相合。示范吟诵《咏良知四首》。

赤道传媒创始人、董事长、品牌策划师王懿璞以“立志与企业定位”作主题发言。表示，王阳明的四个人生顿悟：立志、勤学、改过、责善。其中第一个立志，就是企业的定位发展中尤为重要的。第一，立志可以让企业清楚自己追求什么，不至于偏离方向。第二，立志可以让企业有清晰的目标，才会让企业更专注。第三，立志可以让企业使命感更强，愿力更强大。立志，就是要知道我们的企业是什么？知道企业将是什么？知道企业应该是什么？这是企业定位的起点，也是企业发展的方向。

终南阳明书院第28期学员郑青发言。表示，阳明心学使我们立得正，行得稳，想得开，放得下，吃得饱，睡得香……遇良师开悟明理，学心学如获至宝。深入系统地学习阳明心学是对阳明先生的最好缅怀。仰视心学，热爱心，践行心学。

陕西狮子会前主席，云智知识产权运营管理有限公司董事长温晓光以“阳明心学与公益组织”发言。表示，其一，天地万物一体划定公益的边界和范围。公益的本质是“利他主义”。王阳明的“天地万物一体”理论贯通阳明心学的全部思想，从人类扩展到鸟兽、草木、瓦石，破除了人类中心主义，奠定了仁爱之心的范围，而且其“内圣外王”之道，将仁爱之心推向实践。因此，任何人、组织只要在践行天地万物一体之说，皆可以认为是在做公益。其二，“致良知”界定公益组织的初心和使命。奉献精神就是一种利他主义精神的完美体现。王阳明的学说是主张人人皆可成圣贤。良知是是非之心，内在的道德意识，唯有全心全意，提倡奉献精神才能将这种仁人之心发扬出来。其三，格物致知要求公益活动讲求方法。致良知是需要格物的，是要在实践当中找到践行公益的方法。其四，知行合一划定公益活动的道德底线。公益组织在实践的活动过程中，要守住致良知的底线。这就要求公益组织“知行合一”。“知”和“行”是统一的。所以，王阳明的知行合一论，划定公益活动的道德底线，凡是在实践中，偏离了公益的初心和使命，都不是致良知，必须要改正过来。

陕西观复知常心理咨询有限公司负责人，创客文化心学院创始人李利以“心学与心理学的契合”做主题发言。表示，心学的核心：吾性自足，不假外求，说的是每个人心中都有解决问题的法宝，不需要去心外求，这个法宝就是我们的心。心理学中，对于心理治疗的核心就是以来访者的福祉为中心。一个是东方心学智慧，一个是西方的心理治疗，两者的互通之处就在于关注人心，人心是一切问题的根源，心学让人们在宏观的角度看待人再到微观的行，及知行合一；心理学的治疗关注人的成长从微观成长到宏观的人生。

央企研究所技术开发部门负责人仲凯副研究员以“心学在推进共同富裕进程中的作用”为主题发言。表示，共同富裕是物质积累、精神丰实的过程。社会理想的发展构建要基于对人性的深刻理解上，阳明心学是对天道本体、天命、人性的深刻总结，和马克思主义、和共同富裕社会愿景具有天然的结合基因，推进共同富裕在中国具备天然的思想文化基础。心学工夫对提高党性修养有很好的借鉴作用，心学思想可为共同富裕的实现提供思想动力，更好地促进物质财富创造，人的物质财富欲望是无限的，独立的人格、良好的精神境界、活出活泼泼的生命状态，是每个人最终的归宿。

IPA国际认证协会礼学专家委员会委员李莉、西安交通大学特聘礼仪讲师李莉以“礼遇人生心学同行”发言。表示，礼是社会运行的规范、社会控制的手段。首先，礼通过别尊卑、序五伦来维护和调节人际关系，从而协调和稳定社会，这也就是“礼制”“德治”的思想。其次，礼还是区别人与禽兽、文明与野蛮的依据。第三，礼是修身敬德、提升人格的阶梯。人需要借助外物来生存并追求幸福，但如果欲望得不到控制，就会被外物所控制。

企业咨询师、作家、企业家李宗武以“商业与阳明心学的共同体”作主题发言。表示，主要内容是在阳明心学里我们学到了三个核心内容：1．致良知；2．知行合一；3．心即理。在商业中致良知就是寻找商人的本质概念与本质能力，知行合一就是一种商业原理即贡献力决定生命力，心即理就是内心拥有自然显现。最后用“老子”的一句话总结就是：“执大象，天下往。往而不害，安平太。”

ETI投资家俱乐部负责人、诺亚咨询执行董事李虹以“如何用心学底层逻辑看清财富世界的底牌？”作主题发言。表示，财富战争的核心，是底层心智模式的“元认知”。元认知相当于我们大脑的“操作系统”，不同的底层逻辑之间会出现“降维打击”，胜负立分高下，提高逻辑闭环的分辨率。人最大的悲哀是，在低层次上早早形成了逻辑闭环，从此关闭了与这个世界的认知交换；价值观与方法论的关系。在ETI俱乐部，我们用一个公式来表示“底层逻辑（价值观）+环境变量=方法论”。研习阳明心学让我们用“心”去探寻到万变中的不变，动态地持续地看本质，最后更持久地驾驭财富。

海南小隐书院阳明学堂创始人，海南小隐文旅产业有限公司总经理洪落为本次论坛赋诗一首。

黑龙江致良知读书会发起人，哈尔滨格瑞特电梯有限公司经理张立新发言，表达阳明心学带来的改变。表示，学习阳明心学就是参透事物本质的过程，就是找到真我的过程，找到真我，认识真我，认识到自己的无限可能性，激发这种可能性，相信周围人特别是同事的这种可能性，激发潜能释放内能，上下同欲者胜。关于知行合一，重要的是建立真知，将我们以前熟悉的理念，知道的理念内化于心，化为真知，一想就通，一说就对，一做就好。一以贯之践行知行合一。知行合一是一个开环理念，如果知不是良知就会缘木求鱼，事与愿违，因此致良知才是闭环的、科学的系统。致良知就是不断反思修正循例于良知的过程，既包含本体又包含工夫。充满力量，不断精进，惟精惟一的过程。

终南阳明书院洛阳读书会发起人任兴奎以“阳明心学与茶”作主题发

言。表示，《七碗茶歌》广为人知和传颂，甚至在日本也极受推崇，并演变为“喉吻润、破孤闷、搜枯肠、发轻汗、肌骨清、通仙灵、清风生”品茶的七个阶梯。结合我对茶和心学的学习总结，修心暂定七个层级：1.得茶（听闻修心）；2.饮茶（事上磨心）；3.悟茶（体悟身心）；4.茶骨（刻骨铭心）；5.茶气（沁人心脾）；6.茶韵（得意忘形）；7.茶道（茶即心，心即道）。

侯马市阳明读书会发起人，终南阳明书院侯马读书会会长宋涛以“阳明心学助力共同富裕”作主题发言。表示，阳明心学属于中国传统的哲学，而共同富裕是党和国家提出的目标，共同富裕的内容很多，路径也有好几种，收入分配作为实现共同富裕的一种主要路径，包括三种分配调控的方式，第一种和第二种调配方式是我们经常听说的看不见的手和看见的手，即是市场调控和政府干预，中国经济经历改革开放之路变得富裕之后，第三种调配方式作为共同富裕的重要调控手段，它即是道德的力量，通过慈善公益的形式实现，社会呼唤这只温柔之手参与调控，温柔之手背后即是广大的生活在社会中的人民，只要人人都献出一点爱，世界将变成美好的人间！

论坛最后，王海峰做了总结发言。表示，感谢各位专家学者对本次论坛做出的贡献，阳明心学的思想对现代社会产生巨大的影响，我们本次论坛的目的就是将阳明心学的思想转化到社会实践当中，运用到现代生活当中，陕西省阳明学会就用阳明心学助力社会企业和个人高质量发展，高质量发展的核心是具备创造和创新能力。在今天这个特殊的日子里，各地朋友纪念阳明先生，让我们以良知呼唤良知，传播践行阳明心学，持续努力，谢谢大家。

七、阳明学与乡村振兴专题学术研讨会

2021年3月21日，由贵州省儒学研究会、贵州阳明儒学院主办的“阳明

学与乡村振兴”专题学术研讨会在修文县政府会议中心举行。贵州省人大常委会原副主任、著名学者顾久，贵州省儒学研究会会长、贵州阳明儒学院院长、贵州大学中国文化书院荣誉院长张新民，贵阳市人大常委会副主任、修文县委书记孙华忠，修文县政协主席王世利，修文县委常委、县委宣传部部长肖伦文，修文县副县长谭永红应邀出席活动。

贵州大学、贵州师范大学、贵州民族大学、贵阳学院、安顺学院等高校及中青城投贵州集团公司、贵州阳明儒学院管理有限公司、贵州中勘建设集团、贵州播雅书院等相关单位的领导、专家、学者共聚一堂，共同探讨阳明学及儒家传统如何与乡村文化建设、乡村治理有效衔接。

会议分两个阶段举行，上午是主题发言。张新民教授认为乡村振兴关键在人，并从人心、人情、家庭、家族四个方面做了分析。他首先强调阳明学除了心即理、致良知、知行合一等思想学理以外，还有一个重要的思想学理体系，那就是阳明先生的“亲民”思想。“亲民”思想在《传习录》及阳明先生的其他文稿和著述中都有所体现，这是阳明学的重要组成部分。“亲民”思想也是乡村建设，乡村振兴不可或缺的重要资源。家庭是我们的第一社会和教育环境，家庭教育是阳光，学校教育是雨露，社会教育是土壤，阳光雨露土壤，缺 不可。为了建构家庭，以建构家族，以建构乡村，我们一定要有一套价值体系。这套价值体系，即是忠孝悌慈。修文是阳明悟道的圣地，阳明心学产生在修文。阳明心学具有重要的现实意义，重视人的发展，在道德理性之外，还重视道德情感的联合。在这一意义上，阳明的思想是可以提供大量思想借鉴，来帮助我们建构今天乡村有情有义的和谐世界。贵州省儒学研究会致力于儒学的现代化转化，我们有大量的阳明思想文化资源，将阳明儒学院的硬件资源与儒学研究会的软件资源整合起来，对修文的乡村建设将提供更好的帮助。

孙华忠先生在主题发言中表示，这是一次有价值、有分量、有推动力的会议，是将共产党人的心学与共产党人在乡村的奋斗使命结合起来的会议，也是一次将王阳明亲民思想与共产党人全心全意为人民谋幸福理念结合起来的会议，表示将全力支持贵州阳明儒学院项目建设，保证项目顺利实施。中青城投贵州集团公司董事长康忠先生发言介绍所在公司与贵州阳明儒学院项目建设及项目运营的战略合作意义与前景。他提到需要“跳出龙场看龙场”，希望在各方力量加持下，阳明儒学院所致力于的文化事业能够落地、生根、发芽、结果。

深圳孔圣堂主事、贵州阳明儒学院管理有限公司董事长周北辰先生发言，介绍贵州阳明儒学院项目情况及运营规划，并着重就阳明儒学院业态构成进行了详细介绍。中勘建设集团董事长胡正森先生介绍阳明文化培训中心规划发展情况，并着重就“企业家阳明文化大讲堂”的品牌设想作了交流。

下午的会议继续在修文县政府会议中心举行，议程分三部分。儒学会副会长、贵州大学历史与民族文化学院教授黄诚，儒学会副会长、贵州师范大学历史与政治学院教授王进主持了会议。在第一阶段议程中，潘俊辰先生介绍儒学会福泉分会等情况；修文县政协秘书长袁曜先生介绍阳明文化教育推广普及情况；播雅书院院长石行先生介绍民间儒学资料搜集整理情况；吴伟先生介绍国学中医传承情况。第二阶段议程为贵州省儒学研究会理事、常务理事及副会长增选。经过严肃、严格、严谨的投票、计票等流程，增选事项顺利完成。第三阶段议程为专家学者就研讨会主题发言。

儒学会常务理事、贵州大学历史与民族文化学院马国君教授结合自己的历史地理学专业，将乡村振兴所需的主体人群划分为四类，并就贵州历史上对区域经济的振兴有带动作用的三个产业：柞蚕、白蜡、木材谈了自己的理解，提出可以编一部贵州科技资料史，为乡村振兴提供历史资源。

儒学会常务理事、副秘书长、贵州大学历史与民族文化学院栾成斌老师就阳明学与乡村振兴联系谈了四个方面：阳明心学的“一体”思想与城乡文化、医疗、金融等资源统筹；阳明心学的“亲民”思想与乡村振兴良好治安环境、营商环境、文化环境的创造；“惟精惟一”思想对工匠精神的启示，提出贵州文旅事业要有品牌意识，进一步学会讲故事；阳明人才培养思想的启示。

儒学会常务理事、贵州师范大学周石峰教授以乡村振兴中的“新型城乡关系”为题，提出要警惕“资本陷阱”“产品陷阱”“人才陷阱”，防止城市资本吸纳乡村财富，防止假冒伪劣产品销往农村，要为大学生回乡村施展才华创造条件；儒学会常务理事、贵州师范大学吴鹏教授提出以书法研究作为切入点，汇成贵州碑刻文献集，作为重要的乡贤史料，助推乡村振兴。儒学会副会长、贵阳文通书局图书有限公司经理舒奇峰提出文旅事业要注入新的文化因素，比如动漫这一形式，利于向大众转化。

儒学会常务理事、贵州民族大学王力老师以贵州长顺清代金姓四兄弟均考中进士为例，提出教育如何培养精英及如何破解教育不平衡问题；儒学会常务理事、安顺学院屯堡文化研究中心主任吕燕平老师以“屯滋味”这一饮食品牌、添粮节这一民俗旅游节、新乡贤等为例介绍了文化与地方发展互动经验；儒学会常务理事、修文县扎佐街道党工委书记周红结合具体行政经验，介绍阳明文化对自身影响，提出乡村振兴背景下，政府要实事求是、保持初心。

儒学会副会长、贵州阳明儒学院管理有限公司董事长周北辰提出，我们不能过分强调民族差异性，而是应该强调多元一体，淡化区域；儒学会副会长，贵阳学院赵平略教授就修文文化定位问题分享了自己的思考；儒学会副会长、中勘集团董事长胡正森先生就“阳明是应用之学”分享了相关案例；儒学会常务理事、贵州大学历史与民族文化学院张明副教授介绍了阳明心学在黔南地区传播及由此形成的文化名人、文化资源。

儒学会常务理事、贵州大学中国文化书院邓国元副教授提出当今时代同王阳明的时代有差异，阳明学在今天要进行创造性转化，并针对养民优于教民、如何把“民”转化为现代视域下的公民提出追问。

儒学会副会长杨德俊老师着重就媒体在宣传时要注意实事求是提出建议；儒学会常务理事、贵州大学历史与民族文化学院闫平凡副教授结合文献整理的经验，提出乡贤文化是乡村振兴依托的重要一点，尤其对乡贤与名宦结合的重要历史人物进行挖掘值得引起重视。

总结发言阶段，张新民教授从儒学会的成立背景出发，提出儒家价值践行的两个维度、边缘和中心的互动、文字下乡的重要意义、儒学下乡的具体路径，提出儒学真要在中国文化中扎根，一定要通过媒体等桥梁转接到乡村。他强调，乡村振兴是一个结构性的问题，如何安排人的价值，家庭伦理观念重塑十分重要。乡村建设，包括经济建设、文化建设、伦理建设等。在这个意义上，儒学是我们延伸的一个思想意识，不是外来的东西，但是我们要重新发现。无论任何学者进来，一定要扎根在人性之上，人的本身之上，天道自然。遵循自然，寻找一个合理的治国理政之道，在乡村振兴之道上，儒学是大有作为的。

拾叁

附录：2021年度阳明学研究文献目录

中国大陆阳明学研究著作目录

青山闲人：《我心光明：王阳明心学之路》，北京：团结出版社。

鸿飞扬：《知行合一》，长沙：岳麓书社。

度阴山：《王阳明心学口诀》，北京：北京日报出版社。

束景南、查明昊辑编：《王阳明全集补编》（增补本），上海：上海古籍出版社。

张实龙、张星：《〈传习录〉问答》，杭州：浙江大学出版社。

刘长志主编：《阳明心学实修心得》（第一辑），北京：中国财富出版社。

俞强主编：《知行合一王阳明》，长春：吉林文史出版社。

王晓昕：《王阳明与黔中王学》，北京：人民出版社。

〔明〕王阳明：《传习录全译》，于民雄注，顾久译，贵阳：贵州人民出版社。

唐越涛：《王阳明传：越是艰难处，越是修心时》，北京：台海出版社。

张宏敏：《台州阳明学研究》，上海：上海古籍出版社。

邹建锋、何俊主编：《日本阳明学文献汇编》，北京：北京燕山出版社。

邹建锋主编：《王阳明稀见版本辑存》，扬州：广陵书社。

张祥林：《王阳明在滁州》，滁州市文联编，合肥：黄山书社。

李庆：《王阳明传：十五、十六世纪中国政治史、思想史的聚焦点》，上海：上海古籍出版社。

张君劢：《论王阳明》，江日新译，上海：上海人民出版社。

度阴山：《王阳明领导力心法》，南京：江苏凤凰文艺出版社。

〔明〕王守仁著，〔明〕李贽编：《阳明先生道学钞》，张山梁、张宏敏点校，厦门：厦门大学出版社。

施敏洁主编：《阳明心学在日本》，杭州：浙江大学出版社。

杨国荣：《王学通论：从王阳明到熊十力》（增订本），上海：华东师范大学出版社。

度阴山：《2021王阳明心学日历》，南京：江苏凤凰文艺出版社。

吴从祥：《越地文化与阳明学》，北京：中国社会科学出版社。

李晓方主编：《王阳明龙南史料辑录》，北京：中国书店。

张海涛：《王阳明心学思想研究》，北京：九州出版社。

〔明〕王阳明：《王阳明家书》，周月亮、程林评析，武汉：长江文艺出版社。

袁曜、刘丽萍主编：《立志与成才：王阳明治学方略研习》，贵阳：贵州人民出版社。

邹建锋、程维维：《崇仁学派与阳明心学的兴起》，上海：上海三联书店。

欧阳祯人主编：《王阳明经典篇章导读》，武汉：武汉大学出版社。

［日］井上哲次郎：《日本阳明学派之哲学》，付慧琴、贾思京译，北京：中国社会科学出版社。

李旭：《心之德业——阳明心学的本体学研究》，上海：上海艺文出版社。

李洪卫：《王阳明身心哲学研究：基于身心整体的生命养成》，上海：上海三联书店。

文远竹：《王阳明大传》，广州：广东人民出版社。

李衍柱编著：《文艺复兴时代的王阳明》，北京：人民出版社。

焦堃：《阳明心学与明代内阁政治》，北京：中华书局。

张宏敏编著：《2020阳明学研究报告》，杭州：浙江工商大学出版社。

程海霞：《良知学的调适：王塘南与中晚明王学》，北京：中国社会科学出版社。

杨德俊主编：《王阳明行踪遗迹》，贵阳：贵州大学出版社。

黄明同、黄时华：《重读阳明心学》，上海：上海辞书出版社。

侯文凯：《此心光明，万事可成》，北京：中国友谊出版公司。

〔明〕王阳明：《传习录》，陆永胜译注，北京：中华书局。

〔明〕王阳明：《传习录》，黎业明译注，上海：上海古籍出版社。

王胜军：《阳明学概论》，贵阳：贵州大学出版社。

郑宗义主编：《中国哲学与文化（第十九辑）：王阳明哲学》，上海：上海古籍出版社。

中国大陆阳明学研究期刊目录

杨晓慧：《“道艺合一”视域下的王阳明书法艺术观探赜》，《人文天下》2021年第5期。

张明、伍国苇、张寒梅：《“贵州经验”：论王阳明民族观的形成与实践》，《教育文化论坛》2021年第1期。

赵连越：《“良知坎陷”与“心外无物”——论牟宗三对王阳明〈传习录〉“南镇看花”章的现代诠释》，《西安石油大学学报（社会科学版）》2021年第2期。

孙双华：《“良知说”对罪犯教育改造工作的启发》，《犯罪与改造研究》2021年第5期。

龙辉：《“泰州学派”创始人王艮的奇言怪行》，《文史天地》2021年第5期。

吴强、彭佳慧：《“文旅融合”下王阳明赣州诗的旅游资源转化途径》，《赣南师范大学学报》2021年第1期。

李承贵：《“心即理”的奥义》，《社会科学战线》2021年第10期。

李承贵：《“心即理”的效应——兼及“心即理”的意识形态特性》，《社会科学研究》2021年第3期。

《“阳明学与乡村振兴”专题学术研讨会在贵阳举行》，《新西部》2021年第Z1期。

王金凤：《“知行合一”的两种语境及其互通——基于马克思主义中国化与中国哲学的探讨》，《贵阳学院学报（社会科学版）》2021年第5期。

邬红波：《“知行合一”视阈下的大学生思政教育探究》，《浙江工商职业技术学院学报》2021年第1期。

滕杰、何兴超、刘洋：《“知行合一”思维下茶文化的教学模式探究》，《福建茶叶》2021年第10期。

杨洪玲：《“知行合一”思想对大学生思想政治教育的启示》，《黑龙江教师发展学院学报》2021年第6期。

王宇遥：《“致良知”：王阳明儿童教育观的逻辑起点》，《湖南科技学院学报》2021年第3期。

张定华：《〈大学〉“三纲领”初探》，《汉字文化》2021年第18期。

孔哲、汪洋：《〈王阳明〉：文章学视阈下王阳明散文风貌的荧屏投射》，《电影评介》2021年第14期。

高健：《〈王阳明统说〉的出版具有特殊意义》，《理论界》2021年第8期。

赵伟：《〈王阳明统说〉读书记》，《理论界》2021年第8期。

刘兆伟、刘北芦：《〈王阳明统说〉写作的缘起与宗旨》，《理论界》2021年第8期。

周梅清：《〈左江道修复王文成公敷文书院碑〉内容及其考释》，《河池学院学报》2021年第2期。

陆永胜：《别开生面的湛甘泉思想研究——评〈湛甘泉思想研究——以“生”为中心〉》，《闽南师范大学学报（哲学社会科学版）》2021年第1期。

周海春、徐艳萍：《成圣的不变之教：王阳明的立志说》，《湖北大学学报（哲学社会科学版）》2021年第6期。

［美］成中英、潘松：《成中英先生谈阳明学在北美》，《吉林师范大学学报（人文社会科学版）》2021年第1期。

贾玉明：《传承文化体悟良知践履知行不亦乐乎》，《理论界》2021年第8期。

王进文：《此心光明，则诸恶潜消——知行合一视角下的阳明“恶”论疏义与展开》，《孔学堂》2021年第2期。

李春强：《从“诚意”工夫到“悦之深”境界的跃迁——王阳明“博文约礼”诠解衍变论析》，《南京师范大学文学院学报》2021年第2期。

田雨可、文碧方：《从“诚意格物”到“致良知”：王阳明工夫论的困境与突破》，《山东青年政治学院学报》2021年第3期。

李寄、马寄：《从“静”中用功转向“动”中用功——王阳明工夫之转向》，《贵阳学院学报（社会科学版）》2021年第5期。

袁田田、罗春洪：《从鬼神司疫到祛除疫鬼：王阳明庐陵抗疫思想的四个维度》，《南昌师范学院学报》2021年第1期。

傅锡洪：《从体用论、工夫论与境界论看王阳明的“无善无恶”说》，《湖北大学学报（哲学社会科学版）》2021年第6期。

路磊：《从王阳明为子取名看其学术思想与政治诉求》，《上饶师范学院学报》2021年第4期。

郑泽绵：《从朱熹的“诚意”难题到王阳明的“知行合一”——重构从理

学到心学的哲学史叙事》，《哲学动态》2021年第2期。

陆永胜：《道德·价值·信仰——当代文化语境中王阳明良知图式的三重向度》，《江苏行政学院学报》2021年第3期。

喻中：《德本法末：王阳明法理学的核心命题》，《贵州社会科学》2021年第1期。

方志远：《盖棺未必论定：王阳明评价中的庙堂和舆论》，《清华大学学报（哲学社会科学版）》2021年第2期。

欧阳祯人、张旭：《冈田武彦对王阳明〈大学〉观的阐释与发展》，《孔子研究》2021年第3期。

陈慧枫：《高职院校新时代劳动教育的价值与路径探究——基于王阳明"知行合一"思想视角》，《现代交际》2021年第7期。

郭美华、陈昱哲：《个体道德与普遍政治秩序的一体化及其缺失——〈大学〉的政治哲学解读》，《周易研究》2021年第1期。

邬祯骏：《公共艺术创作与理论研究——以浙江越秀外国语学院〈百世之师—王阳明〉艺术创作为例》，《中华手工》2021年第1期。

张亦辰：《顾宪成对阳明学良知当下论的改造——以〈当下绎〉为中心》，《中国哲学史》2021年第4期。

向仲敏：《管志道〈大学〉改本研究》，《孔子研究》2021年第1期。

贺玉洁、杨遇青：《黄省曾文学复古观诠论——以其与王阳明、李梦阳的思想交涉为中心》，《新疆大学学报（哲学·人文社会科学版）》2021年第4期。

方尔加：《汲取阳明学精华，构建共产党员"心学"》，《邯郸学院学报》2021年第3期。

刘俊：《既异程朱，亦背陆王——陈确对〈大学〉的批判性诠释及其意义》，《人文杂志》2021年第5期。

李晓方、陈劲松：《江西阳明文化的理论创新与开发利用》，《赣南师范大学学报》2021年第2期。

王思丹：《近十年王阳明心学工夫论研究的向度与新开展》，《贵阳学院学报（社会科学版）》2021年第1期。

李伟：《李栗谷对王阳明"心学"思想之融合性传承》，《宁波大学学报（人文科学版）》2021年第2期。

［日］井上厚史：《李退溪的"诚"与王阳明的"诚"——以二人思想之

异同为中心》，胡嘉明、孟红译，《贵州文史丛刊》2021年第2期。

张山梁：《力争毫厘间　万里或可勉——〈王阳明与福建〉值得商榷的若干问题》，《闽台文化研究》2021年第2期。

路传颂：《良知既非能力之知亦非动力之知——与郁振华、黄勇商榷》，《文史哲》2021年第6期。

江蓝天：《良知心迹——论王阳明心学影响下的书法创作》，《西泠艺丛》2021年第9期。

贡华南：《良知与品味二重奏下的大明酒精神》，《美食研究》2021年第1期。

李亚：《梁启超对日本阳明学的诠释和借鉴》，《贵州文史丛刊》2021年第3期。

傅锡洪：《两种〈大学〉诠释，两种“四句教”》，《云南大学学报（社会科学版）》2021年第6期。

吴祖松：《论“甘泉四句”——湛甘泉对王阳明“四句教”的改造》，《哲学研究》2021年第6期。

常国良：《论“阳明学”产生的时代机遇及其流变》，《唐山师范学院学报》2021年第4期。

赵嫦：《论“造化”的实在性——以王阳明、张载造化思想为例》，《贵阳学院学报（社会科学版）》2021年第5期。

徐依楠、卓光平：《论场景式历史小说〈王阳明〉的艺术特色》，《名作欣赏》2021年第5期。

吴光、张宏敏：《论共产党人的“心学”：一个阳明学的视角》，《贵阳学院学报（社会科学版）》2021年第3期。

孟庭渝：《论话剧〈千古一圣王阳明〉中的人物关系》，《名作欣赏》2021年第8期。

欧阳祯人、陈徽：《论山井涌的阳明学研究》，《周易研究》2021年第3期。

曹雁秋：《论王程强长篇小说〈王阳明〉的成长叙事》，《名作欣赏》2021年第5期。

朱义禄：《论王艮的“大成学”及其接续者颜钧的“大成仁道”说》，《贵阳学院学报（社会科学版）》2021年第1期。

胡发贵：《论王阳明“调摄为主”的柔性治理思想——以奏设崇义县为例》，《中原文化研究》2021年第2期。

钟纯：《论王阳明“良知即是易”中的体用关系》，《理论月刊》2021年第2期。

沈顺福、曾燚：《论王阳明的良知观》，《社会科学研究》2021年第5期。

梁圆：《论王阳明心学当代教育意义——基于王阳明心学的核心思想》，《汉字文化》2021年第4期。

吴兴志：《论王阳明心学的当代教育意义》，《汉字文化》2021年第6期。

史余强、蒋福军：《论王阳明心学对高职生思想政治教育的启示》，《和田师范专科学校学报》2021年第1期。

张俊义、张艳清：《论王阳明心学身体观及其启示》，《医学与哲学》2021年第9期。

王嘉宏、卓光平：《论新世纪王阳明题材戏剧中的“龙场悟道”书写》，《戏剧文学》2021年第5期。

李禹阶：《论阳明心学的“心即理”与“心”非“理”——基于认识论的“心”“理”关系再思考》，《重庆师范大学学报（社会科学版）》2021年第4期。

张长念、县彦宗：《论阳明心学与太极拳思想之契合》，《武术研究》2021年第6期。

倪福东：《论阳明学中的浙学精神》，《大众文艺》2021年第11期。

舒大刚、胡游杭：《略论浙学与蜀学的历史互动》，《浙江社会科学》2021年第8期。

索乐琪：《马基雅维利与王阳明道德观异同比较研究》，《今古文创》2021年第40期。

霍娟娟：《马克思实践论视野下的王阳明“知行合一”解析》，《产业与科技论坛》2021年第12期。

卢盈华：《马克斯·舍勒与王阳明思想中先天的价值与感受》，《齐鲁学刊》2021年第4期。

黄黎星、唐君涵：《明代名宦吴文华与王阳明心学关系探析》，《闽江学院学报》2021年第3期。

马寄、陆永胜：《明代心学经学诠释观的两种图式——以王阳明、湛甘泉为中心》，《学术研究》2021年第10期。

张明：《明代阳明心学在黔南地区的传播及其影响》，《赣南师范大学学报》2021年第4期。

李孟林：《浅谈王阳明思想对当代贵州发展的意义》，《汉字文化》2021年第16期。

吴仲煜：《浅析程朱理学与陆王心学之分歧》，《文学教育（下）》2021年第2期。

张黎：《浅析王阳明知行思想的价值启示》，《西部学刊》2021年第10期。

周关洪：《强心铁骨　似狂实真——王阳明心学影响下的徐渭书法浅谈》，《书法赏评》2021年第1期。

陈清春、刘科迪：《情感感受视域下王阳明“良知”思想研究》，《山西高等学校社会科学学报》2021年第8期。

张琳：《人皆可以为尧舜：论颜元的“偏圣”观——兼谈明清圣人普遍化思潮》，《湖南工程学院学报（社会科学版）》2021年第3期。

林玮：《儒家道统的跨媒介诠释——论纪录片〈王阳明〉之创新》，《朱子文化》2021年第3期。

王凯、成积春：《儒家的突围与失落：阳明心学之发生及其狂禅化问题探究——以制度与文化为视角》，《学术探索》2021年第8期。

邝宁：《儒家思想创新进路管窥——基于格物诠释的考察》，《新疆社会科学》2021年第5期。

胡水君：《儒家学脉中的王阳明》，《学术界》2021年第3期。

谢盈盈：《儒将传奇：长篇小说〈王阳明全传〉中的王阳明形象塑造》，《名作欣赏》2021年第5期。

方晓：《儒学红人王阳明，一种时代症状》，《互联网周刊》2021年第5期。

邵可心：《绍兴大学生对阳明文化的传承、创新与研究——“走近王阳明——首届全国大学生知行合一传习论坛”侧记五》，《名作欣赏》2021年第2期。

李满春：《沈阳师范大学原创性学术著作评介——行走在历史和思想的深处——〈王阳明统说〉管窥》，《沈阳师范大学学报（社会科学版）》2021年第3期。

吕相国：《史中觅诗：荧屏叙事中的形象建构与学说阐释》，《电影评介》2021年第14期。

范振华：《事上磨》，《大众标准化》2021年第2期。

牛磊：《试论江右王门的宗族伦理建构——以王阳明、罗洪先、聂豹、邹守益为例》，《中共宁波市委党校学报》2021年第1期。

徐仪明：《试论王阳明的中医哲学思想》，《贵阳学院学报（社会科学版）》2021年第5期。

黄勇、崔雅琴：《索萨的“完好之知”还不完好？——王阳明的良知与第三个柏拉图问题》，《华东师范大学学报（哲学社会科学版）》2021年第5期。

耿加进：《泰州后学罗近溪工夫思想的真精神》，《汉字文化》2021年第10期。

卢盈华：《天理在王阳明哲学中的定位》，《南京社会科学》2021年第8期。

钟纯：《王阳明“简易”工夫论发微》，《周易研究》2021年第2期。

乐爱国：《王阳明“乐是心之本体”与朱熹“唯仁故能乐”之比较》，《贵阳学院学报（社会科学版）》2021年第4期。

乐爱国：《王阳明“良知只在声色货利上用功”之内涵——兼与朱熹“仁义未尝不利”比较》，《江西社会科学》2021年第3期。

戴荣里：《王阳明“四句教”的现代意义》，《新理财（政府理财）》2021年第1期。

陈立胜：《王阳明“四民异业而同道”新解——兼论〈节庵方公墓表〉问世的一段因缘》，《哲学研究》2021年第3期。

卢祥运：《王阳明“玩易”对其心学建构提供的方法论启示》，《贵阳学院学报（社会科学版）》2021年第4期。

张明娜：《王阳明“万物一体”哲学思想的要义及当代启示》，《开封文化艺术职业学院学报》2021年第5期。

贾庆军、时秀娟：《王阳明“文以明道”与文学境界论再探》，《宁波大学学报（人文科学版）》2021年第3期。

李福龙：《王阳明“务本”德育思想体系探究》，《哈尔滨学院学报》2021年第3期。

王海鹏：《王阳明“心即理”哲学内涵及文化价值》，《今古文创》2021年第2期。

解扬：《王阳明“知行合一”的思想》，《旗帜》2021年第4期。

李承贵：《王阳明“知行合一”论五种旨趣》，《天津社会科学》2021年第1期。

林远洲：《王阳明“知行合一”思想对新时代大学生思政教育实践的启

示》，《教育教学论坛》2021年第44期。

张萍、唐倩：《王阳明“知行合一”思想语言研究》，《汉字文化》2021年第11期。

黄仕坤：《王阳明“知行合一”新论——基于心物一体存在视域的分析》，《河北大学学报（哲学社会科学版）》2021年第3期。

霍娟娟：《王阳明“知行合一”与“致良知”学说的演进解析》，《产业与科技论坛》2021年第11期。

吕本修：《王阳明“致良知”思想及其道德价值》，《湖南师范大学社会科学学报》2021年第1期。

吴文南：《王阳明〈传习录〉中的哲学术语英译研究》，《龙岩学院学报》2021年第4期。

王学伟、杨德俊：《王阳明〈卧马冢记〉“怀来王公”考》，《贵州文史丛刊》2021年第1期。

杨永涛：《王阳明〈重修山阴县学记〉主旨揭橥》，《名作欣赏》2021年第18期。

吕本修：《王阳明道德修养思想探析》，《理论学刊》2021年第3期。

应娇红：《王阳明的儿童教育观》，《宁波通讯》2021年第17期。

伯洁：《王阳明的管理思想探析》，《贵阳学院学报（社会科学版）》2021年第1期。

张山梁：《王阳明的讲学授课方法》，《赣南师范大学学报》2021年第2期。

陈忠海：《王阳明的乡村实践》，《中国发展观察》2021年第13期。

汪乃兵：《王阳明对〈大学〉心物关系的扬弃》，《贵阳学院学报（社会科学版）》2021年第1期。

李家奇：《王阳明对〈中庸〉首句的诠释研究》，《贵阳学院学报（社会科学版）》2021年第2期。

赵秀丽、宋发娥：《王阳明功业评价与促成因素分析》，《长江师范学院学报》2021年第2期。

龙婧：《王阳明教育思想研究现状分析》，《文学教育（上）》2021年第10期。

华建新：《王阳明军政伦理思想与社会治理的当代价值》，《贵阳学院学报（社会科学版）》2021年第1期。

彭传华、张鹏伟：《王阳明理欲之辨探微》，《湖南社会科学》2021年第4期。

郭美星：《王阳明论格物致知》，《宁波通讯》2021年第11期。

邱维平、徐涓：《王阳明论朱子、朱子学与“四学”》，《福建江夏学院学报》2021年第3期。

蒲艳芳：《王阳明民族教化思想的初步形成与实践研究》，《今古文创》2021年第3期。

简东：《王阳明南赣文学活动述论》，《赣南师范大学学报》2021年第4期。

陈力祥、汪美玲：《王阳明融佛入儒思想再探》，《阜阳师范大学学报（社会科学版）》2021年第4期。

印盛园：《王阳明散曲初探》，《南阳理工学院学报》2021年第5期。

夏颖婕：《王阳明诗歌中“鹤”的意象探微》，《名作欣赏》2021年第8期。

黄黎星、李菁：《王阳明诗作的易学理趣》，《泉州师范学院学报》2021年第4期。

汤铎原：《王阳明实学思想融入高职院校办学研究》，《大庆社会科学》2021年第4期。

马寄、毕天航：《王阳明是否与陈白沙一脉相承？——对束景南〈阳明大传：“心”的救赎之路〉“乙丑之悟”的检讨》，《五邑大学学报（社会科学版）》2021年第1期。

柏然：《王阳明是一生的老师》，《互联网周刊》2021年第4期。

刘恒武、陈名扬：《王阳明文明书院讲学史实考辨——以席书致王阳明系列书简为中心》，《浙江社会科学》2021年第7期。

杨国庆、吕文龙：《王阳明乡治思想的独特系统性及其对社会工作本土化的启示》，《社会福利（理论版）》2021年第1期。

潘玉爱：《王阳明与当代教育的对话——以〈传习录〉为例》，《贵阳学院学报（社会科学版）》2021年第4期。

游柱然、胡英姿：《王阳明与杜威德育思想比较研究：基于本体论和认识论的视角》，《绍兴文理学院学报（人文社会科学）》2021年第2期。

帅萌：《王阳明与海德格尔“良知”比较》，《西部学刊》2021年第7期。

陈海斌：《王阳明与南赣地方社会秩序的重建》，《赣南师范大学学报》2021年第2期。

萧伟光、徐佳希：《王阳明与王氏家风》，《公民与法（综合版）》2021年第3期。

杜国华：《王阳明早期思想的转向探寻——从“二氏之学”到“龙场悟道”》，《西部学刊》2021年第7期。

顾奎相：《为〈王阳明统说〉点赞》，《理论界》2021年第8期。

姚志明：《文化自信视域下阳明思想融入大学生创新创业教育研究》，《文化产业》2021年第5期。

吴益生：《物不孤起　与心相即——对王阳明心物观中“物”的探讨》，《中共宁波市委党校学报》2021年第6期。

戴荣里：《像王阳明一样做官》，《新理财（政府理财）》2021年第Z1期。

郝绥涛：《心、意、知：王阳明“格物”之内在意蕴》，《西安航空学院学报》2021年第4期。

李承贵：《心理学视域中的王阳明心学研究》，《学术界》2021年第6期。

武道房：《心学本体论与王阳明的文学思想》，《文学评论》2021年第4期。

杨国荣：《心学的多重向度及其理论意蕴》，《船山学刊》2021年第2期。

朱莎莎：《熊十力对阳明心学的继承和发展》，《汉字文化》2021年第15期。

夏昆、刘妮：《选题资源的利用与编辑角色的转换——以王阳明〈教条示龙场诸生〉系列选题开发为例》，《中国编辑》2021年第11期。

许家星：《阳明〈中庸〉首章诠释及其意义》，《复旦学报（社会科学版）》2021年第1期。

李洪卫：《阳明论变化气质及其教化论——兼及阳明与朱子教化方式的比较》，《国际儒学》2021年第3期。

易倩怡：《阳明心学与普罗提诺灵魂学说对比研究》，《经济研究导刊》2021年第2期。

李建飞：《阳明心学知行合一学说的思想探析》，《品位·经典》2021年第9期。

傅齐纨：《阳明学、浙东学术与江南地域》，《宁波通讯》2021年第1期。

赵健发：《阳明学研究的多重视域——“走近王阳明——首届全国大学生知行合一传习论坛”侧记一》，《名作欣赏》2021年第2期。

张山梁：《阳明学与明代南靖县治》，《福建史志》2021年第5期。

杨春蕾、［俄］科布杰夫：《阳明学在俄罗斯不同社会意识形态下的传播轨迹——从主观唯心主义到主观自然主义的认知流变》，《浙江学刊》2021年第2期。

潘松、文炳：《阳明学在美国的早期传播：论亨克对阳明学的译介与诠释》，《浙江学刊》2021年第2期。

石丽荣：《阳明学在西方的译介、思想与理论研究》，《内蒙古师范大学学报（哲学社会科学版）》2021年第2期。

胡水君：《阳明学中的道体》，《学术探索》2021年第3期。

李格非：《以湛甘泉为节点的“几”的先天转向问题》，《周易研究》2021年第2期。

蔡杰：《以知统行，察养合一——“察识”“涵养”工夫论争的突破与统合》，《吉林师范大学学报（人文社会科学版）》2021年第1期。

袁轩：《用“知行合一”思想将公共知识转化为个人知识探析》，《延边教育学院学报》2021年第1期。

王垚峰、王军涛：《再论阳明心学对李贽“童心说”的促进》，《今古文创》2021年第20期。

秦晋楠：《再论阳明学中良知的道德自身意识问题——以耿宁对王阳明“三个良知概念”的划分为中心》，《道德与文明》2021年第5期。

严飞：《在整体的视域下论王阳明的“心学”思想》，《汉字文化》2021年第2期。

陈为兵：《张翀谪戍黔中事迹考略》，《唐山学院学报》2021年第5期。

吴光：《浙东学派：为有源头活水来——浙江人民艰苦创业的精神支柱》，《中共宁波市委党校学报》2021年第1期。

宋伟哲：《知行合一：品读王阳明的基层治理》，《检察风云》2021年第3期。

田宜民、孟凡钊：《知行合一：新时代高校劳动教育的实践路径探析》，《教育观察》2021年第9期。

王春梅：《朱熹、王阳明对天理的理解——从二人对“子入太庙，每事问”的解释来看》，《学术探索》2021年第3期。

陈代湘、李恩润：《朱熹与王阳明诠释〈大学〉“新民、亲民”内涵的共通性》，《船山学刊》2021年第1期。

向晓钟：《追思大儒王阳明与古邑沅陵的奇遇——山水南来亦胜游　杖藜

一过虎溪头》，《前进论坛》2021年第3期。

申绪璐：《佐藤一斋及其心学思想》，《孔学堂》2021年第2期。

鲁龙胜：《作为成圣实践的教与学：王阳明的教育思想研究》，《贵阳学院学报（社会科学版）》2021年第5期。

徐依楠、卓光平：《作为新世纪文创IP的王阳明——纪念王阳明逝世492周年暨新世纪阳明文创研究青年论坛综述》，《名作欣赏》2021年第8期。

张彦仪：《做第一等事的王阳明》，《华夏文化》2021年第1期。

徐圻：《做心灵强大的人——王阳明给我们的启示》，《贵阳学院学报（社会科学版）》2021年第3期。

中国大陆阳明学研究学位论文目录

唐锦锋：《王阳明的“良知”与康德的“自由意志”之比较研究》，湖北大学博士学位论文，2021年。

彭丹：《阳明学道统思想研究》，山东大学博士学位论文，2021年。

方显：《翻译目的论视角下的陈荣捷〈传习录〉英译本研究》，北京外国语大学硕士学位论文，2021年。

颜圣麟：《“体”与“时”——王阳明“知行合一”的现象学解读》，山东大学硕士学位论文，2021年。

王爱红：《王阳明本体工夫合一思想研究》，西北师范大学硕士学位论文，2021年。

李丛：《王阳明理想人格探究》，辽宁大学硕士学位论文，2021年。

钟楚莹：《王阳明乡村治理思想及其实践研究》，西南大学硕士学位论文，2021年。

樊恩纳：《王阳明在广西的教化实践探究》，广西大学硕士学位论文，2021年。

蒲艳芳：《王阳明民族地区治理思想研究》，吉首大学硕士学位论文，2021年。

张黎：《王阳明“知行合一”思想及其价值研究》，南昌大学硕士学位论文，2021年。

贾金帅：《从现代文人雕塑看“阳明心学”的影响——以尚晓风先生“泥塑心法”为例》，湖北美术学院硕士学位论文，2021年。

贾志远：《阳明善恶思想及其问题略探》，山东大学硕士学位论文，2021年。

尹超超：《王阳明知行合一思想及其对高校德育的启示》，浙江大学硕士学位论文，2021年。

李欢欢：《王阳明伦理思想研究》，哈尔滨工业大学硕士学位论文，2021年。

中国台湾阳明学研究成果目录

（一）著作类

张子立：《儒学之现代解读：诠释、对比与开展》，台北：台湾学生书局。

度阴山：《知行合一王阳明（1472—1529）》，台北：大旗出版社。

廖春红：《王阳明的心学：一生伏首拜阳明》，台北：海鸽文化出版社。

刘芝庆：《自适与修持——公安三袁的死生情切》，台北：万卷楼图书股份有限公司。

蔡仁厚：《王阳明哲学》，台北：三民书局。

张君劢：《王阳明——中国十六世纪的唯心主义哲学家》，江日新译，台北：东大图书股份有限公司。

周志文：《晚明学术与知识分子论丛》，台北：台大出版中心。

（二）期刊论文

王磊：《王阳明〈大学古本旁释〉定本续辨》，（台湾）《哲学与文化》2021年第1期。

殷慧：《宋明理学视野中的修身以礼》，（台湾）《哲学与文化》2021年第1期。

蔡家和：《心学与理学之争辩——欧阳南野与罗整庵书信论辩之全面探讨》，（台湾）《哲学与文化》2021年第1期。

吴启超：《再思朱子的理："存在之理"还是"总文路"？》，（台湾）《东吴哲学学报》2021年总第43期。

郑泽绵：《以"心求心"与"以禅抑禅"——论大慧宗杲思想对朱熹批评湖湘学派的影响》，（台湾）《东吴哲学学报》2021年总第43期。

吴孟谦：《宋明思想史中的〈楞严经〉——荒木见悟相关研究成果述评》，（台湾）《中国文哲研究通讯》2021年第1期。

张菀苓：《论王龙溪"一念之微"之工夫义》，（台湾）《思与言》2021

年第1期。

杨正显：《王阳明佚诗文辑释（二）》，（台湾）《中国文哲研究通讯》2021年第1期。

廖肇亨：《从主体到关系——谈荒木见悟的中国思想史研究》，（台湾）《中国文哲研究通讯》2021年第1期。

廖肇亨：《荒木见悟明代佛教研究再省思》，（台湾）《中国文哲研究通讯》2021年第1期。

陈剑虹：《罗近溪生死实践的功夫论研究——以〈明德夫子临行别言〉为中心》，（台湾）《鹅湖月刊》2021年第4期。

王涵青：《身、物与自然——以王一庵的格物与诚意工夫为论》，（台湾）《哲学与文化》2021年第5期。

沈鸿慎：《逆觉体正与顿悟：牟先生疏解龙溪“四无”前后不同之比较——就李瑞全先生〈牟宗三先生论阳明工夫要义：工夫进路与中国经典诠释〉一文商榷》，（台湾）《鹅湖月刊》2021年第5期。

罗永吉：《以“一心开二门”的义理架构诠释王阳明之“四句教”》，（台湾）《鹅湖月刊》2021年第5期。

龚开喻：《“学者”与“儒者”——读李瑞全教授〈牟宗三先生论阳明工夫要义：工夫进路与中国经典诠释〉一文有感》，（台湾）《鹅湖月刊》2021年第5期。

黄慧英：《牟宗三先生论〈阳明工夫要义：工夫进路与中国经典诠释〉补遗》，（台湾）《鹅湖月刊》2021年第5期。

潘玉爱：《明代两广的王学社群与教化伦理》，（台湾）《哲学与文化》2021年第5期。

云龙：《和会朱陆如何可能——基于内在与超越的关系对王阳明“心即理”思想的考察》，（台湾）《哲学与文化》2021年第6期。

刘勇：《新见明儒湛若水〈格物之说〉手迹的文本问题与文献价值》，（台湾）《明代研究》2021年总第36期。

李瑞全：《再论杨祖汉教授之论朱子之工夫为儒学正宗》，（台湾）《鹅湖学志》2021年总第66期。

何威萱：《宋元理学家从祀明代孔庙小考——兼论明代孔庙与理学道统的关系》，（台湾）《明代研究》2021年总第36期。

冯耀明：《儒学研究的展望：一个方法论的反思》，（台湾）《成大中文学报》2021年总第73期。

陆畅：《王阳明的良知自知与他心知问题辨析——以“不逆诈，不亿不信而先觉”为考察中心》，（台湾）《哲学与文化》2021年第6期。

张崑将：《德川朱子学者对阳明学的批判及其局限》，（台湾）《鹅湖学志》2021年总第66期。

杨祖汉：《哲学思辨、自然的辩证及道德实践的动力》，（台湾）《鹅湖学志》2021年总第66期。

杨正显：《后死有责：从〈阳明先生文录〉到〈王文成公全书〉的师教衍变》，（台湾）《明代研究》2021年总第36期。

周福：《理学中的师法与体证——从朱陆鹅湖之辨到阳明龙场悟道》，（台湾）《鹅湖月刊》2021年第9期。

李瑞全：《论牟宗三先生之宋明儒学之工夫与本体的要义：回应沈鸿慎〈从“化仪”之教衡定近溪“觉悟”之中蕴含的儒家圆教问题——以牟宗三先生的疏解为基础〉一文之若干观点》，（台湾）《鹅湖月刊》2021年第10期。

钟治国：《王阳明的格物说的演变》，（台湾）《哲学与文化》2021年第10期。

陈志强：《“意志软弱”与王阳明的“知行合一”》，（台湾）《鹅湖学志》2021年总第67期。

黄爱智：《以罗近溪对复卦之诠释考察其“赤子之心”之内涵》，（台湾）《止善学报》2021年总第31期。

日本阳明学研究成果目录

［日］三浦秀一：《明代老学史的一个侧面：论薛蕙〈老子集解〉以及王道〈老子亿〉》（《明代老学史の一側面 ： 薛蕙〈老子集解〉を論じて王道〈老子億〉に及ぶ》），《集刊東洋学》第124号，2021年。

［日］山路裕：《王畿思想的政治方面展开：以〈历代史纂左编凡例并引〉和〈中鉴录〉为例》（《王畿思想の政治方面への展開 ： 〈歴代史纂左編凡例并引〉と〈中鑑録〉を例に》），《日本儒教学会報》第5号，2021年。

［日］志村敦弘：《内在之天：王守仁"良知"说再考》（《内なる天：王守仁"良知"説再考》），《白山中国学》第27号，2021年。

［日］土田秀明：《王阳明理气说再反思的一个考察：以理气说的伦理性意义为中心》（《王陽明理気説再検討の一考察：理気説の倫理性の意義を中心に》），《歴史学部論集》第11号，2021年。

［日］鹤成久章：《论〈阳明先生小像〉：传达王守仁之"神"的蔡世新》（《"陽明先生小像"について ： 王守仁の"神"を伝えた蔡世新》），《福岡教育大学国語科研究論集》第62号，2021年。

［日］吉田公平、小路口聡、早坂俊广等：《聂豹"会语"资料（〈复古书院记〉等）译注：阳明门下会语记录精读（其6）》（《聶豹"会語"資料（復古書院記他）訳注 ： 陽明門下の会語記録を読む（其の6）》），《白山中国学》第27号，2021年。

［日］东洋大学《近溪子集》会读班：《罗汝芳〈近溪子集〉卷御译注（1）》（《羅汝芳〈近溪子集〉巻御 訳注（1）》），《白山中国学》第27号，2021年。

［日］和泉瞳：《论湛若水〈白沙先生诗教解〉的注释：白沙学派"圣经"的功能》（《湛若水『白沙先生詩教解』の注釈について：白沙学派のバイブルとしての機能》），《关西大学中国文学会纪要》第42号，2021年。

［日］黄铮：《焦竑与明清思想中的系谱问题》（《焦竑と明清思想における系譜的問題》），《立命馆文学》第673号，2021年。

［日］永富青地：《论陈来著〈有无之境——王阳明哲学的精神〉》

（《陳来著『有無之境：王陽明哲学的精神』について》），《環日本海研究年報》第26号，2021年。

［日］阿部亘：《李贽的谏言论：历史批评与万历中期的政治情况》（《李贄の諫言論：歴史批評と万暦中期の政治情況をめぐって》），《中国：社会と文化》第36号，2021年。

［日］二松学舍大学宋明资料轮读会王龙溪班等：《〈龙溪王先生全集〉卷十三译注（4）》（《〈龍谿王先生全集〉巻十三訳注（4）》），《陽明学》第31号，2021年。

［日］船户雅也：《西川晚翠〈心学道话〉与幕末虾夷地的石门心学》（《西川晩翠『心学道話』をめぐって幕末蝦夷地の石門心学》），《言語・地域文化研究》第27号，2021年。

［日］孙路易：《中江藤树的“德治”》（《中江藤樹の“徳治”》），《文化共生学研究》第20号，2021年。

［日］高伟高：《中江藤树晚年的心学思想：以比较王阳明“无善无恶”论为中心》（《中江藤樹の晩年の心学思想：王陽明の“無善無悪”論との比較を中心に》），《日本思想史研究会会報》第37号，2021年。

［日］上寺康司：《佐藤一斋〈言志四录〉中的“象征”与“机”：超越时代的直观性（共感性）与体系性（解决性）》（《佐藤一斎の『言志四録』にみる“象徴”と“機”：時代を越えた直観性（共感性）と体系性（解決性）》），《社会环境学》第10号，2021年。

［日］荒木龙太郎：《幕末阳明学者吉村秋阳行状的介绍与解说》（《幕末期陽明学者吉村秋陽の行状の紹介と解説》），《活水日文》第62号，2021年。

［日］荒木龙太郎、关干雄：《〈读我书楼长历〉翻刻（二）——九州大学附属图书馆藏“吉村文库”研究（2）》（《幕末期陽明学者吉村秋陽の行状の紹介と解説》），《活水日文》第62号，2021年。

［日］古文英：《山田方谷的君主仁德论与抚育政策》（《山田方谷における君主の仁徳論と撫育政策》），《立命馆文学》第673号，2021年。

［日］平石岳：《“村”的弹劾：德富芦花“灰烬”与西乡隆盛》（《“村”からの弾劾：徳冨蘆花“灰燼”と西郷隆盛》），《同志社国文学》第94号，2021年。

［日］大渕贵之：《西乡隆盛〈忆弟信吾在佛国〉诗中的“姑息”》（《西郷隆盛“憶弟信吾在仏国”詩中の“姑息”について》），《鹿児島大学教育学部研究紀要 人文・社会科学編》第72号，2021年。

［日］近藤昌彦：《西村茂树的现代意义》（《西村茂樹の現代的意義》），《教師教育研究 ： 早稲田大学教師教育研究所紀要》第11号，2021年。

［日］吉田盛一：《日本的经营思想与稲盛和夫（1）：石门心学与稲盛和夫》（《日本の経営思想と稲盛和夫（1）： 石門心学と稲盛和夫》），《鹿児島大学稲盛アカデミー研究紀要》第10号，2021年。

［日］山村奖：《近代日本的“人格”意味：从修养与阳明学的关系性来看》（《近代日本における“人格”の意味 ： 修養と陽明学の関係性から》），《日本研究》第62号，2021年。

［日］吾妻重二：《日本〈家礼〉式儒墓：从东亚文化交涉的视点来看（2）》（《日本における『家礼』式儒墓について ： 東アジア文化交渉の視点から（2）》），《关西大学东西学术研究所纪要》第54号，2021年。

［日］高伟高：《藩政改革中的山田方谷思想：以儒家思想的接受与取舍为中心》（《藩政改革における山田方谷の政治思想 ： 儒教思想の受容と止揚を中心に》），《史学研究》第309号，2021年。

［日］宫崎ふみ子：《大盐平八郎的一次京坂基督教搜查》（《大塩平八郎の京坂キリシタン一件捜査をめぐって》），《大塩研究》第85号，2021年。

［日］森田康夫：《大盐平八郎肖像画论》（《大塩平八郎肖像画論》），《大塩研究》第85号，2021年。

［日］薮田贯：《画僧爱石之死：与大盐平八郎的因缘》（《画僧愛石の死 ： 大塩平八郎との因縁》），《日本历史》第879号，2021年。

［日］川口雅昭：《吉田松阴幽室教育的月每变迁考》（《吉田松陰における幽囚室教育の月毎変遷考》），《皇學館論叢》第54号，2021年。

［日］牛见真博：《高杉晋作的第一人称代词“仆”的使用》（《高杉晋作における一人称代名詞“僕”の使用》），《山口県地方史研究》第126号，2021年。

［日］三宅绍宣：《吉田松阴与〈海国图志〉》（《吉田松陰と“海国図

志”》），《至誠館大学吉田松陰研究所紀要》第3号，2021年。

［日］加来耕三：《危机管理时代的历史学（第9回） 幕末维新时代先驱的“无私”精神：西乡隆盛》（《危機管理の時代の歴史学（第9回）幕末維新の時代を駆け抜けた男が掴んだ"無私"の精神 ： 西郷隆盛》），《理念と経営：中小企業を活性化し、成功を探求する経営誌》第192号，2021年。

刘宇昊：《中根东里的修养论与作为“隐居的阳明学”的特质》（《中根東里の修養論と〈隠居の陽明学〉としての特質》），《日本思想史研究》第53号，2021年。

［日］鬼头孝佳：《近世日本儒学女性教育思想中的中根东里布置：以〈新瓦〉为中心》（《近世日本儒学女性教育思想における中根東里の布置 ：『新瓦』を中心に》），《名古屋大學中國哲學論集》第19、20号，2021年。

［日］北野雄士：《横井小楠与李退溪〈自省录〉：学问本领的交集书》（《横井小楠と李退渓『自省録』： 学問の本領を合点させた書》），《大阪産業大学論集 人文・社会科学編》第41号，2021年。

韩国阳明学研究成果目录

［韩］田炳好、李在庸：《王阳明与相谈》，首尔：学志社，2021年。

［韩］卢官泛：《白岩朴殷植评传：儒学家谦谷朴殷植》，坡州：李朝出版社，2021年。

［韩］朴相洙译：《王阳明家书》，世宗：水流花开出版社，2021年。

［韩］朴正心：《朴殷植：用良知贯通近代》，高阳：学古房出版社，2021年。

［韩］辛炫承：《蕺山学与宋明儒学》，首尔：松科学出版社，2021年。

［韩］郑寅普著，韩敬爱、李在晃编：《定本阳明学演论——阳明学演论校注收录》，首尔：生活出版社，2021年。

［韩］曹玟焕：《东方的疯狂与艺术：东亚文人的自由和创造的美学》，首尔：成均馆大学出版社，2021年。

［韩］金永民：《中国政治思想史》，首尔：社会评论学院，2021年。

［韩］金明月：《以郑齐斗和邹守益“德福观”为中心，探索韩中阳明学本体性和宗教性》，《退溪学论集》第29辑，2021年。

［韩］金美英：《以王阳明“良知”和吉尔伯特·莱尔的“睿知”为基础的韩国传统舞蹈主题解读：“心灵善良，舞蹈才会美丽”》，《人文与艺术》第11辑，2021年。

［韩］金珉在：《茶山“心”概念中体现的道德主体意义——与阳明思想的比较为中心》，《泛韩哲学》第102辑，2021年。

［韩］金仙熙：《近代日本关于阳明学显彰的考察》，《阳明学》第62辑，2021年。

［韩］金世贞：《新常态时代的阳明学，靠致良知摸索照料和治愈之路》，《阳明学》第62辑，2021年。

［韩］金承万：《通过〈论语点睛〉看到的蕅益智旭经典主席方式的特征》，《圆佛教与宗教文化》第87辑，2021年。

［韩］金容焕：《朴殷植道德观研究》，《退溪学论丛》第38辑，2021年。

［韩］金佑莹：《白岩朴殷植阳明学论的独创性和特色——以本领学问和

主体问题为中心》，《孔子学》第44辑，2021年。

［韩］金佑莹：《朴殷植儒教求新论的哲学企划：以旧学向新学的转变为中心》，《东西哲学研究》第100辑，2021年。

［韩］金润境：《霞谷学派的〈原论〉中体现的历史认识和社会批判理论》，《孔子学》第45辑，2021年。

［韩］金俊承：《从儿童期的体验记忆看伦理人格形成和教育的作用——以王阳明和施泰纳的教育论为中心》，《阳明学》第62辑，2021年。

［韩］金俊承：《蕴含在体面死中的“恢复自尊感”的考察——以阳明学和实际分析性精神疗法为中心》，《东西哲学研究》第102辑，2021年。

［韩］金智媛：《从教育哲学角度解读郑寅普的实心》，《教育哲学研究》第43辑，2021年。

［韩］金贤柱：《以乡约和私学考察王阳明乡村治理之道的政治哲学意义》，《东方学》第44辑，2021年。

［韩］金享灿：《理学与心学，克服隔阂的课题——朱子晚年说和退溪的问题意识》，《退溪学报》第150辑，2021年。

［韩］金熙永、金珉在、金容载：《研究朝鲜性理学家对阳明学的批判性认识（5）——以息山李万敷为中心》，《泛韩哲学》第100辑，2021年。

［韩］金炯：《三岛由纪夫的阳明学——文化防卫和男性美的复活》，《阳明学》第61辑，2021年。

［韩］朴吉洙：《从四性论角度考察四句教的思想根据和意义》，《阳明学》第60辑，2021年。

［韩］朴吉洙：《王阳明心上体认理论的特征和意义》，《阳明学》第61辑，2021年。

［韩］朴成浩：《地球危机时代，儒家生态修养论再考——以王阳明的万物一体与致良知为中心》，《圆佛教思想与宗教文化》第88辑，2021年。

［韩］朴正心：《朴殷植的〈王阳明先生实记〉思想特点研究》，《韩国哲学论集》第69辑，2021年。

［韩］朴智恩、李秉埈：《关于东亚艺术审美教育为切入点的阳明学探讨——以“张旭镇”的事例为中心》，《文化艺术教育研究》总第16辑（第3期），2021年。

［韩］朴泰玉：《近代儒教知识分子的主体认识与社会实践问题——以郑

寅普的“感通”论为中心》，《东西哲学研究》第99辑，2021年。

［韩］朴贤贞：《阳明后学的格物观比较——关于阳明学中的“解释多样性”》，《中国学报》第95辑，2021年。

［韩］裴帝晟：《南塘韩元镇的阳明学批判论研究——以心与理以及与儒学传统的关系为中心》，《阳明学》第62辑，2021年。

［韩］禹知延：《朝鲜后期文人绘画的审美观——以二莲联想实现“良知”之美为中心》，《阳明学》第60辑，2021年。

［韩］尹栋铉：《用唯识学解释良知的自我认识》，《阳明学》第61辑，2021年。

［韩］李南沃：《霞谷学派的地域性发展与思想史意义》，《阳明学》第60辑，2021年。

［韩］李大承：《为堂朝鲜学本心感通论所具有的时代意义》，《韩日关系史研究》第74辑，2021年。

［韩］李明心：《鹿门与阳明心性论比较——以理气一物的观点为中心》，《阳明学》第60辑，2021年。

［韩］李龙熙、林正熙：《以王阳明的心论为基础考察韩国传统舞蹈的内在美》，《韩国舞蹈教育学会志》总第32辑（第4期），2021年。

［韩］李灿：《朱熹和王阳明的德伦理与德认识论——围绕以是非之心与良知为中心》，《儒学研究》第57辑，2021年。

［韩］李惠京：《朱子学成为前近代代表思想的过程——围绕福泽谕吉与井上哲次郎的儒学之争》，《东洋哲学研究》第108辑，2021年。

［韩］林富渊：《朴殷植的近代心学——以“真我”的构造和特征为中心》，《大东文化研究》第114辑，2021年。

［韩］林洪兑：《黄道周朱陆观研究（2）》，《栗谷学研究》第46辑，2021年。

［韩］张志熏：《朝鲜后期文人“尚艺的”书法美学》，《东方艺术》第50辑，2021年。

［韩］全修延、金珉在、金容载：《研究朝鲜性理学家对阳明学的批判性认识（6）——以星湖李瀷和顺庵安鼎福为中心》，《阳明学》第60辑，2021年。

［韩］丁斗荣：《16世纪后期朝鲜学界对阳明学的批判和关于文庙制度修

订的讨论》，《历史与实学》第76辑，2021年。

［韩］郑唤熙：《万物一体与理一分殊——看〈西铭〉的两种视线及其工夫论》，《教育思想研究》第35辑，2021年。

［韩］曹玟焕：《圆峤李匡师“缘情弃道”批判思维中的书法美学》，《阳明学》第61辑，2021年。

［韩］曹玟焕：《心灵的陶瓷：对东方文人瓷器的哲学考察——以朱子学的性即理和阳明学的心即理为中心》，《儒教思想文化研究》第84辑，2021年。

［韩］蔡锡龙：《是非之心的道德特征：直觉还是推论？》，《人文与艺术》第11辑，2021年。

［韩］蔡熙涛：《“心即理”命题和栗谷“心是气论”的对应——以知觉说和格物说为中心》，《栗谷学研究》第45辑，2021年。

［韩］千炳敦：《初刊本〈李参奉集〉中出现的李匡吕学术思想与实学精神（1）——以工夫论为中心》，《阳明学》第62辑，2021年。

［韩］崔在穆：《通过名、号看到的王阳明》，《退溪学论丛》第38辑，2021年。

［韩］崔在穆：《试论日本阳明学者对〈大学〉解释——从中江藤树到大盐中斋》，《阳明学》第63辑，2021年。

［韩］崔在穆、徐承完、金容载：《近代日本阳明学与西乡隆盛的关系》，《阳明学》第61辑，2021年。

［韩］崔贞默：《关于〈大学〉多角度解读的研究——以朱熹，王守仁和尹镌的见解为中心》，《东西哲学研究》第99辑，2021年。

［韩］韩敬爱：《〈阳明学演论〉及其复刊本的错误研究》，《东洋学》第82辑，2021年。

［韩］贯俣：《王阳明教育哲学的形成研究》，东方文化大学院大学博士学位论文，2021年。

［韩］朴钟度：《湛若水的随处体认天理工夫论》，成均馆大学博士学位论文，2021年。

［韩］李伟：《李栗谷、丁茶山受王阳明哲学思想影响之研究》，韩瑞大学博士学位论文，2021年。

欧美阳明学研究成果目录

Zemian Zheng, Wang Yangming, “Descartes, and the Sino-European juncture of Enlightenment”,*Asian Philosophy*,Vol. 31,3(2021): 336-352.

Yinghua Lu,“Confucianism and Phenomenology: An Exploration of Feeling,”*Value and Virtue,Leiden: Brill,2021.*

Kun Jiao,“The Learning of the Mind as an Ideological Movement: Probing the Historical Origins of the School of Wang Yangming”. *Sungkyun Journal of East Asian Studies.* Vol. 21,2(2021): 191-210.

Zhuran You,Yingzi Hu,*Wang Yang-Ming's Theory of Aesthetic Experience: Beauty in the Extension of Innate Knowledge and Its Implications for Moral Education, in* Michael A. Peters,Tina Besley, Huajun Zhang eds. *Moral Education and the Ethics of Self-Cultivation: Chinese and Western Perspectives,* （Dordrecht: Springer,2021）: 109-121.

Jean Tsui,Liang Qichao and affective liberalism,in Shiping Hua ed. *Chinese Ideology*,（London: Routledge,2021*)* :130-148.

George L. “Israel,The trouble with Wang Yangming”, *Made in China Journal*, Vol.6, 3(2021): 54-59.

Jana S. Rošker, “Wang Shouren's Ethico-Epistemology and the Double Nature of Recognition”,*Asian & African Studies*,Vol. 30, (2021): 368-386.

Don Baker,“Review of The Great Synthesis of Wang Yangming Neo—Confucianism in Korea: The Chonŏn （testament） by Chŏng Chedu （Hagok）”,by Chŏng Chedu. *Acta Koreana 24*,no. 2 (2021): 201-206.

Xuezhi Zhang,*History of Chinese Philosophy in Ming Dynasty*,(Dordrecht: Springer, 2021).

阳明后学研究著作目录

张雪莉：《汤显祖〈牡丹亭〉的前世今生——明清文人传奇文学戏剧批评》，上海：上海古籍出版社。

陈蔚松、顾华志译注：《李贽文选译》，李国祥、曾枣庄审阅，南京：凤凰出版社。

黎业明：《湛若水生平学行考实》，上海：上海古籍出版社。

周群：《泰州学派研究》，南京：南京大学出版社。

罗伽禄、揭方晓编著：《汤显祖故事》，南昌：江西高校出版社。

石继航：《徐光启》，北京：中华书局。

谢柏梁主编：《国际戏剧大师汤显祖文化传播研讨会文集》，北京：中国戏剧出版社。

张建业译注：《焚书》，北京：中华书局。

抚州汤显祖国际研究中心编：《汤显祖学刊》（第八、九辑合刊），北京：商务印书馆。

李德锋：《明中叶唐顺之的史学世界》，北京：中华书局。

杨朝亮：《北方王门学案研究》，北京：商务印书馆。

阳明后学研究期刊目录

（一）浙中王门

张实龙、张星：《坚守与妥协：钱德洪编辑阳明文稿的智慧》，《中国出版》2021年第4期。

汪学群：《王畿先、后天之学的蕴义》，《贵阳学院学报（社会科学版）》2021年第2期。

孙德仁：《阳明后学的复卦诠释进路及其走向——以王畿、颜钧、罗汝芳为中心》，《周易研究》2021年第6期。

董甲河：《王畿与江右王门工夫论之比较》，《武陵学刊》2021年第5期。

邱高兴、黄成蔚：《晚明浙江阳明心学的儒佛会通》，《社会科学战线》2021年第2期。

（二）江右王门

魏志远：《“识仁择术”：刘元卿对耿定向心学思想的继承与发展》，《井冈山大学学报（社会科学版）》2021年第3期。

姜波：《阳明心物关系解读的三重视野——以“岩中花树”章为中心》，《淮北师范大学学报（哲学社会科学版）》2021年第6期。

牛磊：《归寂致知：聂豹的易学思想》，《宁波大学学报（人文科学版）》2021年第2期。

牛磊：《试论江右王门的宗族伦理建构——以王阳明、罗洪先、聂豹、邹守益为例》，《中共宁波市委党校学报》2021年第1期。

邱高兴、黄成蔚：《晚明浙江阳明心学的儒佛会通》，《社会科学战线》2021年第2期。

刘桂娟、吴航：《邓元锡〈皇明书〉研究综述》，《职大学报》2021年第5期。

（三）南中王门

刘尊举：《从观念到文本：唐顺之古文与八股文的文体互动》，《西北大学学报（哲学社会科学版）》2021年第4期。

李德锋：《明唐顺之〈左氏始末〉刍议》，《南开学报（哲学社会科学版）》2021年第2期。

芮赵凯：《疾病与人情——再论唐顺之晚岁之出》，《历史教学问题》2020年第6期。

杨骁勰、马勇：《论唐顺之〈荆川先生精选批点史记〉》，《玉溪师范学院学报》2021年第5期。

徐勇、欧阳康：《经纬文武的大家——试论唐顺之在蓟镇核查军务与诗文创作》，《孙子研究》2021年第6期。

刘梦琦、胡淑娟：《论徐阶诗歌的内蕴——以〈少湖文集〉为例》，《文教资料》2021年第9期。

（四）北方王门

刘鑫：《南大吉"致良知"思想的当代高校美育习得透视》，《科学咨询》2021年第7期。

钟治国：《论河洛王门学者孟化鲤的一体、安分之学》，《现代哲学》2021年第6期。

钟治国：《河洛王学的"万物一体之仁"说通论》，《西南民族大学学报（人文社会科学版）》2021年第4期。

（五）粤闽王门

张山梁：《漳州阳明学发展阶段探析》，《教育文化论坛》2021年第1期。

张山梁：《阳明学与明代南靖县治》，《福建史志》2021年第5期。

（六）泰州王门

杨国荣：《以事行道——基于泰州学派的考察》，《文史哲》2021年第6期。

盛珂：《"从无入有"：罗近溪"孝弟慈"说对阳明良知学的修正与发展》，《中国哲学史》2021年第4期。

钱成：《论泰州学派"平民儒学观"对通俗文艺思潮之影响》，《常州大学学报（社会科学版）》2021年第2期。

刘霞：《论泰州学派的精神内核及当代价值》，《长沙航空职业技术学院学报》2021年第3期。

童伟：《任道与任情共生——审美现代性视域下泰州学派的“身”“道”两难》，《江苏社会科学》2021年第1期。

钱晔：《泰州学派文化传播与流行原因考察》，《汉字文化》2021年第10期。

吴蕴慧、郭艳强：《泰州名门望族及其传统家风家训的同宗同源研究》，《名作欣赏》2021年第6期。

郑文宝：《学术破局与实践拥趸：泰州学派村治伦理的二元进路》，《武陵学刊》2021年第6期。

朱义禄：《论王艮的“大成学”及其接续者颜钧的“大成仁道”说》，《贵阳学院学报（社会科学版）》2021年第1期。

张爱萍：《论王艮身本工夫的中正之道特质》，《延安职业技术学院学报》2021年第3期。

龙辉：《“泰州学派”创始人王艮的奇言怪行》，《文史天地》2021年第5期。

杨明、马洁：《王艮源于“身”的治理思想研究》，《伦理学研究》2021年第3期。

刘佩德：《明本〈心斋先生全集〉考论》，《图书馆学刊》2021年第3期。

舒丽娟、周群：《王艮的“途之人皆明师”与全民教育》，《学海》2021年第6期。

崔海东：《王艮义理的两重结构与道家化倾向》，《贵阳学院学报（社会科学版）》2021年第6期。

王敏：《从焦竑女性碑铭文看其新儒学文化观念》，《开封文化艺术职业学院学报》2021年第6期。

兰军：《万历年间周汝登的书院讲学实践》，《南昌师范学院学报》2021年第5期。

刘德元：《赵贞吉：紫柏山前车马道　英雄着地皆平沉》，《巴蜀史志》2021年第4期。

王超：《赵贞吉〈望紫柏山〉与诸次韵考述及文学意蕴》，《陕西理工大学学报（社会科学版）》2021年第2期。

毛建威：《赵贞吉诗中的“刘怡溪”考订》，《内江师范学院学报》2021

年第9期。

（七）黔中王门

廖荣谦：《明代“理学名儒”孙应鳌的交游与黔中王门的建构》，《内江师范学院学报》2021年第11期。

张新民：《孙应鳌及其传世著述考论》，《孔学堂》2021年第1期。

唐燕飞：《明代文人李渭心学理论及其诗文创作探析》，《名作欣赏》2021年第18期。

王路平、石祥建：《黔中王门大师李渭门下弟子考录》，《贵州民族大学学报（哲学社会科学版）》2021年第1期。

唐明贵：《孙应鳌〈论语近语〉的诠释特色》，《贵阳学院学报（社会科学版）》2021年第5期。

赵广升、赵蕙：《性情之文　本色至真——孙应鳌〈与李文麓求亡弟应豸圹铭〉浅析》，《名作欣赏》2021年第35期。

（八）李贽研究

董恩林、吴帆：《李贽之死新探——以黄麻士绅纠葛为中心的讨论》，《黄冈师范学院学报》2021年第2期。

王相如：《李贽〈藏书〉评宋代人物探析》，《扬州教育学院学报》2021年第4期。

曹珊珊、李艳红：《李贽历史人物评价标准的新路径》，《广西社会科学》2021年第4期。

毛睿：《从涓子到李贽——“三‘心’一线”之古琴美学史意义》，《中国音乐》2021年第6期。

陈刚：《忠义缘何在水浒？——李贽的豪杰观与〈《忠义水浒传》序〉之再解读》，《求是学刊》2021年第6期。

张英：《李贽思想“异端性”的三重表现》，《今古文创》2021年第45期。

林曼萍：《从文艺美学的角度看李贽“童心说”的局限性》，《广东石油化工学院学报》2021年第5期。

朱捷：《作为日本精神史事件的“鲁迅”与“李贽”》，《中国现代文学研究丛刊》2021年第10期。

柳文华：《李贽“童心说”的内涵及影响》，《凯里学院学报》2021年第4期。

王宝峰：《狄百瑞“儒家个人主义”视域下的李贽思想研究》，《周易研究》2021年第4期。

龚建伟：《私欲与是非——对李贽“童心说”伦理意蕴的二重思考》，《学理论》2021年第8期。

孙君恒、韩兆笛：《李贽的君子观审视》，《黄河科技学院学报》2021年第6期。

王垚峰、王军涛：《再论阳明心学对李贽“童心说”的促进》，《今古文创》2021年第20期。

龚建伟、周青龙：《对李贽个体主义道德观的文化反思》，《边疆经济与文化》2021年第5期。

刘亚娟：《1949—2020 年李贽文论研究综述》，《开封文化艺术职业学院学报》2021年第3期。

木斋：《论李贽写作〈金瓶梅〉始于〈水浒传〉评点》，《哈尔滨师范大学社会科学学报》2021年第2期。

张馨雨：《李贽“真人”人格思想内在逻辑探析》，《现代交际》2021年第5期。

胡小剪：《李贽教育思想及其当代启示》，《才智》2021年第8期。

（九）综合研究及其他

黄琳：《“人病”抑或“法病”？——形上形态建构下的阳明后学》，《中国哲学史》2021年第4期。

钟治国：《河洛王学的“万物一体之仁”说通论》，《西南民族大学学报（人文社会科学版）》2021年第4期。

张宏敏：《浙学与北学的交涉史》，《浙江社会科学》2021年第8期。

林志鹏：《从“良知之教”到“立命之学”：由袁了凡其人其学看儒学转向及阳明心学的世俗化、民间化》，《云南大学学报（社会科学版）》2021年第6期。

刘立群：《徐渭：“八考不中”落榜生的颠狂与辉煌》，《文史天地》

2021年第10期。

贾砚农：《徐渭存世书迹系年考》，《中国书法》2021年第10期。

陈鹏、聂毅：《许孚远心性论辨析》，《中国哲学史》2021年第3期。

桑东辉：《颜钧忠孝思想钩沉》，《武陵学刊》2021年第6期。

姜洁：《阳明心学对徐渭艺术风格的影响》，《今古文创》2021年第37期。

朱和双、曹晓宏：《作为"阳明后学"的陶希皋、陶珽与陶珙交游新证（中）》，《楚雄师范学院学报》2021年第1期。

朱和双、曹晓宏：《作为"阳明后学"的陶希皋、陶珽与陶珙交游新证（下）》，《楚雄师范学院学报》2021年第2期。

李敬峰：《阳明心学在关中地区的传播与接受》，《北京理工大学学报（社会科学版）》2021年第3期。

阳明后学研究学位论文目录

赵立庆：《以身为本：王艮儒学思想研究》，山东大学博士学位论文，2021年。

石霞：《罗近溪心性思想研究》，山东大学硕士学位论文，2021年。

王玉明：《钱绪山哲学思想研究》，河北大学硕士学位论文，2021年。

王学路：《浙东阳明学“功过格”的思想与实践——以周汝登、陶望龄、陶奭龄为例》，浙江大学硕士学位论文，2021年。

邓琳：《晚明文人佛教结社研究——以公安三袁为中心》，华中师范大学硕士学位论文，2021年。

王苗苗：《何心隐心性论研究》，新疆师范大学硕士学位论文，2021年。

郗佩佳：《李贽“童心”思想及其教育价值研究》，山东师范大学硕士学位论文，2021年。

戴允晖：《李贽〈藏书〉的史学思想研究》，云南师范大学硕士学位论文，2021年。

冯小平：《罗念庵良知思想研究》，西南大学硕士学位论文，2021年。

何肖迪：《聂豹工夫论思想研究》，湘潭大学硕士学位论文，2021年。

张雨晴：《启蒙视域下的李贽〈庄子解〉研究》，大连理工大学硕士学位论文，2021年。

邝妍彬：《王龙溪“见在良知”思想研究》，南京师范大学硕士学位论文，2021年。

编后语

在贵州省孔学堂发展基金会的大力支持下，贵阳孔学堂文化传播中心近几年，每年出版一本《阳明学研究年鉴》，总结过去，展望未来，为传统文化“创造性转化”和“创新性发展”尽一点绵薄之力。

经过《年鉴》编委会再三讨论，决定从2020年起，在本书原有基础上进行较大的改动。将阳明后学研究与中国阳明学研究（含港澳台）、域外阳明学研究并列，形成了中国阳明学研究综述、国外阳明学（含阳明后学）研究综述、阳明后学研究综述几大板块内容，并附录了较为详细的文献目录。其中，国内阳明学研究综述涵盖了中国境内出版和发表的阳明学研究著作、期刊（含辑刊）、学位论文、会议文集等；国外阳明学研究综述涵盖了韩国、日本、欧美等地区的阳明学（含阳明后学）内容；阳明后学研究综述以黄宗羲《明儒学案》对阳明后学及其人物归属分类为基础，增加了“黔中王门”学派，依次分类进行综述，内容包括专著、期刊（含辑刊）、学位论文等部分，并酌情增加未列入《明儒学案》但学界又比较认可的阳明后学学者如李贽等。而在日、韩、欧美阳明学研究综述当中，考虑到研究的地域特色，对阳明后学的定位较国内更加宽泛。

在此，尤其要感谢撰写本书日、韩、欧美板块内容的同仁。韩国成均馆大学博士、京畿大学东亚艺术研究所徐僖延教授、成均馆大学东洋哲学文化研究所金俊承博士，他们撰写并翻译了韩国阳明学研究综述；杭州师范大学申绪璐教授及其团队成员刘心奕、日本学者播本崇史和志村淳弘撰写并翻译了日本阳明学研究综述；上海财经大学王格副教授撰写并翻译了欧美阳明学研究综述。是他们的付出，国外阳明学研究成果综述才得以呈现，拓展了本书的国际化视野。同时还要感谢中国社会科学院张宏斌副研究员，河北大学戴木茅副教授，天津社科院杨莉副研究员，中山大学赵天博士，华南师范大学梁文晓博士，贵州财经大学冯相磊副教授、邓立副教授，贵州师范大学李光庆副教授，贵州民族大学曹发生副教授，贵阳孔学堂韩淑娟老师，黔南民族职业技术学院欧阳英桃老师等，他们为本书的文献搜集和分类、文稿撰写和校对给予了大力支持。孔学堂书局相关编辑为本书的编校耗费了大量精力和时间。是他们的参与，才使得这本《年鉴》得以完稿并顺利出版。

在编撰过程中，虽然编者花费了大量的心血，力求详备，但有限的能力和有限的时间，难免挂一漏万。疏漏和差错之处，还请方家不吝指教！如有意见和建议，请联系我们。

曾顺岗

于孔学堂高等研究院